高等院校通识课教育精品系列教材
"互联网+" 新形态一体化精品教材

U0628010

● 微课视频
● 教学课件
● 教学计划
● 电子教案

大学军事教程

——知军事 观天下

（微课版）

主　审　杨胜利

主　编　王　威　杨德宇　张亚利

副主编　（按姓氏拼音排序）

　　　　陈　蕾　杜振民　方　雷　冯双龙　符万忠　胡万松

　　　　黄凯敏　蒋晓亮　荆兵沙　李　峰　李　津　李文荐

　　　　谭庆年　王　敏　许　平　杨　光　叶金松　袁首骥

　　　　张　进　张　婼　邹　宁

编　委　赵庆红　孙志鹏　张　波

国防大学出版社

图书在版编目（CIP）数据

大学军事教程：知军事 观天下 / 王威，杨德宇，
张亚利主编 . —北京：国防大学出版社，2015.8（2020.5 修订）
ISBN 978-7-5626-2347-2

Ⅰ . ①大… Ⅱ . ①王…②杨…③张… Ⅲ . ①军事科
学—高等学校—教材 Ⅳ . ① E0

中国版本图书馆 CIP 数据核字（2015）第 183602 号

大学军事教程——知军事 观天下

王 威 杨德宇 张亚利 **主编**

出版发行：国防大学出版社
社 址：北京市海淀区红山口甲 3 号
邮政编码：100091
联系电话：（010）60206144
责任编辑：黄建国

经 销：新华书店
印 刷：北京佳艺丰印刷有限公司
开 本：787×1092 毫米 1/16
印 张：19.5
字 数：351 千字
版 次：2020 年 5 月第 2 版
印 次：2020 年 5 月第 2 次印刷
定 价：40.00 元

学校的国防教育是全民国防教育的基础，是实施素质教育的重要内容。高校国防教育，是我国社会主义高等教育的重要组成部分，在全民国防教育中发挥着重要的作用。中国特色社会主义进入了新时代，国防和军队建设也进入了新时代。党的十八大以来，强军兴军开创新局面，人民军队在中国特色强军之路上迈出坚定步伐。新时代的强军目标以及国防和军队改革，对高校国防教育工作提出新的要求。

当今世界，正经历百年未有之大变局。世界各主要国家纷纷调整安全战略、军事战略，调整军队组织形态，发展新型作战力量，抢占军事竞争战略制高点。高校是国防后备力量与现代化建设的人才培养基地。高校国防教育要适应世界新军事革命发展趋势和国家安全需求，紧紧围绕国家人才培养战略和国防后备力量建设需要，增强青年学生的责任感、使命感和忧患危机意识，掌握基本的国防知识和必要的军事技能，为强国强军提供有生力量支撑。

军事课是普通高等院校学生的必修课程。依据《中华人民共和国国防法》《中华人民共和国兵役法》《中华人民共和国教育法》以及国务院、中央军委有关文件精神，结合国防和军队建设发展与改革的实际情况，我们组织编写了本教程。在编写过程中，我们严格落实国务院办公厅、中央军委办公厅颁发的《深化学生军事训练改革的意见》（国办发〔2017〕76号）和教育部、中央军委国防动员部最新颁发的《普通高等学校军事课教学大纲》（教体艺〔2019〕1号）要求，并广泛征求了许多一线军事教师的意见，本着严谨、科学、实用、新颖的原则，进行认真的构思和设计，力求达到国防军事理论与实践相融合、学生精"读"与教师妙"讲"相结合之目的。本教程在体系上有所创新，内容上有所突破，对高等学校开展国防教育和军事训练具有一定的指导意义。

此外，本书作者还为广大一线教师提供了服务于本书的教学资源库，有需要者可致13810412048或发邮件至2393867076@qq.com。

在编写过程中，我们还参阅并吸收了国内外大量研究文献。在此，我们对这些文献的作者表示衷心的感谢！由于编者水平有限，疏漏之处在所难免，敬请广大读者和同仁提出宝贵意见。

编　者

目录

专题一

国之大事　匹夫之责
——中国国防

内容提要

　　强大国防是国泰民安的根本保证。建设与中国国际地位相称、与国家安全和发展利益相适应的巩固国防和强大军队，是中国现代化建设的战略任务，也是中国实现和平发展、实现中华民族伟大复兴中国梦的坚强保障。

教学目标

　　学习本专题，有助于学生掌握现代国防的基本含义，全面理解建设一支听党指挥、能打胜仗、作风优良的人民军队这一党在新形势下的强军目标，理解人民解放军坚决履行新世纪新阶段历史使命，拓展国家安全战略和军事战略视野，立足打赢信息化条件下局部战争，积极运筹和平时期武装力量运用，有效应对多种安全威胁，完成多样化军事任务，构建中国特色现代军事力量体系的意义。

导言

国无防不立，民无防不安。中国近百年来屡遭列强欺侮的历史表明，一个国家和民族要想避免亡国灭种，实现繁荣富强，真正自立于世界民族之林，就不能没有强大的国防。国泰方能民安。国防并非仅仅是国家和军队的事，而是关系着每个普通人的生存发展，国防建设更是与每个普通人息息相关。当代大学生作为国家之栋梁，更应该关注国防，参与国防建设，尽国防之义务。

第一讲　存亡之道　不可不察——国防概述

> 兵者，国之大事也，死生之地，存亡之道，不可不察也。
>
> ——孙武

一、国防的含义及基本要素

国字的解释

《中国军事百科全书》中描述国防是"为捍卫国家主权、领土完整和安全而采取的防卫措施的统称。包括国防建设和国防斗争"。《中华人民共和国国防法》中规定："国家为防备和抵抗侵略，制止武装颠覆，保卫国家主权、统一、领土完整和安全所进行的军事活动，以及与军事有关的政治、经济、外交、科技、教育等方面的活动，适用本法。"

知识链接

国防是个历史概念，是阶级斗争的产物，伴随着阶级和国家的形成而产生。不同历史时期、不同社会制度、奉行不同政策的国家，其国防具有不同的含义和特性。"国防"一词在我国最早见于《后汉书·孔融传》。孔融针对当时国内可能发生动乱的征候，向汉献帝进谏说："臣愚以为宜隐郊祀之事，以崇国防。"意即国家要减少祭祀等大规模的集会活动，以维护安定，巩固政权。可见这里所言的"国防"，意指为维护团体、严明礼义而应采取的防禁措施。

由此可见，国防，即国家的防务，是指国家为防备和抵抗侵略，制止武装颠覆，保卫国家的主权、统一、领土完整和安全所进行的军事及与军事有关的政治、经济、外交、科技、教育等方面的活动。国防是国家生存与发展的安全保障，基本要素包括国防的主体、国防的目的、国防的手段和国防的对象四个方面。

（一）国防的主体

国防的主体，即国防活动的实施者，通常为国家。每个国家从诞生之日起，都要防备和抵御各种外来侵略，以保障国家安全，维系国家生存和发展。国防是国家的防务，是全民族的防务，与国家各个部门、各种组织及全体公民息息相关。在我国，加强国防建设，进行国防斗争，是一切国家机关和武装力量、各政党和社会团体、各企事业单位以及全体公民的共同责任。

（二）国防的目的

国防的目的是捍卫国家主权、维护国家统一、保护领土完整和保障国家安全。

1. 捍卫国家主权

国家主权是一个国家独立自主地处理自己对内对外事务的最高权力。国家和主权不可分割，主权是国家存在的根本标志。如果一个国家的主权被剥夺，其他的一切，包括国家的独立、领土完整、基本政治制度、社会准则、国家荣誉和尊严等，都将不复存在。因此，捍卫国家主权是国防的根本目的和任务。

2. 维护国家统一

国家的统一，是指国家由一个中央政府对领土内的一切居民和事务行使完整的管辖权，不允许另立政府或分割国家的管辖权。从国际法的角度来说，保卫国家统一、反对分裂，历来是一个国家的内部事务，绝对不允许外国干涉。这是原则性问题，不能有丝毫含糊。因此，维护国家统一历来是国防的重要事务。

3. 保护国家领土

领土是一个国家立足的根本，是国家自下而上与发展的物质基础，是国家行使主权的空间，也是国家行使主权的对象。领土之争，实质就是争夺国家主权，争夺国家的生存权和发展权。国防捍卫国家主权的独立，必然要保护国家领土的完整。领土争端成为当今世界局部战争和冲突不断的一个重要原因。

4. 保障国家安全

国家安全是国家的基本利益，是一个国家处于没有危险的客观状态，也就是国家没有外部的威胁和侵害，也没有内部的混乱和疾患的客观状态。与时代发展和国际战略格局变化相适应，当今我国的国家安全，已不仅仅是生存意义上的概念，而是包含有"发展"内涵的概念。发展利益之所在，便是当今中国国家核心利益之所在，对国家核心利益的威胁便是对国家安全的主要威胁。

（三）国防的手段

国防的手段是指为达到国防目的而采取的方法和措施。我国国防的手段包括军事活动以及与军事有关的政治、经济、外交、科技、教育等方面的活动。

1. 军事手段

军事手段是国防的主要手段。现代国防的根本职能是捍卫国家利益，防备和抵御外来的各种形式和程度不同的侵犯；防备和平息内部和外部的敌对势力相互勾结所发动的武装暴乱。应对武装入侵和武装暴乱最根本和最有效的手段莫过于采取军事手段。

2. 政治手段

政治手段作为国防手段之一，指的是"与军事有关的"政治活动，而不是政治本身的全部含义。政治与国防关系密切，一方面，国防直接保卫的国家主权是政治的第一需要；国防直接保卫的国家领土，是政治的物质前提；国防直接保卫的国家安全利益与发展利益，是政治的根本追求；同时，国家政权、政治制度也要靠国防力量来捍卫。另一方面，政治对国防起着决定性的支配作用。这是因为：国家的政治需要，决定国防的根本性质和基本类型；国家的政治指导思想和路线，决定国防的方向、方针和原则；国家的政治制度，决定国防的根本体制；国家的政治素质，制约国防的客观效应。

3. 经济手段

经济是国防的基础，社会经济制度决定国防活动的性质，社会经济状况决定国防建设的水平。国防经济活动是指为了国防而进行的生产、分配、交换消费及其管理的经济实践活动，其目的是保持一定的军事实力和潜力，从而有效地保障国家安全。现代条件下，无论是国防建设还是国防斗争，都要广泛采用经济手段，这些手段主要有国防经济活动、经济动员、经济战、经济制裁等。

4. 外交手段

国防外交活动主要是指国家与国家之间为了国防目的而开展的外交活动。由于这种外交主要涉及军事领域，所以又称军事外交。它既有通常意义上外交的一般特征，又具有区别于其他外交工作的特殊规律，是集外交与军事于一体的活动，它的范围很广，领域很多，活动的内容也十分丰富。国防外交主要涉及国家与国家之间、军事集团与军事集团之间的军事政治关系、军队关系、军事战略关系、军事科技关系和军事经济关系等。

除上述诸手段外，与军事有关的科技、教育等，也是国防的重要手段。

（四）国防的对象

国防的对象是指国防所要防备、抵抗和制止的行为。这是关系国家在什么情况下可以使用国防力量的重要问题。根据《中华人民共和国国防法》的界定，国防的对象，一是"侵略"，二是"武装颠覆"。

1. 侵略

国防要防备和抵抗的是"侵略"，而不仅仅是"武装侵略"。《中华人民共和国国防法》对国防对象的这一法律界定，既有国际法依据，又符合国防的实际需要，与国家安全所面临的威胁相一致，不仅表述合理恰当，而且意义深远。（1）与国际约章相衔接。联合国1974年通过的《关于侵略定义的决议》，对"侵略"做出了非常详尽的定义，列出了7种侵略行为。凡属于《决议》所指的侵略，均属于运用国防力量防备和抵抗的对象。（2）与我国的根本大法《宪法》的提法一致。我国《宪法》第二十九条规定的武装力量的任务，第五十五条规定的公民的国防义务，都采用了"抵抗侵略"的提法。（3）与国防活动的客观实际相适应。当今世界武装侵略和非武装侵略并存是事实。如果以法律的形式规定国防只是防备和抵抗"武装侵略"，在今后的国防建设和斗争中，就会束缚自己的手脚。

2. 武装颠覆

国防要制止的是"武装颠覆"。颠覆是指推翻现政府的一种叛逆行为，包括武装暴力颠覆和非武装暴力颠覆两种形式。一般情况下，对于非武装暴力颠覆，由国家公安、安全部门调查和处理，不需要动用国防力量。武装暴力颠覆活动，如武装叛乱、武装暴乱，才必须动用国防力量解决。《中华人民共和国国防法》明确把"制止武装颠覆"

受到西方支持的叙利亚反政府武装分子

作为国防的一项重要职能，具有重要意义。一是各种武装颠覆活动，包括分裂国家的"独立"、武装叛乱及企图推翻社会主义制度的武装暴乱，已构成对我国安全的主要威胁之一。二是从我国当前面临的国际国内环境看，武装颠覆并非纯粹来自内部，或主要不是来自内部。各种形式的"独立"、武装叛乱和暴乱，一般都有国外势力插手，具有内外勾结的特点。应对这一类的"武装颠覆"，应该是国防的职能，也就是说，在特殊情况下，国防还具有对内的职能。三是从苏联分裂成多个国家及南斯拉夫分裂后民族间战争不断、人民生灵涂炭、国民经济严重倒退的情况看，武装颠覆的灾难性后果不亚于国家间的战争，理应将防止和制止这种现象作为国防的职能。

二、现代国防的类型及特征

（一）现代国防的类型

根据不同社会制度国家国防政策及国防目标的不同，目前世界上的国防类型主要有以下四种。

1. 扩张型

扩张型国家（如美国）奉行霸权主义侵略扩张政策，为了维护本国在世界多个地区的利益，以国家安全和防务需要为幌子，将其疆域以外的国家和地区纳入本国的势力范围，对别国进行侵略、颠覆和渗透。

2. 自卫型

自卫型国家（如中国）以防止外敌侵略为目的，在国防建设上主要依靠本国力量，在对外关系上，实行和平共处，广泛争取国际同情和支持，以达到维护本国的安全、周边地区和世界和平与稳定的目的。

3. 联盟型

联盟型国家（如欧盟）为弥补自身力量的不足，以结盟的形式联合相关国家进行防卫。从联盟国之间的关系来看，联盟型国防可分为一元体联盟和多元体联盟两种。所谓一元体联盟，就是有一个大国处于盟主地位，其他国家则从属于他。所谓多元体联盟，就是各国基本处于伙伴关系，共同协商防卫大计。

4. 中立型

中立型国家（如瑞士）为保障本国的安全、发展和繁荣，实行和平中立的国防政策，实施总体防御战略和寓兵于民的防御体系。

中国是社会主义国家，奉行独立自主地外交政策，实行积极防御的国防战略，国家的战略边疆与地理边疆相一致，将保卫国家主权和领土完整、维护世界和平与发展作为国防目标，属于全民自卫型国防。因此，中国的发展与强大不会对任何国家和民族构成威胁，而只会促进世界和平、稳定与发展。

（二）现代国防的特征

现代国防是对传统国防的继承和发展，是一种全新的国防观念和新的国防实践活动。现代国防绝非单纯的武力较量，而是在综合国力的基础上，以军事手段为主，在政治、经济、科技、外交、文化等多种手段配合下进行的总体较量。它具有以下基本特征。

1. 现代国防是国家综合国力的体现

现代国防，已成为综合国力的体现。综合国力主要由人力、自然力、政治力、经济力、科技力、精神力和国防力等组成。其中经济实力、国防实力和民族凝聚力是综合国力的基本要素，经济实力是基础，国防实力是支柱，民族凝聚力是灵魂。现代国防与国家的综合国力有着密切的联系，国家的发展水平制约着武器装备发展水平和国防力量的总规模。没有强大的综合国力，国防建设只能是空中楼阁。

2. 战争潜力能否转化为战争实力是现代国防强弱的一个重要标志

现代国防虽然是以军事力量为主体，但它还要靠国家潜力转化为作战的实力。国家潜力包含国土面积、地理位置、自然资源、人口的数量和质量、地形气候、生产能力、科技和文化水平、交通运输、通信状况、社会制度、国家政策、管理能力、国际关系和国际地位等诸多方面。例如：南联盟战争的中后期，以美国为首的北约从打击军事目标到向民用基础设施开火，以主要力量轰炸南联盟的制造工厂、炼油厂、发电厂、道路和桥梁等，其目的就是摧毁南联盟的战争潜力。

3. 现代国防既是一种国家行为又是一种国际行为

现代国际政治经济的发展，把世界各国和地区的安全与发展利益同国际社会的整体利益日趋紧密地联系在一起，世界的和平与稳定已成为整个人类的共同奋斗目标。国家的安全与发展不仅与其本国利益相关，而且与国际的安全、发展和稳定息息相关。国家的发展离不开安全有利的国际环境，国际政治、经济的有序发展也有赖于各国国防的巩固。现代国防已不再仅仅是国家行为，而且日益成为一种国际行为。

4. 现代国防具有多层次的目标体系

政治、经济对现代国防影响程度的不断加深，使现代国防呈现出多层次的目标体系。从范围上，可分为自卫目标、区域目标和全球目标。从内涵上，也可分为不同的层次目标：在国家面临严重威胁时，国防目标要首先解决存亡问题；在和平与发展的情况下，要致力于保障国家的安全利益和发展利益，同时还应努力营造有利于本国发展的国际环境。

三、我国的国防历史及启示

在历史长河中，中国先后经历了奴隶社会、封建社会、半殖民地半封建社会和社会主义社会，国防也经历了无数个强盛与衰落的交替，从而给我们留下了宝贵的国防遗产和深刻的历史教训。我国的国防历史大致可分为三段来表述，即古代国防、近代国防和新中国成立后的国防。

（一）古代国防

我国古代的国防是指从公元前21世纪夏王朝的建立到1840年鸦片战争，共经历了20多个朝代、近4000年的漫长历史。

1. 古代的兵制建设

兵制即我们常说的军事制度，也称军制，是国家或政治集团组织、管理、维持、储备和发展军事力量的制度。我国古代的兵制建设主要包括军事领导体制、武装力量体制和兵役制度等内容。

在军事领导体制上，夏、商、西周时期，一般由国王亲自掌握和指挥，没有形成专门的军事领导机构。春秋末期，实现将相分权治国，以将（将军）为主组成军事指挥机构。战国时期，将军开始独立统兵作战。秦国一统天下之后，设立了专门管理军事的机构，太尉为最高的军事行政长官。隋朝设立了三省六部制，设兵部专门主管军事。宋朝则设置枢密院作为军事领导的最高机构，主官用文官担任，主要目的是防止"权将"拥兵自重。枢密院有权调兵却无权指挥，将军有权指挥却无权调兵，形成枢密院和将军的相互牵制的局面。各朝代在军事领导体制方面的做法虽各有千秋，但皇权至上，军队的最终调拨使用大权始终是掌握在皇帝手中的。

在武装力量体制上，秦朝之前武装力量结构单一，一个国家通常只有一支国家的军队。从秦朝开始，国家的政治制度逐渐完善，生产力不断发展，因而，各个朝代根据国家的状况和国防的需要以及驻防地区和担负任务的具体情况，将军队区分为中央军、地方军和边防军三种，并对军队的编制体制、屯田戍边、兵役军赋、军队调动、军需补给、驿站通道、军械制造和配发等都做了具体的规定，并以法律的形式颁布执行，如唐代的《卫禁律》《军防令》等。

在兵役制度上，随着各个历史时期的政治、经济、人口状况和军事需要而发展变化。奴隶社会时期，生产力低下，人口稀少，战争规模小，主要实行兵民合一的民军制度。封建社会时期，民军制度逐渐演变为与当时历史条件相适应的兵役制度，如秦汉时期的征兵制、三国两晋南北朝时期的世兵制、隋唐时期的府兵制、宋朝的募兵制、明朝的卫所兵役制等。

古 今 名 将

孙 武

孙武（前545—前470），字长卿，齐国乐安（今山东惠民）人，春秋时期著名的军事家、政治家，尊称"兵圣"。后人尊称其为"孙子""孙武子""百世兵家之师""东方兵学的鼻祖"。他是兵法家孙膑的先祖。孙武由齐至吴，经吴国重臣伍员举荐，向吴王阖闾进呈所著兵法13篇，被重用为将。他曾率领吴国军队大破楚国军队，占领了楚的国都郢城，几近覆亡楚国。其著有巨作《孙子兵法》

13篇，为后世兵法家所推崇，被誉为"兵学圣典"，置于《武经七书》之首，被译为英文、法文、德文、日文等，成为世界上最著名的兵学典范之作。

2. 古代国防工程、军事技术

中国历代王朝除根据当时情况加强武装力量建设外，还注意从国防工程建设、军事技术研发等多方面加强国防建设。

我国古代为抵御外敌的侵犯，巩固边海防，修筑了数量众多、规模庞大的国防工程，如城池、长城以及海防要塞等。这些国防工程建设中，城池的建设时间最早、数量最多。建筑最早始于商代，随后，城池建设规模不断扩大，结构日益完善，一直延续到近代。因此，在我国古代战争中，城池的攻守作战成为主要的样式之一。长城是城池建设的延伸和发展。春秋战国时期长城的建筑已经开始，秦始皇统一六国之后，为了巩固国防，防御北方匈奴的南侵，于公元前214年开始将秦、赵、燕三国北部的长城连为一个整体，形成西起临洮（今甘肃岷县），北傍阴山，东至辽东的宏伟工程，后经各朝代多次修建连接，至明代形成了西起嘉峪关，东至山海关，全长21196.18公里的

嘉峪关——雄关如铁

长城。中国海防建设是从明朝开始的。14世纪，倭寇频繁袭扰我沿海地区，明朝在沿海重要地段陆续修建了以卫城、新城为骨干，水陆寨、营堡、墩、台、烽堠等相结合的海防工程体系，对抗击倭寇的入侵起到了重要作用。

中国古代的军事技术走在世界前列，早在公元8世纪的唐朝，就发明了火药并应用于军事，引起军事史上划时代的变化。中国在世界上最早制成了"突火枪"，最早制成并在战斗中使用金属炸弹，最早应用于野战、攻城、守城、要塞、海防、战舰。最早制成各种多发和多级"火箭"，出现了世界上"第一个企图使用火箭作运输工具的人"。同时中国古代注重发展养马业。马是中国古代国防力量的重要因素，发展养马业，既有利于提高部队的战斗力、运输力，又有利于带动民间养马，促进经济发展。

嘉峪关

万里长城（部分）

3. 古代国防的兴衰

我国古代前期，即从春秋战国到秦汉、盛唐，国防日趋发展，不断强盛以至于发展到鼎盛。其后期，即从中唐到两宋、到晚清，我国

四大发明

国防便日趋衰败，以至于一触即溃，不可收拾。其间，虽然盛唐之前有两晋的糜烂，中唐以后有明清中前期的振作，但从整体上来看，我国古代国防事业的基本趋势是由弱到强，再从强盛走向衰落。从汉、唐、明、清等几个大的历史朝代看，国防事业也都是由兴而盛，由盛及衰。其间固然不乏极盛之前的短暂衰落，衰败之后的一时复兴，但终其一朝由盛及衰的基本趋势是没有改变的。

纵观我国几千年的古代国防史，我们不难发现，当统治阶级处于上升时期，政治开明，经济繁荣，军事强大，民族团结，国家统一的时候，国防就强盛；当统治阶级走下坡路，政治腐败，经济衰落，军事孱弱，民族分裂，国内混乱时，国防就削弱。

（二）近代国防

我国的近代国防是指自1840年鸦片战争开始到1949年新中国成立，也就是清朝后期和民国时期的国防。

1. 清朝后期的国防

湖北兵工厂（湖北枪炮厂）

清朝后期的国防可以从国防体制和武装力量变革、国防工业建设、国防观念和国防外交政策的变革三个方面进行表述。

在国防体制和武装力量变革方面：近代以前，清朝的常备军由八旗兵和汉族绿营兵两部分组成，清入关初期，以前者为主，后者为辅。后来，八旗兵日趋腐败，绿营成为作战主力。到了近代，无论八旗还是绿营都已腐败不堪，毫无战斗力，鸦片战争的失败就是很好的例证。太平天国运动爆发后，清朝原有的武装力量基本被农民起义军扫荡殆尽。在镇压农民起义中起家的以湘军、淮军为代表的勇营地方武装逐步取代八旗和绿营的地位，成为清朝的常备军。与此相应，清朝的军制也发生了一场变革，由勇营制取代八旗和绿营军制。近代中国的屈辱是从海防开始的，在洋务派的大力倡议下，清政府创建了近代中国的新式海军，组建了北洋、南洋及福建三大水师。甲午战争失败后，清朝又全面仿效西欧的兵役制度，开始编练新军并筹建了一批军事学堂。新军制在兵役制度上废除了世兵制和募兵制，开始实行常备军和后备军制度。

在国防工业建设方面：西方列强的坚船利炮终于使清王朝意识到加强近代国防工业建设的必要性和重要性。于是，在洋务派的大力推动下，清政府开始引进近代军事技术，建立近代的军事工业。后来，为了解决经费问题，又兴办了一些民用工商业。当时国防工业的产品主要是枪、炮、军火和轮船，规模较大、设备较好、产品较优的军工企业主要有江南制造局、福州船政局、金陵机器局、天津机器局和湖北枪炮厂，它们基本反映了中国近代军事工业的创建过程和发展水平。

洋务运动

在国防观念和国防外交政策的变革方面：由于西方列强最早是从海上侵略中国的，因此在鸦片战争以后相当长的时期内，清政府一直都把国防的重点放在海岸，认为威胁主要来自英法等国的海上入侵，只有林则徐提出"终为中国患者，其俄罗斯乎"。历经俄罗斯在中国北部的趁火打劫、英国在中国西部的蠢蠢欲动、法国在中国南部的步步紧逼和中法战争的爆发，以及日本在中国东面的虎视眈眈，清政府陷入来

江南制造局

自各方的国防危机。于是清政府改变过去的关塞之防为全面的国防，海陆并举。西方列强的大举入侵，不仅使中国一步步地沦为半殖民地半封建社会，还直接导致了东方朝贡体系的解体。在严峻的现实面前，自顾不暇的清政府开始在国防外交领域放弃过去对周边小国的宗藩政策，转而从屏蔽边疆出发，开始把实行对外军事援助和维护自身安全结合起来，实行藩篱政策，中法战争中的援越和甲午战争中的援朝就都出于这方面的考虑。

此外，中国人民英勇抗击侵略者的斗争也是中国近代国防的重要组成部分，正是中华民族不畏强暴、抗御外侮的伟大爱国精神，激励着一代又一代的中华儿女，为民族的独立、自由而不懈努力。

晚清颓势

2. 民国时期的国防

民国初期，中国的军队主要由北方的北洋军和辛亥革命后在南方发展起来的革命军组成，这些军队大多实行募兵制。为加强对军队的控制，袁世凯在出任中华民国临时大总统后，在总统府设立军事处，作为军队的最高领导机构。另外，他还成立参谋部，直属大总统，掌管全国的国防事宜。内阁中的海军部和陆军部则负责全国海陆军的军政事务。为统一军制，1912年袁世凯还公布了陆军官制，将前清新军中的编制名称由过去的镇、协、标、营、队改为师、旅、团、营、连，并正式采用军衔制，从而奠定了我国现代军制的基础。

袁世凯死后，全国的军队主要由三部分组成：一是实力雄厚的北洋军，内部又分裂演化为直系、皖系和后来的奉系三派；二是经营已久、实力居中的进步党和西南军阀武装；三是力量涣散、根基不牢的中华革命党武装。为争夺地盘，各派军阀之间连年混战，人民生活痛苦不堪。

北伐战争后，蒋介石在形式上完成了中国的统一，但中国的国防实力依然弱小。1933年，国民政府颁布了我国历史上第一部《兵役法》，宣布废除募兵制，开始实行征兵制。抗日战争爆发后，蒋介石继续坚持反共、反人民的顽固立场，拒不抵抗。后迫于压力，虽参加对日作战，但消极抗日、积极反共。在民族危亡的紧要关头，中国共产党紧紧依靠人民群众，终于赢得了中国近代史上第一次抗击外敌的胜利。抗战胜

利后，蒋介石集团又不顾人民对和平的期盼，悍然发动内战。在中国共产党的领导下，中国人民经过 4 年的浴血奋战，终于推翻了国民党的统治，建立了新中国。从此，中国结束了 100 多年来有国无防的屈辱史，中国的国防建设揭开了新的篇章。

（三）1949 年以来的国防

1949 年以来，我国的国防与军队现代化建设大体上经历了以下四个阶段。

1. 第一阶段：1949—1953 年

这一阶段国家处在外御帝国主义侵略、内治战争创伤和恢复经济时期。这一时期的国防建设主要完成了三个方面的任务。一是解放了全国大陆和除台、澎、金、马之外的全部沿海岛屿，肃清了大陆上国民党的残余武装，平息了匪患；建立了边防和守备部队，加强了海防的守卫。二是取得了抗美援朝战争的胜利。三是建立、健全了统一的军事领导机构和军事制度，建立了全军的领导机关和各级军事领导机构，加强了对全国武装力量的领导；建立了一支初具规模的海军、空军和各兵种部队，逐步开始从单一陆军向诸军兵种全面建设过渡；建立了 100 余所军事院校，为国防建设培养了大批军事人才；统一了军队编制体制；建立了各项规章制度。

1964 年 10 月 16 日，中国第一颗原子弹爆炸成功

我国第一颗原子弹爆炸成功

2. 第二阶段：1953—1965 年

这一阶段是我国国防现代化建设突飞猛进的重要时期。1953 年 12 月召开的全国军事系统党的高级干部会议，是军队建设和国防建设的一个里程碑。这次会议确定了我国国防建设的主要任务是防御帝国主义侵略，保卫社会主义建设，保卫亚洲与世界和平；制定了"积极防御"的战略方针；提出了实现国防现代化的重大战略措施，包括精简军队、压缩国防开支、加速发展工业、为国防现代化打基础；加强国防工程建设，在沿海、边防和纵深要地建设防御工程体系；实行义务兵、军官薪金、军衔三大制度；大办军事院校，重新划分战区，完善战略、战役指挥体系；加强动员准备，建立各级动员机构和动员制度。这些重大措施有力地促进了我国国防现代化建设的全面发展，初步形成了具有中国特色的国防体系。经过 10 多年的艰苦努力，我国国防体系基本完成配套，某些领域已接近当时的世界先进水平，并成功地爆炸了第一颗原子弹。

3. 第三阶段：1965—1978 年

这一时期尽管有林彪、"四人帮"的干扰和破坏，毛泽东、周恩来等国家主要领导人仍然坚决地注意维护我国的安全，保持了军队的稳定，顶住了霸权主义的压力。同时对发展国防尖端技术始终没有放松，因而保证了我国氢弹试验和人造卫星发射的成功。

4. 第四阶段：1978 年（党的十一届三中全会）至今

在党的十一届三中全会上，邓小平根据国际形势不断缓和，特别是世界和平力量的增长，提出了"和平与发展"是当今世界两大主题的观点，从而确定国家工作重点的战略性转变，并将国防建设带入一个新时期。1985 年 5 月 23 日召开的中央军委扩大会议，作了军队和国防建设指导思想从过去立足于"早打、大打、打核战争"的临战状态转到和平时期正常建设的轨道上来，充分利用较长一段时间内大战打不起来的和平环境，在服从国家经济建设大局的前提下，抓紧时间，有计划、有步骤地加强以现代化为中心的国防与军队建设，提高军队素质，增强我军在现代条件下的自卫能力。

20 世纪 90 年代，以江泽民为核心的党的第三代领导集体科学地回答和解决了国防与军队建设的一系列重大理论和实践问题。1993 年，中央军委确立了"打赢高技术条件下的局部战争"的新时期军事战略方针。1995 年提出了实现由应付一般条件下的局部战争，向打赢现代技术特别是高技术条件下的局部战争转变；由数量规模型向质量效能型。由人力密集型向科技密集型转变的战略思想，坚持质量建军，走精兵之路，实施科教强军战略。

进入 21 世纪，面临新军事变革的迅速发展以及国内外复杂变化的新形势，以胡锦涛为总书记的第四代领导集体从国家总体战略出发，提出我军在新世纪新阶段的新使命：要为党巩固执政地位提供重要的力量保证，为维护国家发展的重要战略机遇期提供坚强的安全保障，为维护国家利益提供有力的战略支撑，为维护世界和平和促进共同发展发挥重要作用。

党的十八大以来，面对国际战略格局和国家安全形势的深刻变化，习近平主席提出的建设一支听党指挥、能打胜仗、作风优良的人民军队的强军目标，体现了新的形势和任务对军队建设的新要求，是党的军事指导理论与时俱进的最新成果。

（四）中国国防历史的启示

1. 经济强盛是国防发展的基础

经济是国防的物质基础，强大的国防必须以强大的经济作为依托。中国很早就认识到军队的胜利取决于"国富民强"，如果国家富足而又安定，民众不需动员，军队不必出征，就能威震天下。所以，在我国古代，大凡有作为的君主无不把发展经济作为巩固国防的重要措施。春秋初期的晋国因晋文公整顿内政、发展经济、扩充军队等措施的施行，而由一个国贫兵弱的小国一跃成为中原霸主；战国末期的秦国因商鞅变法而国力大增，并最终吞并六国，一统华夏。这些鲜活的事例，都深刻地说明了经济发展是国防巩固的基础这一道理。同样，进入封建社会后，汉、唐、清初的皇帝也正是因为推行休养生息、发展经济等措施，增强了国力，才出现西汉大败匈奴、唐朝大败突厥和清初巩固边防的重大胜利。

2. 政治昌明是国防巩固的根本

政治是国防与诸多相关因素之间联系最为密切的首要因素，它决定着国防的性质和发展方向。我国国防几千年的兴衰史深刻说明，国家所推行的政策直接关系到国防的巩固与否，巩固的国防离不开昌明的政治。早在春秋战国时期，各诸侯国就开始注意加强以革除弊政和变法自新为主要内容的政治建设，以达到国家强盛的目的。如秦国重用商鞅进行变法，这直接促成了秦国国防的巩固和日后统一大业的完成。同样，正因为有汉、唐、清初比较开明的治国之策，才会有后来的"文景之治""贞观之治""康乾盛世"等中国历史上的昌盛局面。相反，我国古代历史上每一个王朝的衰落和灭亡，无不由它中后期的政治昏庸腐败所致。当朝者的昏聩，加上宦官专权、朋党之争、权臣弄权、后宫争宠这些中国封建社会政治顽疾的推波助澜，直接导致了汉、唐、明等中国历史上曾兴盛一时的王朝的衰败和灭亡。秦和隋的暴政，更使这两个强大的王朝在统一中国分别只有15年和37年后就迅速被推翻。到了近代，中国更是由于晚清政府、北洋军阀政府和民国政府的政治腐朽、国防虚弱而屡受列强的侵略、遭受了前所未有的奇耻大辱，将中国人民带进了苦难的深渊。其中，北洋水师的全军覆没更深刻地说明了政治昌明对国防的巩固是何等的重要。总之，几千年的中国国防史深刻地说明了政治的昌明是国防巩固的基础，也是国家得以长治久安的根本保证。

3. 军备建设是国防巩固的重要手段

自从有国家以来，国防和军事就是一对双胞胎。尽管国防是一个包括经济、政治等因素在内的庞大复杂系统，但是，国防无论如何都离不开军事，而军备建设又在军事中处于举足轻重的地位，因此，大力加强军备建设就成了巩固国防的重要手段。这也是中国国防史留给我们的一个重要启示，在我国历史上，有大量通过加强军备建设而巩固国防的鲜活事例。如战国时期的赵国因推行以"胡服骑射"为主要内容的军事改革而有效缓解了来自北方游牧民族的威胁，汉因肃整军备而大败匈奴等。同样，因军备松懈而国家灭亡的事例在中国历史上也比比皆是。秦国统一后因"刀枪入库、马放南山"而军力大降，晚清因军备不整而丧权辱国等，就是这方面的沉痛教训。总之，国家的富裕并不一定就等于国家的强大。任何时候，我们只有犁剑并举，做到有备无患，才能真正实现国家安定和人民幸福。

4. 国家统一和民族团结是国防强大的关键

我国自古以来便是一个多民族的统一国家，民族团结和民族友好一直是我国国内民族关系发展的主旋律。在近代历次抗击外来侵略的斗争中，正是因为民族团结，一致对外，中国才能化险为夷并最终取得反侵略的胜利。在近代的历次对外反侵略斗争中，中国之所以屡战屡败，一个很重要的原因就在于当朝者总是认为"患不在外而在内"，即使在日本发动全面侵华战争欲置中国于死地的时候，以蒋介石为代表的国民党顽固派仍坚持"攘外必先安内"的反动方针。在这种情况下，虽然有广大民众的浴血奋战，但终因缺乏统一指挥，不能形成一致对外的合力而无法使战争形势得以根本改观。中国共产党成立以后，我国领导人实行紧紧依靠人民群众，建立最广泛的全民族统一战线，团结一切可以团结的力量的政策，才领导全国各族人民实现了国家的独立和人民的幸福。

七子之歌——澳门

厦门"一国两制，统一中国"标语牌

历史故事

清军收复新疆之战

　　1865 年（清同治四年），中亚浩罕国军事头目阿古柏在英国支持下，入侵中国新疆，建立"哲德莎尔国"。1871 年沙俄趁机占领中国新疆的伊犁地区。1876 年，清政府命陕甘总督左宗棠为钦差大臣，督办新疆军务。左宗棠积极筹办粮饷，改善装备。4 月 26 日，左宗棠令刘锦棠部出嘉峪关西进北疆。8 月，向迪化（今新疆乌鲁木齐）疾进，守将白彦虎弃城南逃。至 11 月 6 日，北疆失地全部收复。1877 年 4 月，左宗棠令清军兵分两路，进军南疆。刘锦棠部出迪化，张曜、徐占彪部出哈密、镇西（今新疆巴里昆），先后攻克达坂城、托克逊和吐鲁番，打开南疆门户。阿古柏气急暴死。清军连克喀喇沙尔（今新疆焉耆）、库尔勒、库车、喀什噶尔（今新疆喀什）等 8 城，阿古柏残部逃回国内。至 1878 年 1 月，整个新疆除伊犁地区外全部收复。沙俄迫于阿古柏势力彻底失败，同意与清政府谈判。1881 年签订中俄《改订条约》和 1882 年签订《伊犁界约》，中国收回伊犁地区。

第二讲　依法治训　按纲施训——国防法规

　　兵者，以武为植，以文为种。武为表，文为里。能审此二者，知胜败矣。

　　　　　　　　　　　　　　　　　　——《尉缭子》

一、国防法规的含义和特征

（一）国防法规的含义

国防法规是指国家为了加强防务，尤其是加强武装力量建设，用法律形式确定并以国家强制手段保证其实施的行为规则的总称。国防法规是国家法律体系的重要组成部分，是国防建设和国防斗争的重要保障，对人们在国防领域的行为规范起着重要引导作用。国防建设法治化是国防现代化的必然要求，也是衡量一个国家国防是否实现现代化的重要标志。

（二）国防法规的特征

国防法规是国家法律的组成部分，是由国家制定或认可，并由国家强制力保证其实施的行为规范，它具有法律的一般特性，即鲜明的阶级性、高度的权威性、严格的强制性、普遍的适用性和相对的稳定性。同时，国防法规还有着区别于其他法规的特殊性。

1. 调整对象的军事性

法律是调整社会关系的行为规范，而不同的法律规范用来调整不同领域的社会关系。国防法规就是专门用来调整国防和武装力量建设领域的各种社会关系的。这些带有军事性的社会关系是国防法规特有的调整对象，是其他任何法律规范所不能代替的，这是国防法规特性的一个基本表现。

2. 公开程度的有限性

公开性是法律固有的特性，因为法律只有公开才能使人们普遍了解和遵守。但国防法规有些不同，公开程度是有限的。大部分国防法规，特别是一些基本的、主要的国防法规是公开的，如《国防法》《兵役法》《军事设施保护法》等。但有一少部分国防法规，如在作战、训练、军队编制和国防科研等方面的法规具有保密性而不予公开，以免国家利益受到损害。

3. 司法适用的优先性

国防法规优先适用，是指在解决与国防利益、军事利益有关的法律问题时，如果国防法规和其他法规都有相关的规定，这时要以国防法规的规定作为司法依据，以国防法规作为评判是非的标准和采取行动的准则，其他法规要服从国防法规。同时要注意，优先适用不是指的先后顺序，而是一种排他性的单项选择，即在解决与国防利益、军事利益有关的法律问题时，只有国防法规起作用，其他法规不起作用。

4. 处罚措施的严厉性

国防法规对危害国防利益的犯罪，规定了比较严厉的处罚措施。如《刑法》规定，一般抢劫罪通常处三年以上十年以下有期徒刑；而冒充军警人员抢劫的，抢劫军用物资的，处十年以上有期徒刑、无期徒刑或者死刑。

二、国防法规体系及主要国防法规

（一）国防法规体系

国防法规以国家宪法为基础，由各类法律规范组成，其范围十分广泛，内容也十分丰富。从纵向来看，国防法规体系可以根据制定机关和法律效力等级的不同，基本划分为以下五个层次。

1. 宪法中的国防条款

《中华人民共和国宪法》是我国的根本大法，具有最高的法律效力和最大的权威。宪法中的国防条款在国防法规体系中居于最高地位。

2. 基本国防法律

基本国防法律由全国人民代表大会制定，是制定其他国防法规的基本依据，包括以下内容：专门的基本国防法律，即《中华人民共和国国防法》和《中华人民共和国兵役法》；其他基本法律中的国防条款，如《中华人民共和国刑法》分则中的第七章和第十章，《中华人民共和国婚姻法》中的第三十三条等基本国防法律解释。

3. 国防法律

国防法律由全国人民代表大会常务委员会制定，包括以下内容：专门的国防法律和法律性决定，如《国防教育法》《军事设施保护法》《人民防空法》《香港特别行政区驻军法》《现役军官法》《军官军衔条例》《预备役军官法》《中国人民解放军选举全国人民代表大会和县级以上地方各级人民代表大会代表的办法》《全国人民代表大会常务委员会关于设立全国国防教育日的决定》等；其他法律中的国防条款，如《中华人民共和国行政诉讼法》第十三条关于人民法院不受理公民、法人或者其他组织对国防行为提起诉讼的规定等；国防法律解释。

4. 国防法规

国防法规是指由中华人民共和国国务院和中央军事委员会单独或共同制定和颁布的具有在全国一定范围内和在军队中遵行的有法律效力的国防法规，包括：由中央军委制定的军事法规，如《中国人民解放军内务条令》《中国人民解放军纪律条令》《中国人民解放军警备条令》等；国务院单独制定或与中央军委联合制定的国防行政法规，如《中华人民共和国出境入境边防检查条例》《中国人民解放军现役士兵服役条例》《中华人民共和国飞行基本规则》等；其他法规中的国防条款；国防法规解释、国防法规性文件。

5. 国防规章

国防规章是由国家职能机关和军队职能机关为了贯彻执行国防法律和国防法规的有关条款，在自己的职权范围内制定和颁布的细则和章程等，包括：中央军委各总部、各军兵种、各战区制定的军事规章，如《兵员管理规定》《中国人民解放军院校学历证书管理暂行规定》等；国务院各部委单独制定或与军委有关总部联合制定的国防行政规章，如《关于民兵事业费开支范围和管理办法的规定》《关于企业民兵、预备役工作的规定》等；其他规章中的国防条款；国防规章解释、国防规章性文件；地方性国防法规和规章。

按照法制建设的要求，国防法规体系层次中，下一层次的法必须以宪法或上一层次的法为依据，不得与其相抵触。只有形成等级分明的层次，才能确保各种国防法律规范做到层层节制，一级服从一级，从而避免重叠和矛盾，保证国防法规体系的协调统一。

（二）主要国防法规

1. 国防法

现行《国防法》由全国人民代表大会八届五次会议于 1997 年 3 月 14 日通过，并于当日颁布实施，总共十二章七十条，对涉及国防领域各方面的关系进行调整。其主要内容如下：一是规范了国家防务建设的基本方针和基本原则，如抵御外敌入侵，防止颠覆，维护国家安全，捍卫国家主权，保证国家领土、领海、领空不受侵犯，坚持全民自卫，坚持国防建设与经济建设协调发展及独立自主处理国防事务等原则；二是规范国防建设的基本制度，如兵役、军事人事、军事经济、国防科技、国防动员、国防协调会议、国防教育等若干基本制度；三是规定了党对武装力量和国防活动的领导及国家机构的国防职权等；四是规范了公民、国家机关、社会组织的国防义务和权利，如依法征兵，保证兵员质量，公民依法服兵役，自觉接受国防教育，相关企事业单位要保质保量地完成国防科研生产、接受国家军事订货等。

知识链接

《国防法》是根据《宪法》制定的一部综合性的调整和规范国防与武装力量建设的基本法律，是用来调整和指导国防领域中各种社会关系的基本法律规范，它在国防法规体系中占有统帅地位并起着核心作用，是其他军事立法的基本法律依据。《国防法》的颁布实施，是我国国防史上一件具有划时代意义的大事，也是国防和军事法治建设的一个重要里程碑。

2. 兵役法

2011 年 10 月 29 日，第十一届全国人大常委会第二十三次会议审议通过了《关于修改〈中华人民共和国兵役法〉的决定》，对《兵役法》进行了修正，修正后的《兵役法》即为现行《兵役法》。现行《兵役法》共十二章七十四条，主要包括以下内容：国家的兵役制度，武装力量的组成，公民服兵役的条件、形式和期限，兵员的征集、招收和动员，公民服兵役的权利与义务以及奖惩等。根据兵役法，公民履行兵役义务的形式是多样的，参军服现役、服预备役参加民兵组织、高等院校和高中学生参加军事训练等，都是履行兵役义务。

陕西省惩戒 15 名履行兵役失信人员

知识链接

《中华人民共和国兵役法》第六十六条　有服兵役义务的公民有下列行为之一的，由县级人民政府责令限期改正；逾期不改的，由县级人民政府强制其履行兵役义务，并可以处以罚款：

（一）拒绝、逃避兵役登记和体格检查的；

（二）应征公民拒绝、逃避征集的；

（三）预备役人员拒绝、逃避参加军事训练、执行军事勤务和征召的。

有前款第二项行为，拒不改正的，不得录用为公务员或者参照公务员法管理的工作人员，两年内不得出国（境）或者升学。

战时有本条第一款第二项、第三项或者第三款行为，构成犯罪的，依法追究刑事责任。

3. 国防教育法

《中华人民共和国国防教育法》于 2001 年 4 月 28 日由第九届全国人民代表大会常务委员会第二十一次会议通过，江泽民主席第五十二号主席令颁布施行。该法共六章三十八条，主要规定了国防教育的方针原则，学校国防教育，社会国防教育，国防教育的保障和法律责任等。2001 年 8 月 31 日由第九届全国人民代表大会常务委员会第二十三次会议通过的《全国人民代表大会常务委员会关于设立全民国防教育日的决定》是对《国防教育法》的补充，确定每年 9 月第三个星期六为全民国防教育日。

当兵，有志青年的光荣与担当

4. 反分裂国家法

《反分裂国家法》于 2005 年 3 月 14 日由第十届全国人民代表大会第三次会议表决通过。同日，国家主席胡锦涛发布命令，宣布该法从即日起正式实施。该法共十条，旨在反对和遏制"台独"分裂势力分裂国家，促进国家和平统一，维护台湾海峡地区和平稳定，维护国家主权和领土完整，维护中华民族的根本利益，具有重大而深远的意义。制定《反分裂国家法》，体现了党和国家以最大的诚意，尽最大的努力争取实现和平统一的一贯立场，表明了全中国人民捍卫国家主权和领土完整，绝不允许"台独"分裂势力以任何名义、任何方式把台湾从中国分裂出去的共同意志和坚定决心。它有利于团结包括台湾同胞在内的全中国人民共同推动祖国的和平统一大业，有利于遏制"台独"分裂势力的分裂活动，有利于维护台湾海峡地区乃至亚太地区的和平稳定。

5. 其他法规

除以上法律法规外，中华人民共和国立法机关、军事机关、行政机关，还先后制定了一系列国防和军事法规，如全国人大常委会颁布了《中国人民解放军军衔条例》《中国人民解放军军官服役条例》《民兵工作条例》等 20 多部法律法规；国务院和中央军委联合颁发了《征兵工作条例》等 40 多部单行法规；中央军委制定颁布了《纪律条令》《内务条令》《队列条令》等；各总部、各军兵种也相应制定和颁发了有关条令条例。总之，经过几十年的发展，我国的国防法制化建设已取得了巨大的成绩，初步形成了有中国特色的国防法律体系。这对我国国防的巩固，军队的革命化、现代化、正规化建设都起到了巨大的作用。

三、公民的国防义务和权利

公民的国防义务和权利，是我国公民的基本权利和义务的重要内容。我国宪法和各种国防法规都对公民的国防义务和权利做出了明确规定。自觉地履行国防义务，正确地行使有关国防权利是每一个公民应当具备的品德和应当承担的责任。

（一）公民的国防义务

公民的国防义务，是指宪法和法律法规规定的公民在国防活动中对国家必须履行的某种责任，这种责任是根据国家和人民的根本利益确定的，并由国家运用法律的强制力来保证它的实现，要求负有国防义务的公民，在国防活动中必须依法做出或不做出某种行为。公民的国防义务主要包括履行兵役的义务、接受国防教育的义务、保护国防设施的义务、保守国防秘密的义务、协助国防活动的义务。

（二）公民的国防权利

公民的国防权利，是指由国家宪法、法律赋予公民在国防活动中所享有的权利或权益。需要指出的是，义务与权利是一致的，上述公民的国防义务，同时也是公民的国防权利。公民除上述国防义务亦即国防权利外，还有以下三种相对独立的国防权利：国防建设的建议权和对危害国防行为的制止和检举权，国防活动中经济损失补偿的权利，军人的优待、抚恤权和退役后的安置权。

国家安全

📎 延伸阅读

最新一年两次征兵两次退役政策

经国务院、中央军委批准，自2020年起，将义务兵征集由一年一次征兵一次退役，调整为一年两次征兵两次退役。按照《中华人民共和国兵役法》规定，义务兵服现役的期限为二年，士兵退役时间对应其批准服现役时间。征集时间调整改革后，征集新兵总量与往年相比保持稳定，征集的条件、标准、程序和相关政策不变，征集对象仍以大学生为重点。上半年征兵重点征集各级各类院校往届毕业生、高职高专毕业班学生和各类社会技能人才，下半年征兵重点征集各级各类院校应届毕业生、在校生和新生。一年两次征兵，着眼为优秀青年应征入伍提供均等机会。

一、征兵对象

以大学生为重点征集对象，优先批准高学历青年入伍，优先批准大学毕业生和理工类大学生入伍。省会城市和高校集中地区全部征集高中毕业以上文化程度青年，其他地区减少并逐步取消初中生的征集。已被普通高等学校录取及正在高校就学的学生，机关、团体、企业事业单位具有大专以上文化程度的青年，也应当征集。征集的女青年，为普

"优先征集"政策

通高中应届毕业生和普通高等学校全日制应届毕业生及在校生。

在抢险救灾和灾区恢复重建中表现突出的优秀青年符合条件的，应当优先批准入伍。烈士、因公牺牲军人、病故军人的子女、兄弟姐妹和现役军人子女符合条件的，应当优先批准入伍。少数民族居住集中地区应当多征集懂双语言、文化程度较高、综合素质好的少数民族青年入伍。引导鼓励革命老区和深度贫困地区优秀青年入伍，革命老区应当多征集老红军、老复员军人后代入伍。有台湾地区籍人口和归侨、侨眷的地区，应当尽可能多征集台湾地区籍和归侨、侨眷青年入伍。

二、年龄要求

男兵：年满18至22周岁高中毕业以上文化程度的青年，普通高等学校毕业生放宽至24周岁。

①高中（含中专、职高、技校）毕业：18~22周岁；

②大学在校：18~22周岁；

③大学毕业生（大专及以上）：18~24周岁。

女兵：年满18~22周岁普通高中应届毕业生、普通全日制大学新生、在校生及应届毕业生。

三、时间安排

①兵役登记时间：每年1月10日至6月30日。

②应征报名时间：全国征兵（男兵）应征报名时间：上半年应征报名：1月10日至2月15日；下半年应征报名：4月1日至8月15日。应征报名提示：男兵报名前须完成兵役登记。

全国征兵（女兵）应征报名时间：上半年应征报名：1月10日至2月15日18时；下半年应征报名：6月26日至8月15日18时。

征兵时间区分为上半年和下半年两次，上半年征兵从2月中旬开始，3月底结束，新兵批准入伍时间为3月1日；下半年征兵从8月中旬开始，9月底结束，新兵批准入伍时间为9月1日。

全国征兵网（http://www.gfbzb.gov.cn），是国防部征兵办公室指定的唯一官方网上应征平台，具有办理兵役登记、接受应征报名、开展政策咨询、查询个人信息、受理监督举报等功能，自2020年1月10日起，将全年开通运行。欢迎广大适龄青年踊跃报名参军。

四、政治条件

【考核内容】征兵政治考核应当以应征公民本人现实表现为主。考核内容包括：应征公民的个人基本信息、政治面貌、宗教信仰、婚姻状况、毕业（就读）学校、文化程度、主要经历、出国（境）情况、现实表现、奖惩情况，以及家庭成员、主要社会关系成员的政治情况等。

我参军，我光荣

【总体要求】征集服现役的公民必须热爱中国共产党，热爱社会主义祖国，热爱人民军队，遵纪守法，品德优良，志愿为抵抗侵略、保卫祖国、保卫人民的和平劳动而英勇奋斗。

大学生参军入伍优待政策

五、应征公民体检标准（部分）

①身高：男性 160cm 以上，女性 158cm 以上。

②体重：标准体重 =（身高 -110）kg。男性不超过标准体重 30%，不低于标准体重 15%；女性不超过标准体重 20%，不低于标准体重 15%。

③视力：右眼视力 4.6 以上，左眼视力 4.5 以上；矫正视力 4.8 以上（手术时间距征兵时间需半年以上）。

六、征集办法

适龄青年应当在其户籍所在地应征，经常居住地与户籍所在地不在同一省（自治区、直辖市）且取得当地居住证 3 年以上的，可以在经常居住地应征。普通高等学校应届毕业生和在校生可在学校所在地应征，也可在入学前户籍所在地应征，大学新生在入学前户籍所在地应征。全国所有县（市、区）同步组织两次征兵，征集任务数较少的，可由市（州）统一组织或划片集中组织。应征公民经体格检查、政治考核合格并符合其他征集条件的，由应征地的县（市、区）人民政府征兵办公室批准入伍。新兵的军龄，从批准入伍之日起算。

重要通告：根据国家疫情防控工作决策部署，切实把人民群众生命安全和身体健康放在第一位，按照征兵工作服从疫情防控的原则，确保军地各级把主要精力投入到疫情防控第一线，坚决打赢疫情防控阻击战，经国务院、中央军委批准，将 2020 年上半年征兵工作推迟至下半年一并组织实施，上半年征兵任务合并至下半年一并完成，全年征集新兵总任务和各省、自治区、直辖市年度征集新兵任务不变。征集时间统一调整为 8 月 1 日开始，9 月 10 日起运新兵，9 月 30 日结束。

第三讲 常抓不懈 备豫不虞——国防建设

> 国虽大，好战必亡；天下虽安，忘战必危。
>
> ——司马穰苴

一、国防建设概述

国防建设指的是为国家安全利益需要，提高国防能力而进行的各方面的建设，是国家建设的重要组成部分。国防建设的内容主要包括：武装力量建设，边防、海防、空防、人防及战场建设，国防科技与工业建设，国防法制建设，国防动员建设，国防教育建设，以及与国防相关的铁路、公路、水运、民航、邮电、能源、水利、造林、气象、卫生、航天等方面的建设，重点是武装力量建设。中华人民共和国成立后，经过70多年的艰苦努力，我国国防建设取得了举世瞩目的成就。

二、国防领导体制

国防领导体制，是国家谋划、决策、指挥、协调国防建设和军事斗争的组织体系及相应制度，包括国防领导机构的设置、职权划分、相互关系及相关制度等，是国防体制和国家体制的重要组成部分。国防领导体制对发挥综合国力、实现国防目的具有至关重要的作用。国防领导机构一般设有最高统帅、最高国防决策机构、国家行政机关中管理国防事务的部门和武装力量领导指挥系统等。根据《中华人民共和国宪法》和《中华人民共和国国防法》，中华人民共和国的国防领导权由中共中央、全国人民代表大会及其常务委员会、国家主席、国务院、中央军委来行使。

（一）中共中央的国防领导职权

中国共产党是我国社会主义事业的领导核心，《中华人民共和国宪法》和《中华人民共和国国防法》都规定了中共中央在包括国防事务在内的国家生活中发挥着决定性的领导作用。《中华人民共和国国防法》规定："中华人民共和国的武装力量受中国共产党领导。"在中国，有关国防、战争和军队建设的重大问题，都由中共中央、中央军委、中央政治局及其常委会作出决策，通过必要的法定程序使之上升为党和国家的意志并在全国范围内统一贯彻执行。

📎 知 识 链 接

　　中央军事委员会实行中国共产党中央军军事委员会和中华人民共和国中央军事委员会"两块牌子、一套班子"的领导体制。它们实际上是一个机构，组成人员对军队的领导职能完全一致，只是在党内和国家机构内同时有两个地位。这样的领导体制是为了保证党对军队的绝对领导，便于运用国家机器，加强军队各方面的工作，加强军队的革命化、现代化、正规化的建设。中国国防领导体制的突出特点，就是国防领导权集中在中共中央，国防建设和国防斗争的大政方针由中共中央制定，武装力量的最高领导权属于中共中央。

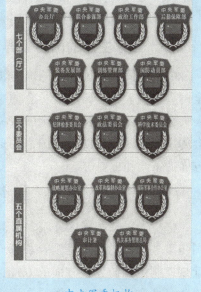

中央军委机构

　　中央军事委员会实行主席负责制，中央军委主席实际上为全国武装力量的统帅。中央军委组成人员为：中央军委主席、副主席若干人、委员若干人。军委机关包括军委办公厅、军委联合参谋部、军委政治工作部、军委后勤保障部、军委装备发展部、军委训练管理部、军委国防动员部、军委纪律检查委员会、军委政法委员会、军委科学技术委员会、军委战略规划办公室、军委改革和编制办公室、军委国际军事合作办公室、军委审计署、军委机关事务管理总局15个职能部门。

中国人民解放军五大战区

（二）全国人民代表大会及其常务委员会的国防领导职权

　　全国人民代表大会是中华人民共和国最高权力机关，它在国防方面的职权主要有：决定战争与和平问题；制定有关国防方面的基本法律；选举中央军事委员会主席；根据中央军事委员会主席的提名，决定中央军事委员会其他组成人员，并有权罢免以上人员；审查和批准包括国防经费预算在内的国家预算和预算执行情况的报告；改变或者撤销全国人民代表大会常务委员会在国防方面的不适当决定以及应由全国人民代表大会行使的国防方面的其他职权。

　　作为全国人民代表大会的常设机构，全国人大常委会在国防方面的职权主要有：

在全国人民代表大会闭会期间，决定战争状态的宣布；决定全国总动员或局部动员；制定有关国防方面的法律；审查和批准包括国防建设计划在内的国民经济和社会发展计划；监督中央军事委员会的工作；决定中央军事委员会其他组成人员的人选；任免军事法院院长和军事检察院检察长；决定同外国缔结的有关国防方面的条约和重要协定的批准和废除；规定军人的衔级制度；规定和决定授予在国防方面国家的勋章和荣誉称号；全国人民代表大会授予的国防方面的其他职权。

（三）国家主席的国防领导职权

中华人民共和国主席的国防领导职权主要包括：根据全国人民代表大会的决定和全国人民代表大会常务委员会的决定，宣布战争状态，发布动员令；颁布全国人民代表大会及其常务委员会制定的有关国防方面的法律；根据全国人民代表大会常务委员会的决定授予在国防方面国家的勋章和荣誉称号，批准和废除同外国缔结的有关国防方面的条约和重要协定。

（四）国务院的国防领导职权

中华人民共和国国务院是最高权力机关的执行机关和国家的最高行政机关，它在国防事务方面的职权是领导和管理国家的国防建设，包括：编制国防建设发展规划和计划；制定国防建设方面的方针、政策和行政法规；领导和管理国防科研生产；管理国防经费和国防资产；领导和管理国民经济动员工作和人民武装动员、人民防空、国防交通等方面的有关工作；领导和管理拥军优属工作和退出现役军人的安置工作；领导国防教育工作；与中央军事委员会共同领导民兵的建设和征兵、预备役工作以及边防、海防、空防的管理工作；法律规定的与国防建设有关的其他职权。

（五）中央军事委员会的国防领导职权

中央军事委员会是党和国家的最高军事机关，统领全国武装力量，负责党和国家的最高军事决策和军事指挥，根据党的路线、方针、政策和国家的安全与发展的需要，确定军事战略，领导军事建设。其职权主要包括：统一指挥全国武装力量；决定军事战略和武装力量的作战方针；领导和管理中国人民解放军的建设，制订规划、计划并组织实施；向全国人民代表大会或全国人民代表大会常务委员会提出议案；根据宪法和法律，制定军事法规，发布决定和命令；决定中国人民解放军的体制和编制，规定总部以及军区、军兵种和其他军区级单位的任务和职责；依照法律、军事法规和规定，任免、培训、考核和奖惩武装力量成员；批准武装力量的武器装备体制和武器装备发展规划、计划，协同国务院领导和管理国防科研生产；会同国务院管理国防经费和国防资产；法律规定的其他职权。

三、国防军事战略

国防军事战略是筹划和指导军事力量建设和运用的总方略，服从服务于国家战略目标。站在新的历史起点上，中国军队适应国家安全环境新变化，紧紧围绕实现党在新形势下的强军目标，贯彻积极防御战略方针，加快推进国防和军队现代化，坚决维护国家主权、安全、发展利益，为实现"两个一百年"奋斗目标和中华民族伟大复兴的中国梦提供坚强保障。

《新时代的中国国防》六大亮点

国务院新闻办公室7月24日发表《新时代的中国国防》白皮书，有六大亮点

亮点一：首次构建新时代中国防御性国防政策体系

白皮书说——坚决捍卫国家主权、安全、发展利益，坚持永不称霸、永不扩张、永不谋求势力范围，贯彻落实新时代军事战略方针，坚持走中国特色强军之路，服务构建人类命运共同体

亮点二：首次正式公开新时代军队"四个战略支撑"的使命任务

白皮书说——为巩固中国共产党领导和社会主义制度提供战略支撑，为捍卫国家主权、统一、领土完整提供战略支撑，为维护国家海外利益提供战略支撑，为促进世界和平与发展提供战略支撑

亮点三：首次把"永不称霸、永不扩张、永不谋求势力范围"作为新时代中国国防的鲜明特征

白皮书说——坚持永不称霸、永不扩张、永不谋求势力范围，这是新时代中国国防的鲜明特征

亮点四：首次把服务构建人类命运共同体作为新时代中国国防和军队建设的重要指向

白皮书说——服务构建人类命运共同体，这是新时代中国国防的世界意义

亮点五：首次全景式介绍深化国防和军队改革取得的历史性成就

白皮书说——全面深化国防和军队改革，着力解决体制性障碍、结构性矛盾、政策性问题，迈出了强军兴军历史性步伐

亮点六：首次通过国防开支的国际比较阐明中国国防费与保障需求的差距

白皮书说——在2017年国防费位居世界前列的国家中，中国国防费无论是占国内生产总值和国家财政支出的比重，还是国民人均和军人人均数额，都处于较低水平

中国政府发表《新时代的中国国防》白皮书

（一）新时代中国防御性国防政策

中国的社会主义国家性质，走和平发展道路的战略抉择，独立自主的和平外交政策，"和为贵"的中华文化传统，决定了中国始终不渝奉行防御性国防政策。

1. 坚决捍卫国家主权、安全、发展利益

这是新时代中国国防的根本目标。

慑止和抵抗侵略，保卫国家政治安全、人民安全和社会稳定，反对和遏制"台独"，打击"藏独""东突"等分裂势力，保卫国家主权、统一、领土完整和安全。维护国家海洋权益，维护国家在太空、电磁、网络空间等安全利益，维护国家海外利益，支撑国家可持续发展。

中国坚定维护国家主权和领土完整。南海诸岛、钓鱼岛及其附属岛屿是中国固有领土。中国在南海岛礁进行基础设施建设，部署必要的防御性力量，在东海钓鱼岛海域进行巡航，是依法行使国家主权。中国致力于同直接有关的当事国在尊重历史事实和国际法的基础上，通过谈判协商解决有关争议。中国坚持同地区国家一道维护和平稳定，坚定维护各国依据国际法所享有的航行和飞越自由，维护海上通道安全。

解决台湾问题，实现国家完全统一，是中华民族的根本利益，是实现中华民族伟大复兴的必然要求。中国坚持"和平统一、一国两制"方针，推动两岸关系和平发展，推进中国和平统一进程，坚决反对一切分裂中国的图谋和行径，坚决反对任何外国势力干涉。中国必须统一，也必然统一。中国有坚定决心和强大能力维护国家主权和领土完整，决不允许任何人、任何组织、任何政党、在任何时候、以任何形式、把任何一块中国领土从中国分裂出去。我们不承诺放弃使用武力，保留采取一切必要措施的选项，针对的是外部势力干涉和极少数"台独"分裂分子及其分裂活动，绝非针对台湾同胞。如果有人要把台湾从中国分裂出去，中国军队将不惜一切代价，坚决予以挫败，捍卫国家统一。

2. 坚持永不称霸、永不扩张、永不谋求势力范围

这是新时代中国国防的鲜明特征。

国虽大，好战必亡。中华民族历来爱好和平。近代以来，中国人民饱受侵略和战乱之苦，深感和平之珍贵、发展之迫切，决不会把自己经受过的悲惨遭遇强加于人。新中国成立70多年来，中国没有主动挑起过任何一场战争和冲突。改革开放以来，中国致力于促进世界和平，主动裁减军队员额400余万。中国由积贫积弱发展成为世界第二大经济体，靠的不是别人的施舍，更不是军事扩张和殖民掠夺，而是人民勤劳、维护和平。中国既通过维护世界和平为自身发展创造有利条件，又通过自身发展促进世界和平，真诚希望所有国家都选择和平发展道路，共同防范冲突和战争。

中国坚持在和平共处五项原则基础上发展同各国的友好合作，尊重各国人民自主

选择发展道路的权利，主张通过平等对话和谈判协商解决国际争端，反对干涉别国内政，反对恃强凌弱，反对把自己的意志强加于人。中国坚持结伴不结盟，不参加任何军事集团，反对侵略扩张，反对动辄使用武力或以武力相威胁。中国的国防建设和发展，始终着眼于满足自身安全的正当需要，始终是世界和平力量的增长。历史已经并将继续证明，中国决不走追逐霸权、"国强必霸"的老路。无论将来发展到哪一步，中国都不会威胁谁，都不会谋求建立势力范围。

3. 贯彻落实新时代军事战略方针

这是新时代中国国防的战略指导。

新时代军事战略方针，坚持防御、自卫、后发制人原则，实行积极防御，坚持"人不犯我、我不犯人，人若犯我、我必犯人"，强调遏制战争与打赢战争相统一，强调战略上防御与战役战斗上进攻相统一。

贯彻落实新时代军事战略方针，服从服务党和国家战略全局，落实总体国家安全观，强化忧患意识、危机意识、打仗意识，积极适应战略竞争新格局、国家安全新需求、现代战争新形态，有效履行新时代军队使命任务。根据国家面临的安全威胁，扎实做好军事斗争准备，全面提高新时代备战打仗能力，构建立足防御、多域统筹、均衡稳定的新时代军事战略布局。坚持全民国防，创新人民战争的战略战术和内容方法，充分发挥人民战争整体威力。

中国始终奉行在任何时候和任何情况下都不首先使用核武器、无条件不对无核武器国家和无核武器区使用或威胁使用核武器的核政策，主张最终全面禁止和彻底销毁核武器，不会与任何国家进行核军备竞赛，始终把自身核力量维持在国家安全需要的最低水平。中国坚持自卫防御核战略，目的是遏制他国对中国使用或威胁使用核武器，确保国家战略安全。

4. 坚持走中国特色强军之路

这是新时代中国国防的发展路径。

建设同国际地位相称、同国家安全和发展利益相适应的巩固国防和强大军队，是中国社会主义现代化建设的战略任务，是坚持走和平发展道路的安全保障，是总结历史经验的必然选择。

新时代中国国防和军队建设，深入贯彻习近平强军思想，深入贯彻习近平军事战略思想，坚持政治建军、改革强军、科技兴军、依法治军，聚焦能打仗、打胜仗，推动机械化信息化融合发展，加快军事智能化发展，构建中国特色现代军事力量体系，完善和发展中国特色社会主义军事制度，不断提高履行新时代使命任务的能力。

新时代中国国防和军队建设的战略目标是，到2020年基本实现机械化，信息化建设取得重大进展，战略能力有大的提升。同国家现代化进程相一致，全面推进军事理论现代化、军队组织形态现代化、军事人员现代化、武器装备现代化，力争到2035年基本实现国防和军队现代化，到21世纪中叶把人民军队全面建成世界一流军队。

5.服务构建人类命运共同体

这是新时代中国国防的世界意义。

中国人民的梦想与世界人民的梦想息息相通。一个和平稳定繁荣的中国，是世界的机遇和福祉。一支强大的中国军队，是维护世界和平稳定、服务构建人类命运共同体的坚定力量。

中国军队坚持共同、综合、合作、可持续的安全观，秉持正确义利观，积极参与全球安全治理体系改革，深化双边和多边安全合作，促进不同安全机制间协调包容、互补合作，营造平等互信、公平正义、共建共享的安全格局。

中国军队坚持履行国际责任和义务，始终高举合作共赢的旗帜，在力所能及的范围内向国际社会提供更多公共安全产品，积极参加国际维和、海上护航、人道主义救援等行动，加强国际军控和防扩散合作，建设性参与热点问题的政治解决，共同维护国际通道安全，合力应对恐怖主义、网络安全、重大自然灾害等全球性挑战，积极为构建人类命运共同体贡献力量。

（二）履行新时代军队使命任务

进入新时代，中国军队依据国家安全和发展战略要求，坚决履行党和人民赋予的使命任务，为巩固中国共产党领导和社会主义制度提供战略支撑，为捍卫国家主权、统一、领土完整提供战略支撑，为维护国家海外利益提供战略支撑，为促进世界和平与发展提供战略支撑。

1.维护国家领土主权和海洋权益

中国拥有2.2万多千米陆地边界、1.8万多千米大陆海岸线，是世界上邻国最多、陆地边界最长、海上安全环境十分复杂的国家之一，维护领土主权、海洋权益和国家统一的任务艰巨繁重。

中国军队严密防范各类蚕食、渗透、破坏和袭扰活动，维护边防安全稳定。中国同周边9个国家签订边防合作协议，同12个国家建立边防会谈会晤机制，构建起国防部、战区、边防部队三级对外交往机制，常态化开展友好互访、工作会谈和联合巡逻执勤、联合打击跨境犯罪演练等活动。同哈萨克斯坦、吉尔吉斯斯坦、俄罗斯、塔吉克斯坦开展边境裁军履约工作。加强中印方向稳边固防，采取有力措施为和平解决洞朗对峙事件创造有利条件。强化中阿边境管控，严防暴恐分子渗透。加强中缅方向安全管控，维护边境地区安宁和人民安全。2012年以来，中国边防部队同邻国军队共进行3300余次联合巡逻，举行8100余次边防会晤，在中越、中缅方向开展边境扫雷约58平方千米，封围雷场约25平方千米，排除地雷等爆炸物约17万枚。

组织东海、南海、黄海等重要海区和岛礁警戒防卫，掌握周边海上态势，组织海上联合维权执法，妥善处置海空情况，坚决应对海上安全威胁和侵权挑衅行为。2012年以来，组织舰艇警戒巡逻4600余次和维权执法7.2万余次，维护海洋和平安宁和良好秩序。

组织空防和对空侦察预警，监视国家领空及周边地区空中动态，组织空中警巡、战斗起飞，有效处置各种空中安全威胁和突发情况，维护空中秩序，维护空防安全。

着眼捍卫国家统一，加强以海上方向为重点的军事斗争准备，组织舰机"绕岛巡航"，对"台独"分裂势力发出严正警告。

2. 保持常备不懈的战备状态

军队保持战备状态，是有效应对安全威胁、履行使命任务的重要保证。中央军委和战区联合作战指挥机构严格落实战备值班制度，常态组织战备检查、战备拉动，保持随时能战状态，不断提高联合作战指挥能力，稳妥高效指挥处置各类突发情况，有效遂行各种急难险重任务。2018年，中央军委组织全军战备突击检查和部队整建制拉动，行动范围覆盖21个省、自治区、直辖市和东海、南海部分海域。

解放军和武警部队强化战备观念，严格战备制度，加强战备值班执勤，扎实开展战备演练，建立正规战备秩序，保持良好战备状态，有效遂行战备（战斗）值班、巡逻执勤等任务。

3. 开展实战化军事训练

军事训练是和平时期军队的基本实践活动。中国军队坚持把军事训练摆在重要位置，牢固树立战斗力这个唯一的根本的标准，完善军事训练法规和标准体系，建立健全训练监察体系，组织全军应急应战军事训练监察，落实练兵备战工作责任制，开展群众性练兵比武活动，不断提高实战化训练水平。

全军兴起大抓实战化军事训练的热潮。2012年以来，全军部队广泛开展各战略方向使命课题针对性训练和各军兵种演训，师旅规模以上联合实兵演习80余场。

各战区强化联合训练主体责任，扎实开展联合训练，结合各战略方向使命任务，组织"东部""南部""西部""北部""中部"系列联合实兵演习，努力提高联合作战能力。

陆军广泛开展军事训练大比武，实施"跨越""火力"等实兵实装实弹演习。海军拓展远海训练，航母编队首次在西太平洋海域开展远海作战演练，在南海海域和青岛附近海空域举行海上阅兵，组织"机动"系列实兵对抗演习和成体系全要素演习。空军加强体系化实案化全疆域训练，组织南海战巡、东海警巡、前出西太，常态化开展"红剑"等系列体系对抗演习。火箭军组织对抗性检验性训练、整旅整团实案化训练，强化联合火力打击训练，常态化开展"天剑"系列演习。战略支援部队积极融入联合作战体系，扎实开展新型领域对抗演练和应急应战训练。联勤保障部队推进融入联合作战体系，组织"联勤使命—2018"等系列演习演练。武警部队按照覆盖全国、高效联动、全域响应、多能一体的要求，实施"卫士"等系列演习。

4.维护重大安全领域利益

核力量是维护国家主权和安全的战略基石。中国军队严格核武器及相关设施安全管理，保持适度戒备状态，提高战略威慑能力，确保国家战略安全，维护国际战略稳定。

太空是国际战略竞争制高点，太空安全是国家建设和社会发展的战略保障。着眼和平利用太空，中国积极参与国际太空合作，加快发展相应的技术和力量，统筹管理天基信息资源，跟踪掌握太空态势，保卫太空资产安全，提高安全进出、开放利用太空能力。

网络空间是国家安全和经济社会发展的关键领域。网络安全是全球性挑战，也是中国面临的严峻安全威胁。中国军队加快网络空间力量建设，大力发展网络安全防御手段，建设与中国国际地位相称、与网络强国相适应的网络空间防护力量，筑牢国家网络边防，及时发现和抵御网络入侵，保障信息网络安全，坚决捍卫国家网络主权、信息安全和社会稳定。

5.遂行反恐维稳

中国坚决反对一切形式的恐怖主义、极端主义。中国武装力量依法参加维护社会秩序行动，防范和打击暴力恐怖活动，维护国家政治安全和社会大局稳定，保障人民群众安居乐业。

武警部队执行重要目标守卫警戒、现场警卫、要道设卡和城市武装巡逻等任务，协同国家机关依法参加执法行动，打击违法犯罪团伙和恐怖主义活动，积极参与社会面防控，着力防范和处置各类危害国家政治安全、社会秩序的隐患，为"平安中国"建设作出重要贡献。2012年以来，每年均动用大量兵力担负执勤安保、反恐处突、海上维权执法等任务，参加二十国集团领导人峰会、亚太经合组织领导人非正式会议、"一带一路"国际合作高峰论坛、金砖国家领导人会晤、上海合作组织青岛峰会等警卫安保任务近万起，参与处置劫持人质事件和严重暴力恐怖事件671起。2014年以来，协助新疆维吾尔自治区政府打掉暴力恐怖团伙1588个，抓获暴力恐怖人员12995人。

维护世界和平的中国军队展览在联合国开幕

解放军依法协助地方政府维护社会稳定，参加重大安保行动及处置其他各类突发事件，主要承担防范恐怖活动、核生化检测、医疗救援、运输保障、排除水域安全隐患、保卫重大活动举办地和周边地区空中安全等任务。

6.维护海外利益

海外利益是中国国家利益的重要组成部分。有效维护海外中国公民、组织和机构的安全和正当权益，是中国军队担负的任务。

中国军队积极推动国际安全和军事合作，完善海外利益保护机制。着眼弥补海外行动和保障能力差距，发展远洋力量，建设海外补给点，增强遂行多样化军事任务能力。实施海上护航，维护海上战略通道安全，遂行海外撤侨、海上维权等行动。

亚丁湾护航：中国海外利益的安全

2017年8月，中国人民解放军驻吉布提保障基地正式投入使用。自开营以来，已为4批次护航编队保障维修器材，为百余名护航官兵提供医疗保障服务，同外军开展联合医疗救援演练等活动，并向当地学校捐赠600余件教学器材。

2015年3月，也门安全局势严重恶化，中国海军护航编队赴也门亚丁湾海域，首次直接靠泊交战区域港口，安全撤离621名中国公民和279名来自巴基斯坦、埃塞俄比亚、新加坡、意大利、波兰、德国、加拿大、英国、印度、日本等15个国家的公民。

7. 参加抢险救灾

参加国家建设事业、保卫人民和平劳动，是宪法赋予中国武装力量的使命任务。依据《军队参加抢险救灾条例》，中国武装力量主要担负解救、转移或者疏散受困人员，保护重要目标安全，抢救、运送重要物资，参加道路（桥梁、隧道）抢修、海上搜救、核生化救援、疫情控制、医疗救护等专业抢险，排除或者控制其他危重险情、灾情，协助地方人民政府开展灾后重建工作等任务。

改革中的中国国防和军队

2012年以来，解放军和武警部队共出动95万人次、组织民兵141万人次，动用车辆及工程机械19万台次、船艇2.6万艘次、飞机（直升机）820架次参加抢险救灾。先后参加云南鲁甸地震救灾、长江中下游暴雨洪涝灾害抗洪抢险、雅鲁藏布江堰塞湖排险等救灾救援行动，协助地方政府解救、转移安置群众500余万人，巡诊救治病员21万余人次，抢运物资36万余吨，加固堤坝3600余千米。2017年，驻澳门部队出动兵力2631人次，车辆160余台次，协助特别行政区政府开展强台风"天鸽"灾后救援。

军海泛舟

2011年利比亚大撤侨

2011年1月，利比亚内战爆发，局势很快失控。暴徒们疯狂地袭击中国工地，驻利比亚中国企业停产。

当时，约有3万中国人在利比亚，主要分布在利比亚东部、西部、南部和首都地区，大多为从事铁路、通信和油田等行业的工程劳务人员。此外还有一些中餐馆经营者和留学生等人员。

中国政府决定启动国家一级响应，把在利中国公民一个不少地撤回来。

从利比亚归国工人激动亲吻祖国大地

在撤侨行动最紧张时，经中央军委批准，空军派出4架伊尔–76飞机，于2011年2月27日飞赴利比亚执行接运中国在利比亚人员的任务。这是空军首次派运输机赴海外执行撤离我人员回国任务。

这4架伊尔–76运输机连续飞行12架次，单机总航程29397公里，将1655人接运至苏丹首都喀土穆，将287人安全接运至北京。

在发生重大自然灾害、战乱骚乱等紧急情况下，派军用飞机撤离本国地侨民，符合国际通用做法。当时，已有法国、埃及、荷兰等国派军机从利比亚撤出本国人员。

与此同时，中国海军第七批护航编队徐州舰于2011年3月2日抵达利比亚附近海域执行撤侨任务。

利比亚大撤侨被认为是中国军事、经济、外交实力的一次全面展现。在这次行动中，中国政府共动用91架次中国民航包机，35架次外航包机，12架次军机，租用外国邮轮11艘，国有商船5艘，军舰1艘，历时12天，成功撤离中国驻利比亚人员35860人，还帮助12个国家撤出了2100名外籍公民。

中国国际问题研究所非洲中东问题专家汪巍认为：中国政府在此次利比亚撤侨事件中的表现是非常优秀的，赢得了世界各国的广泛好评和支持。撤侨行动让身在海外的中国公民感受到祖国就是靠山，有需要时，祖国会全力以赴，不惜采取各种方式来保障人民生命财产的安全。

第四讲　平战结合　寓军于民——国防动员

> 军无辎重则亡，无粮食则亡，无委积则亡。
>
> ——孙武

一、国防动员的含义

国防动员是指国家为应对战争和突发事件的需要，合理地调动国家可以利用的各种资源，并建立相应的国家动员体制和机制的一系列活动。搞好国防动员建设，平时可以增强国防动员潜力，提高国防动员能力；战时可以有效地弥补国防力量的消耗，不断增强战争实力，为最终赢得战争胜利奠定基础。不仅如此，和平时期加强国防动员建设，对于增强国家的战略威慑能力，提高国家遏制战争发生和控制战争升级的能力，以及应付重大突发事件对国民经济与社会发展的冲击和影响，也有着重要的意义。

国防动员标志

知识链接

英阿马岛战争中，英国特混舰队远涉重洋作战，就是依靠其较完善的动员体制，充分利用民用运输力量，弥补了军事运力不足的缺陷。为迅速将部队和作战物资运往装载港口，英国动员了铁路部门及大量民用车辆，协助军队在 80 小时内把 1 个陆战旅 30 天用的 5000 吨作战物资全部装车发运，保证舰队按时启航。与此同时，又征用了 56 艘客轮、货轮和油轮，总吨位达 66.7 万吨，约占特混舰队总吨位的 2/3，占后勤辅助船只总数的 77%，有力地保障了军队的作战行动。

二、国防动员主要内容

（一）武装力量动员

武装力量动员是指国家将军队及其他武装组织由平时体制转为战时体制所采取的措施，通常包括解放军现役部队、武装警察部队、预备役部队、民兵和预备役人员及相应的武器装备和物资等动员。它是战争动员的核心，对战争的进程和结局，特别是对战争初期军队的迅速扩编和战略展开，掩护国家转入战时体制，争取战略主动，具有重要意义。

（二）国民经济动员

国民经济动员是指国家将经济部门、经济活动和相应的体制从平时状态转入战时状态所采取的措施。国民经济动员是战争动员的基础，目的是充分调动国家的经济能力，保障战争的需要，通常包括工业、农业、交通运输、财政金融、邮电通信、医疗卫生力量等方面的动员。

（三）科学技术动员

科学技术动员是指战时由国家统一组织、调整科学研究部门，组织专家和工程技术人员从事战争所需要的科学技术开发研究所采取的措施，是战争动员的重要组成部分。科学技术动员的任务是：开发应用新兴科学技术，利用科研设施和成果，研制先进的武器装备，为军队培养、输送专业技术人才，使军队在战争中保持科学技术和武器装备方面的优势。

（四）人民防空动员

人民防空动员是指国家战时发动和组织人民群众防备敌人空袭所采取的措施，也可简称为"人防动员"。其主要任务是：依据国家有关法律、法令动员社会力量进行防空设施建设，组建防空专业队伍，普及防空知识教育，组织隐蔽疏散，配合防空作战，消除空袭后果，以保护居民、经济设施及其他重要目标的安全，减少国家及人民群众生命财产的损失，保存战争潜力。

（五）国防交通动员

国防交通动员是指在全国或部分地区调集交通力量，全力保障战争需要的紧急行动。国防交通动员通常是在国家动员领导机构的统一领导下，由国防交通主管机构组织，协同政府、军队有关部门共同实施。国防交通动员准备包括：在平时制定完备的国防交通动员的法规和计划，健全国防交通机构和机制，建立国防交通保障队伍，储备必要的国防交通物资和器材等。

（六）政治动员

政治动员是指国家从政治上、组织上、思想上发动人民和军队参加战争所采取的措施。政治动员旨在激发全体军民的爱国热情，动员军队英勇作战；动员人民踊跃参军参战，努力增加生产、厉行节约，全力支援战争。国家通过各种外交活动和对外宣传，揭露敌人的阴谋和罪行，团结盟友、瓦解敌人，争取国际支援，也属于政治动员的内容。

三、国防动员的组织体系和基本原则

（一）国防动员的组织体系

国防动员组织体系是国防动员活动的行为主体，具有发起、控制和管理动员活动的作用，是国防动员体系中最活跃和最具能动性的部分。它通常是由动员决策机构、协调机构、执行机构三部分组成。

1. 动员决策机构

国防动员的决策机构就是在整个国防动员体制中负责决策的机构。由于国防动员涉及国家状态的转换，因而世界各国通常把动员的最高领导决策权同时赋予国家最高权力机关和经法律认可的国家最高指挥当局。我国国防动员决策机关是人民代表大会，最高领导机构是国务院、中央军委。而各级地方政府对本级动员负有完全的责任，也有本级动员的决策权。

2. 协调机构

国防动员协调机构，是在各级政府中负责动员的计划、综合平衡等方面工作的职能机构。我国的国防动员协调机构是在中央和地方各级政府，以及各大军区、军兵种建立的国防动员委员会。

3. 执行机构

国防动员执行机构是各个部门、系统、行业和地方各级人民政府、重要企事业单位，负责执行和落实最高决策机构赋予的各个动员准备和实施任务的组织载体和制度保障。它既是上一级动员机构下属的执行机关，又是本部门、本行业动员工作的领导部门。

知识链接

中华人民共和国国防动员法

《中华人民共和国国防动员法》由中华人民共和国第十一届全国人民代表大会常务委员会第十三次会议于2010年2月26日通过，自2010年7月1日起施行。这是中国首次出台国防动员法。这部法律的出台，对依法加强中国国防动员建设，增强国防潜力，进而维护国家安全和发展具有重要意义。国防动员法共十四章七十二条，分别对国防动员的组织领导机构及其职权，国防动员计划、实施预案与潜力统计调查，与国防密切相关的建设项目和重要产品，预备役人员的储备与征召，战略物资储备与调用，军品科研、生产与维修保障等方面作出了明确规定。

（二）国防动员的基本原则

国防动员的基本原则是组织动员准备、实施战时动员的基本准则，也是动员工作规律的反映。从适应现代战争的客观需要出发，结合我国的国情、军情，现代条件下动员应遵循以下基本指导原则。

1. 服从大局，长期准备

当前加强经济建设是党和国家压倒一切的中心任务，动员建设和整个国防建设必须在发展经济的基础上逐步加强。应当看到，建立雄厚的经济基础，本身就是加强国家战争潜力的根本措施，是最根本的动员准备。同时，全国上下也必须树立居安思危的思想，把动员准备寓于国民经济和社会发展之中，不断提高动员能力。

2. 全面规划，统筹兼顾

为了做好动员准备，提高动员工作的整体效益，必须从国家和国防的全局出发，统一规划动员准备的目标和措施，加强动员工作的计划性，建立并不断改进动员的组织体制。

3. 军民结合，平战结合

军民结合主要是指在经济部门实行军用和民用兼营。例如，在工业生产、交通运输、邮电通信、物资技术、工艺储备等方面的动员准备，尽量"寓军于民"，搞好军民通用，不搞重复建设；军用工业除了集中力量搞好专用军工生产外，也尽量适合于民用。平战结合是指要把平时的动员准备与战时的动员实施结合起来。平时国家的各项经济活动、管理体制，要适应或准备适应战时的需要，为战时动员创造条件；战时的动员活动要以平时的准备为基础，并为适应以后战争进程的需要、为战后的恢复和发展创造条件。

4. 严密组织，快速高效

严密组织就是要求动员必须运用科学先进的动员方式和手段，努力实现快速高效的动员目的。快速高效主要是指动员要在战争所允许的时间内，快速有效地完成动员任务，满足战争需要，提高动员的速度和效率。同时，要增加动员的技术含量，善于将新材料、新技术、新工艺运用于动员领域，做到优先组织最新技术成果投入军工生产，优先征用先进的民用技术设备和交通运输工具等，以满足战争的需要。

5. 因故因势，协调灵活

我国未来面临的反侵略战争，规模和样式都可能是多样的，发生战争的地域也有不确定性，有可能和强敌作战，也有可能和与我国实力相当或实力不如我们的敌人作战。因此，必须根据不同的作战对象、作战规模、作战样式、作战地域，灵活地采用不同的动员方式和措施，有的放矢地做好动员工作。

四、国防动员的准备与实施

（一）动员的准备

国防动员准备，是指和平时期以提高快速动员能力为目的而有计划地对国防动员资源进行的预先筹划与安排。国防动员准备的成效，直接关系并影响国防动员潜力的速度与效益，对战争的进程和结局具有重大影响。国防动员准备的内容十分广泛，概括而言，主要有国防人力准备、国防物资准备、国防精神准备以及为确保动员活动顺利进行而采取的相关规范性准备措施。

（二）动员的实施

香玉剧社号

国防动员实施，是指运用国家的权力将国防潜力转化为战争实力的行动，是整个国防动员活动的核心内容和重要阶段，与动员准备和战后复员构成国防动员的完整过程，是衡量和检验动员准备成效的标准。国防动员准备是动员实施的前提和基础，动员实施则是动员准备的目的和归宿。没有战时的动员实施，国防潜力转化为战争实力就不可能实现。与其他社会实践活动相比，国防动员实施具有明显的社会性、计划性、强制性和紧迫性等特点。动员实施通常是按照发布动员令、充实动员机构、修订动员计划和落实动员计划的步骤进行。

🔗 延伸阅读

淮海战役——小推车推出来的胜利

一场巨大的战役，除了指挥得当，三军用命，还有一个关键要素是后勤保障。在解放战争中，共产党方面并没有现代化手段保障战役后勤，但把人力保障发挥到了极致。如果说刘陈、邓粟谭组成的总前委在战役组织指挥方面起到了重要作用，那么担负主要后勤保障工作的华东局、华东军区和华东野战军后勤部在组织后勤工作方面的成绩也不容抹杀。这里面华东局

淮海战役中的支前民工

书记、华东军区政委饶漱石和华野副参谋长兼后勤司令部司令员、华东野战军前委委员、豫皖苏财经办事处主任（后任第三野战军后勤司令员兼政治委员）刘瑞龙是后勤工作的主要指挥者。在战役期间，江苏、山东、安徽、河南等地的人民用极大的物力、人力支援了战争。这四省共出动民工543万人，其中随军常备民工22万人，二线民工130万人，后方临时民工391万人；担架20.6万副，大小车辆88万辆，59式100万辆，挑子30.5万副，牲畜76.7万头，船只8539艘；筹集粮食9.6亿斤，运送到前线的粮食4.34亿斤。

陈毅在 1951 年 2 月 11 日会见苏联驻华大使尤金，在介绍淮海战役情况时，他特别强调，五百万支前民工，遍地都是运粮食、运弹药、抬伤员的群众，这才是我们真正的优势。淮海战役的胜利是人民群众用小车推出来的。

第五讲　钢铁长城　无往不胜——武装力量

> 没有一个人民的军队，便没有人民的一切。
>
> ——毛泽东

一、武装力量概述

武装力量是国家各种武装组织的统称。《中华人民共和国兵役法》规定，中华人民共和国武装力量由中国人民解放军现役部队和预备役部队、中国人民武装警察部队及民兵组成。中华人民共和国武装力量属于人民，受中国共产党领导，武装力量中的中国共产党组织依照中国共产党章程进行活动。中华人民共和国武装力量的任务是巩固国防，抵抗侵略，保卫祖国，保卫人民的和平劳动，参加国家建设事业，全心全意为人民服务。

党的十八大以来，我国进行了被称为历史上最强军改的新一轮国防和军队改革，明确将"努力构建能够打赢信息化战争、有效履行使命任务的中国特色现代军事力量体系"作为 2020 年前要实现的目标。当前，我军已经基本形成军委管总、战区主战、军种主建的格局，组建了东、西、南、北、中五大战区，陆、海、空、火箭军、战略支援部队、联勤保障部队等各军种的建设取得显著成效，中国特色军事力量体系建设稳步推进。

二、武装力量建设

（一）陆军力量建设

2017 年 4 月 27 日，国防部举行记者招待会明确告诉世界，中央军委决定，调整组建新的集团军，番号分别为中国人民解放军第 71、72、73、74、75、76、77、78、

79、80、81、82、83集团军。调整组建新的集团军，是对陆军机动作战部队的整体性重塑，是建设强大现代化新型陆军迈出的关键一步。习近平主席在陆军领导机构成立大会上强调："陆军全体官兵要弘扬陆军光荣传统和优良作风，适应信息时代陆军建设模式和运用方式的深刻变化，探索陆军发展特点规律，按照机动作战、立体攻防的战略要求，加强顶层设计和领导管理，优化力量结构和部队编成，加快实现区域防卫型向全域作战型转变，努力建设一支强大的现代化新型陆军。"与发达国家陆军相比，从我军履行使命任务的具体实践出发，中国陆军转型重塑的重点，主要突出以下四个方面。

1. 弹性陆军

中国的国土面积和安全需求表明，中国需要保持一定规模的陆军。但这种需求与世界新军事革命的发展趋势产生了一个巨大的反差：一方面，中国现有的陆军兵力在应对多种安全威胁、完成多样化军事任务中，已经显得捉襟见肘，力量不足；另一方面，我国整个军事力量体系中，陆军的规模已经不可能再有扩大的趋势。特别是世界新军事革命的发展趋势表明，陆军正向着小型化、多能化、模块化的方向发展。这种精干小型的部队具有机动灵活、反应快速、指挥灵便、战斗力强的特点，能够胜任当前各种各样的作战任务。

2. 立体陆军

陆军航空兵通常装备直升机和轻型固定翼支援飞机，具有飞行方式灵活，受地面地形条件影响小、速度快、航程远的特殊优势，可以根据作战需要，向任何地点、任何方向实施快速机动，并打破陆军传统的作战程序，使陆战场重心转向立体、纵深。陆军航空兵强大的立体攻击能力、空中运载能力和支援保障能力，使战争形态发生了翻天覆地的变化。我军要实现由平面陆军向立体陆军的转型，

陆军新成立了空中突击旅

就必须进一步加快陆军飞行化的速度，大幅度增加直升机和固定翼运输机的数量，使陆军插上飞行的翅膀。

3. 全域陆军

人民解放军陆军按照机动作战、立体攻防的战略要求，逐步推进由区域防卫型向全域机动型转变，跨入一个"整体防卫、全域机动、体系作战"的新时代。

中国人民解放军陆军宣传片

4. 多能陆军

多能就是使军队具有独立遂行或与其他部队联合遂行各种战争行动、非战争行动、应急行动等各种能力。既能遂行作战任务，又能遂行非战争任务；既能打非常规的核、生、化战争，又能打在其威胁下的常规战争；既能打高、中强度的常规战争，也能打低强度的游击战和处置其他一些不测事件。

（二）海军力量建设

新型海军将按照近海防御、远海防卫的战略要求，加快推进近海防御型向远海防卫型转变，提高战略威慑与反击、海上机动作战、海上联合作战、综合防御作战和综合保障能力，努力建设一支强大的现代化海军。人民海军在当前和今后一个时期，着力加强以下四方面能力建设。

1. 夺占岛屿能力

夺占岛屿在将来相当长一段时间内仍是我国海军的主要任务之一。祖国还未实现统一，许多岛礁被他国占领，要想洗尽屈辱，实现强国梦，就必须拥有摧枯拉朽般的"摧城拔寨"能力。海军陆战队的主要使命就是海上夺占岛礁，为了最终实现夺占岛礁的目的，海军进一步充实海军陆战队力量，加大陆战队建设，使之具备在登岛时勇往直前的精神、冲锋陷阵的勇气、拔除"障碍"的技术和掌控战场的能力。

2. 封控海域能力

提升空中封控能力方面，研发配置先进的海军航空装备，强化海航夺取制空权的能力；提升海军电子装备性能，加强对封控区域外空中目标的侦察、监控、识别及跟

辽宁号航母宣传片

踪能力；提升水面封控能力方面，全面提升水面舰艇、潜艇、海航及岸导兵力对水面目标的提早发现和远程精确打击能力，实现对水面目标的封控；提升封控水下能力方面，增加潜艇数量，提升潜艇性能，在水下形成一张牢不可破的"铁网"；大力发展海上反潜飞机，利用其突出的反潜优势和高效的性能，确保敌水下兵力无处可藏，无处可逃。

"辽宁号"航母编队

3. 海上突击能力

为提升海上突击能力，海军着力加强三个方面的建设。一是快速机动。海战具有节奏快、空间广、隐蔽性好、突然性强、发现难等特点，要想实现早发现、早打击，海军各兵力就必须具备快速机动能力，潜艇、水面舰艇、飞机都要在第一时间出现在关键网结上，实现"看得见、打得着"的无盲区作战。二是优势打击。海上突击的威力体现

在同一时间对同一打击目标的毁伤程度，要提高突击威力就要集中优势，实现时间的集中，火力的集中，兵力的有利分散与布局。三是精确毁伤。必须大力发展海上精确制导武器，重点发展海上核打击力量，提高核潜艇的海上突击能力，使海军真正有一种让对手望而生畏、不敢轻举妄动的实力。

4. 联合一体作战能力

实现一体化联合作战，最重要、最紧迫的问题就是要完善综合电子信息系统装备体系，全面推进海军的信息化建设。首先要实现海军各兵种信息化连接，在此基础上，还要实现海军与其他各军兵种间的信息化连接。海上作战已不再是海军自己能完成的事，没有空军的制空不行，没有火箭军的精确打击不行，没有陆军的冲锋陷阵也不行，所以只有实现海军与其他各军兵种间的信息互联互通，才能实现海上作战兵力一体化的目标，完成打赢未来海上作战任务。

军事广角

2018 年人民海军南海大阅兵

南海大阅兵

2018 年 4 月 12 日，中央军委在南海海域举行了海上阅兵，人民海军 48 艘战舰铁流澎湃，76 架战机振翅欲飞，1 万余名官兵雄姿英发。伴随着激昂的分列式进行曲，受阅舰艇按作战编组组成战略打击、水下攻击、远海作战、航母打击、两栖登陆、近海防御、综合保障等 7 个作战群，以排山倒海之势破浪驶来。受阅飞机组成舰载直升机、反潜巡逻作战、预警指挥、远海作战、对海突击、远距支援掩护、制空作战等 10 个空中梯队，在受阅舰艇编队上方凌空飞过。水下蓝鲸潜行，海面战舰驰骋，天上银鹰翱翔，汇成一部雄浑的海天交响曲……这是新中国历史上规模最大的海上阅兵，是新时代人民海军的豪迈亮相。

（三）空军力量建设

空军是战略性军种，在国家安全和军事战略全局中具有举足轻重的地位作用。要按照空天一体、攻防兼备的战略要求，实现国土防空型向攻防兼备型转变，构建适应信息化作战需要的空天防御力量体系，提高战略预警、空中打击、防空反导、信息对抗、空降作战、战略投送和综合保障能力，努力建设一支强大的人民空军。

1. 具备强而有效的威慑力

有效威慑是战略能力的体现，是战略空军的重要特征。英国军事战略理论家利德尔·哈特指出，发挥战略作用的关键就是要能破坏对手的稳定性，并摧毁其意志。对于我军来说，就是要加快发展具备核打击威慑能力、反空天武器能力、反航母能力等作战力量。战略空军必须能对敌方高价值目标进行有效打击，给敌方造成难以承受的毁伤效果。战略空军必须让对手望而生畏，从而达到"不战而屈人之兵"的目的。

2. 具备精确的打击能力

空军机群例行警巡

空军的最大优势，在于具有其他军兵种无法比拟的远程快速机动和精确打击能力。对空军来讲，当务之急是要加快建设多手段感知、多渠道验证、全目标监控的预警侦察力量，哪里有重大安全威胁哪里就有相应的探测侦察手段监控，何时出现重大安全威胁征候何时就能迅速准确地发出预警，为我军的精确打击力量安上"火眼金睛"。2016 年 9 月 25 日，中国空军前出西太平洋远海训练，检验远海实战能力，同时出动轰炸机、歼击机在东海防空识别区例行警巡。这次远海训练，空军轰 -6K、苏 -30、加油机等多型战机成体系飞越宫古海峡。40 多架各型战机从部署机场快速完成出动准备，快速飞赴西太平洋开展训练，实施了侦察预警、海上突击、空中加油等训练课题，检验了空军部队远海实战能力。

3. 具备远程突袭和投送能力

未来战争是非接触战争，空军必须加快发展远程轰炸机、远程运输机及大型机部队，进一步提高远程投送和快速机动能力，实现向潜在远程战区持续输送武装部队、装备、给养和其他资源的目标。战略投送能力的提高，将对实现国家战略利益，特别是重大关键时刻，争取战略主动、营造有利战略态势创造更为有利的条件。

4. 具备制空、制天的能力

只有具备空天控制能力，才可能获取制空、制天权。发展先进战斗机、攻击导弹和防空导弹，以获取制空权，发展弹道导弹防御系统和天基作战系统，以获取制天权。空天控制能力对空军的建设要求高，是空军整体优势和综合能力的体现，是对国家能力的考验。2018 年 5 月，空军在西北大漠组织了"红剑体系"对抗演练，出动战斗机、预警机、侦察机、隐形飞机等一流装备，全面检验了空军体系对抗、联合侦察、火力打击、联合防空等信息化条件的作战能力。中国空军构建的是信息先导、体系联合的组织形态，塑造的是倚天制空、倚天制海、倚天制陆的未来优势，拓展的是高边疆、远边疆、新边疆的制胜空间。中国空军正在飞越岛链、管控东海、战巡南海、仗剑高原，向着代表国家综合国力的战略空中进发。

（四）火箭军力量建设

2015 年 12 月 31 日，中国人民解放军火箭军正式成立。习近平主席授予军旗并致辞指出，成立火箭军是党中央和中央军委着眼实现"中国梦、强军梦"作出的重大决策，是构建中国特色现代军事力量体系的战略举措，必将成为我军现代化建设的一个重要里程碑载入史册。

战略导弹部队建设之初，"中国火箭之父"钱学森就发出了成立中国人民解放军火箭军的呼声。据记载，钱学森在给几位开国将领们讲课时，就在黑板上写下"火箭军"三个字，讲到兴奋之处，钱学森大声说道："中国人完全有能力，自力更生制造出自己的火箭。我建议中央军委成立一个新的军种，名字可以叫火箭军，就是装备火箭的部队。"但当时出于保密的需要，我国没有使用国际上通用的"战略导弹部队"称谓，而是由周恩来总理亲自命名为"第二炮兵"。

知识链接

中国火箭之父——钱学森

钱学森，1911 年 12 月 11 日出生于上海。3 岁时随父母到北京，在北京度过了童年与少年时期。1929 年考入了交通大学上海学校机械工程学院铁道工程系，学习机车制造专业。1934 年 6 月考取公费留学生，次年 9 月进入美国麻省理工学院航空系学习，1936 年 9 月转入美国加州理工学院航空系学习，成为世界著名空气动力学教授冯·卡门的学生，并很快成为他最得意的弟子。先后获航空工程硕士学位和航空、数学博士学位。1938 年 7 月至 1955 年 8 月，钱学森在美国从事空气动力学、固体力学和火箭、导弹等领域研究，并与导师冯·卡门共同完成高速空气动力学问题研究课题和建立"卡门—钱近似"公式，在 28 岁时就成为世界知名的空气动力学家。

1950 年开始，钱学森争取回归祖国。当时美国海军的高级将领金布尔说："钱学森无论走到哪里，都抵得上 5 个师的兵力，我宁可把他击毙在美国也不能让他离开。"因此，钱学森受到美国政府迫害，失去了自由，历经 5 年于 1955 年才回到祖国。

"第二炮兵"虽然是一个兵种，但实际上扮演的是一个军种的角色，也常常被誉为解放军序列中的"第四军种"。从组建第一支地地导弹部队，到第一枚战略导弹发射升

火箭军导弹齐射

空；从第一枚洲际导弹发射成功，到形成首批战略核力量；从第一支新型导弹部队成军，到常规导弹发挥精准威力，经过50多年的建设，这支部队装备了东风系列导弹和长剑巡航导弹，已经初步形成了核常兼备、固液并存、射程衔接、战斗部种类配套齐全、威力和效能明显增强的武器装备体系。"长期以来，面对国际局势风云变幻，面对国家安全重大挑战，火箭军部队在遏制战争威胁、营造我国安全有利战略态势、维护全球战略平衡与稳定方面，起到了不可替代的重大作用。"在新一轮大刀阔斧的国防和军队改革中，"第二炮兵"正式更名为"火箭军"。习近平主席在火箭军成立大会上的致辞中强调，火箭军全体官兵要把握火箭军的职能定位和使命任务，按照核常兼备、全域慑战的战略要求，增强可信可靠的核威慑和核反击能力，加强中远程精确打击力量建设，增强战略制衡能力，努力建设一支强大的现代化火箭军。

1958年6月，毛泽东在一次军委扩大会议上指出："原子弹，没有那个东西，人家就说你不算数。那么好，我们就搞一点。"1966年10月27日，我国成功地进行了导弹与核弹头结合的实弹飞行试验，从此具备了核反击实战能力。核武器作为一种威力巨大的武器，其威慑力不亚于毁伤力，政治意义大于军事意义。邓小平曾深刻地指出："如果没有原子弹、氢弹和导弹，中国就不能算是具有世界影响的大国，就不可能有今天这样的国际地位。"事实证明，我国正是拥有了核武器和战略导弹部队，超级大国们才对我国另眼相看，我国在国际政治、外交斗争中才有了更大的发言权和主动权。这充分说明，掌握核武器，建设好火箭军，对确立中国的大国地位、提高中国在国际上的影响力起着十分重要的作用。

（五）战略支援力量建设

战略支援部队是中国特色现代军事力量体系中决胜未来战争的关键性力量。习近平主席深刻指出："战略支援力量是维护国家安全的新型作战力量，是我军新质作战能力的重要增长点。"围棋有句术语："宁失一子，不失一先。"军队打胜仗比拼的是战斗力。一般来说，谁的战斗力先进谁就能获得取胜先机。新型作战力量是相对于传统作战力量而言，编配高新技术武器装备，具有超常实战和威慑能力，并对未来战争或军事斗争进程和结局具有关键性、全局性、长远性影响的军事力量。新型作战力量作为先进战斗力的代表，就是一枚能够获得取胜先机的重要棋子。

1. 新型军事力量通常应用的是最先进的军事装备和军事技术

纵观历史，相对于旧的作战力量，新型作战力量的出现都是由于新技术新发明应用于军事领域。火药的发明、毛瑟枪的发明、飞机的发明等，都带来了军事力量的全新变化和战斗力的迅速提高。世界新军事革命的结果也是如此。比如，天军的出现并不断发展壮大，就是航天技术在军事领域运用的结果；网络战、电子战部队发展非常迅速，是因为信息网络技术已经渗透于军事领域的方方面面；未来随着人工智能及其相关技术的发展运用，军队中还会出现无人机和机器人部队。

2. 新型作战力量的运用引发作战方式甚至是战争形态的变化

恩格斯指出："一旦技术上的进步可以用于军事目的并且已经用于军事目的的，它们几乎强制地，而且往往是违反指挥官的意志而引起作战方式上的改变甚至变革。"新型作战力量作为新技术的最先拥有者，它在战场的使用改变的不仅是战场双方的力量对比，而且是作战方式甚至是战争形态。1915年英国人发明坦克的前身"水柜"时，打破了使法德双方陷入困境的堑壕战。到了第二次世界大战时，德国把坦克集中起来使用，组成了装甲部队并使用了闪击战的战法，不仅作战方式发生了深刻变化，而且使战争形态发生了深刻变化，这就是影响了整整一个时代的机械化战争。近几场局部战争，也是因为电子战力量崭露头角和信息主导作用下的军事力量一体化运用，才尽显信息化战争的形态。

3. 新型作战力量使军队的战斗力获得空前提升

现代制空权、制海权、制天权、制信息权等军队"制权"，都是因为空军、海军、天军、网军等各种新型作战力量的出现和发展而取得的。从近期几场局部战争，特别是在伊拉克战争的情况看，美英联军与伊军参战人数比例虽是1∶5.4，但美英联军综合使用了航空航天力量、数字化部队、网络战部队、电子战部队等多种新型作战力量，从而使其作战能力数倍于甚至数十倍于伊军。从20世纪60年代开始，通过发展"两弹一星"，我军拥有了战略导弹部队、核潜艇部队；从90年代开始，通过发展"杀手锏"武器，我军又相继建立了一些新型作战力量，这对于提高我军战斗力起到了极大的推动作用。

4. 新型作战力量牵引着军队的变革和转型

意大利人杜黑在其《制空权》中写道："能顺利取得胜利的永远是那些善于革新传统斗争形式的人，而不是那些生搬硬套这些形式的人。"世界战争史证明了他的论断，这句话也将继续指导军事力量的变革和转型。新型作战力量出现的时候，规模数量都相对有限，但一旦形成规模，一旦与其他主战力量及相关保障融为一体、形成体系作战能力，就会使军队结构、规模、编成等发生根本性的变化，逐步构建起新型的现代军事力量体系，从而实现军队变革和转型。此外，新作战力量建设对我国国防科技和武器装备长远发展也具有促进和推动作用。新技术的发展和新型武器装备的研发，是新型作战力量建设的必要条件，同时新型作战力量在建设过程中，特别是在与其他主战力量的融合中必然会提出新的军事需求，这些新的军事需求必定会牵引军事技术和武器装备的改革创新。新型力量的表现形式在"新"，表现特征在"质"，表现结果在"战斗力倍增"，带来的影响就是时代变革。

知识链接

组建联勤保障部队的意义

中国特色军事力量体系中，还有一支不可忽视的重要力量，它就是新组建的担负联勤保障和战略战役支援保障的主体力量——联勤保障部队。在 2016 年 9 月 13 日中央军委联勤保障部队成立大会上，习近平主席深刻指出："组建联勤保障基地和联勤保障中心，是党中央和中央军委着眼于全面深化国防和军队改革作出的重大决策，是深化军队领导指挥体制改革、构建具有我军特色现代联勤保障体制的战略举措，对我军建设成为世界一流军队、打赢现代化局部战争具有重大而深远的意义。"未来战争是一体化联合作战，必须实施一体化联合保障。从一定意义上讲，打仗就是打保障。保障跟不上，战争打不赢。近几场局部战争的实践表明，联勤保障已经成为影响部队战斗力的重要因素。适应军委管总、战区主战、军种主建的新体制、新格局，构建以联勤部队为主干、军种为补充、统分结合、通专两线的保障体制，不但与新的领导指挥体制相衔接，而且有利于实现联战联训联保一体、平战一体，有利于解决后勤保障体制不顺、力量分散、管理粗放等问题，有利于全面实施体系保障、联合保障、精准保障。

（六）中国人民解放军联勤保障部队

中国人民解放军联勤保障部队是军队调整改革中新组建的一支部队，在体制上与陆军、海军、空军、火箭军、战略支援部队等平行，为副战区级。联勤保障部队成立于 2016 年 9 月 13 日，由中央军事委员会直属，总部机关位于武汉。中国人民解放军联勤保障部队，是实施联勤保障和战略战役支援保障的主体力量，是我国特色现代军事力量体系的重要组成部分。组建联勤保障部队，标志着具有中国人民解放军特色的现代联勤保障体制的正式建立。

1. 组建背景

中国人民解放军的保障力量最早叫作"后勤"，不仅设有原总后勤部，各大军种和军区、部队也都设有各自的后勤部。随着部队建设发展的需要，后来又出现了"联勤"的叫法。

20 世纪 70 年代以后，不少发达国家都尝试在军队后勤方面进行改革。特别是冷战过后，有国家提出聚焦式后勤：即准确、及时地为作战部队提供各种后勤方面的保障，适应现代化战场节奏快、物资消耗大的需要，使作战部队能够始终保证在高效的作战水平上。

中国人民解放军后勤方面的改革一直在调整，20 世纪 90 年代中期就提出了"三军联勤"，并在当时的原济南军区进行了试验。经过实践发现非常行之有效，"联勤"不仅可以实现有力保障，还能够充分使用资源，避免浪费。

随着军队新的军种不断产生，以往各个军种后勤独立保障，造成交叉重复建设和资源浪费，建立联勤保障部队提高了军队后勤保障的效益。

联勤保障部队是为了与新的领导指挥体制相适应而建立，这支部队由以前的战略后方基地、原军区联勤分布等后勤力量改建而来。在名称、隶属关系和性质上，都有所变化。

2. 组织机构

中国人民解放军联勤保障部队直属于中央军事委员会，以武汉联勤保障基地为建制领导，下属无锡联勤保障中心、桂林联勤保障中心、西宁联勤保障中心、沈阳联勤保障中心、郑州联勤保障中心，以及解放军总医院、解放军疾病预防控制中心等。

联勤保障部队主要由"一基地、五中心"组成，主要是整合了原总后勤部系统的有关保障力量。而其基地、中心的选址，也适应了军改之后的新体制。武汉联勤保障基地，脱胎于原总后勤部武汉后方基地，而其余无锡、桂林、西宁、沈阳、郑州五大联勤保障中心，正好分布在东部、南部、西部、北部、中部五大战区内。

3. 目标任务

贯彻党中央、中央军委和习主席深化国防和军队改革的决策意图，与领导指挥体制改革相适应，按照"军委管总、战区主战、军种主建"的总原则，改革保障模式，调整力量配置，理顺指挥关系，构建以联勤部队为主干、军种为补充，统分结合、通专两线的保障体制。

组建联勤保障基地和联勤保障中心，是党中央和中央军委着眼于全面深化国防和军队改革作出的重大决策，是深化军队领导指挥体制改革、构建具有我军特色的现代联勤保障体制的战略举措，对把我军建设成为世界一流军队、打赢现代化局部战争具有重大而深远的意义。

（七）中国人民武装警察部队

中国人民武装警察部队，成立于 1983 年 4 月 5 日，前身是中国人民公安中央纵队，始建于 1949 年 8 月。中国人民武装警察部队是担负国家赋予的国家内部安全保卫任务的部队。自 2018 年 1 月 1 日零时起，中国人民武装警察部队由党中央、中央军委集中统一领导，实行中央军委—武警部队—部队领导指挥体制。武警部队职能属性不变，不列入解放军序列。

1. 组织机构

武警部队由党中央、中央军委集中统一领导，实行统一领导管理与分级指挥相结合的体制。主要由内卫总队、机动总队、海警总队、院校和科研机构等组成。

武警部队设武警总部（正大军区级）、指挥部（正军级）、总队（正军级、副军级）、支队（旅、团）四级领导机关。各省级（市、区）设武警总队（正军级、副军级），各地级（市、州、盟）设武警支队（旅、团级），各县级（地市辖区、市、县）、镇设有武警大队（营级）或中队（连级）。武警总部，设司令部（副大军区级）、政治部（副大军区级）、后勤部（正军级）、各警种指挥部（正军级）及各机动总队。

（1）内卫总队

主要受武警总部的直接领导管理。其主要任务：一是承担固定目标执勤和城市武装巡逻任务，保障国家重要目标的安全；二是处置各种突发事件，打击恐怖主义，维护国家安全与社会稳定；三是支援国家经济建设和执行抢险救灾任务；四是战时参与后方防卫作战。

（2）机动总队

主要负责处置大规模突发事件，如暴乱骚乱武装暴动大规模械斗事件等，战时协助解放军进行防卫作战。

（3）海警总队

主要负责近海安全，处理近海治安、刑事等案件的调查处理，打击走私、偷渡、贩毒等海上违法犯罪活动，是公安机关部署在海上的唯一执法力量。

（4）特殊队伍

武警部队还有一小部分特殊队伍，如：国宾护卫队、仪仗队、礼炮队、警乐团、文工团、歌舞团等。

2. 跨军地改革

着眼全面落实党对人民解放军和其他武装力量的绝对领导，贯彻落实党中央关于调整武警部队领导指挥体制的决定，按照军是军、警是警、民是民原则，将列武警部队序列、国务院部门领导管理的现役力量全部退出武警，将国家海洋局领导管理的海警队伍转隶武警部队，将武警部队担负民事属性任务的黄金、森林、水电部队整体移交国家相关职能部门并改编为非现役专业队伍，同时撤收武警部队海关执勤兵力，彻底理顺武警部队领导管理和指挥使用关系。

公安边防部队不再列武警部队序列，全部退出现役。公安边防部队转到地方后，成建制划归公安机关，并结合新组建国家移民管理局进行适当调整整合。现役编制全部转为人民警察编制。

公安消防部队不再列武警部队序列，全部退出现役。公安消防部队转到地方后，现役编制全部转为行政编制，成建制划归应急管理部，承担灭火救援和其他应急救援工作，充分发挥应急救援主力军和国家队的作用。

公安警卫部队不再列武警部队序列，全部退出现役。公安警卫部队转到地方后，警卫局（处）由同级公安机关管理的体制不变，承担规定的警卫任务，现役编制全部转为人民警察编制。

海警队伍转隶武警部队。按照先移交、后整编的方式，将国家海洋局（中国海警局）领导管理的海警队伍及相关职能全部划归武警部队。

武警部队不再领导管理武警黄金、森林、水电部队。按照先移交、后整编的方式，将武警黄金、森林、水电部队整体移交国家有关职能部门，官兵集体转业改编为非现役专业队伍。

武警黄金部队转为非现役专业队伍后，并入自然资源部，承担国家基础性公益性地质工作任务和多金属矿产资源勘查任务，现役编制转为财政补助事业编制。原有的部分企业职能划转中国黄金总公司。

武警森林部队转为非现役专业队伍后，现役编制转为行政编制，并入应急管理部，承担森林灭火等应急救援任务，发挥国家应急救援专业队作用。

武警水电部队转为非现役专业队伍后，充分利用原有的专业技术力量，承担水利水电工程建设任务，组建为国有企业，可继续使用中国安能建设总公司名称，由国务院国有资产监督管理委员会管理。

武警部队不再承担海关执勤任务。参与海关执勤的兵力一次性整体撤收，归建武警部队。

3. 职能任务

按照党中央和中央军委赋予的新时代使命任务，武警部队将主要担负执勤、处突、反恐怖、海上维权、抢险救援、防卫作战等任务，拓展了维护国家领土主权完整和国家安全职能。人民武装警察部队执行下列安全保卫任务：

国家规定的警卫对象、目标和重大活动的武装警卫；

关系国计民生的重要公共设施、企业、仓库、水源地、水利工程、电力设施、通信枢纽的重要部位的武装守卫；

主要交通干线重要位置的桥梁、隧道的武装守护；

监狱和看守所的外围武装警戒；

直辖市，省、自治区人民政府所在地的市，以及其他重要城市的重点区域、特殊时期的武装巡逻；

协助政法机关依法执行逮捕、追捕、押解、押运任务，协助其他有关机关执行重要的押运任务；

参加处置暴乱、骚乱、严重暴力犯罪事件、恐怖袭击事件和其他社会安全事件；国家赋予的其他安全保卫任务。

（八）中国人民解放军预备役部队

预备役部队，是中国人民解放军的组成部分，是建设祖国，保卫祖国的一支重要力量。属中国人民解放军建制序列，是国家后备力量的重要组成部分。

1.组成

中国人民解放军预备役部队，以现役军人为骨干，以复（员）退（伍）军人为主要成分，由预备役军官和士兵组成，实行统一的编制，授有军旗、番号、代号，配备武器装备。预备役部队受军地双重领导。既区别于现役部队，又不同于民兵组织，是平战结合的一种形式，是战争初期的首批动员对象，也是应付突发事件，承担急难险重任务的突击力量。

2.任务

努力提高部队的军政素质，不断增强现代条件下快速动员和作战能力；切实做好战时动员的各项准备工作，随时准备转为现役部队，执行作战任务；积极参加社会主义建设，在物质文明和精神文明建设中，发挥骨干带头作用。

3.发展建设

预备役部队组建以来，平时参与国家经济建设，及时响应国家号召处置突发情况，战时遂行作战任务，先后完成重大军事演习、重大活动安保、重要赛事保障和反恐维稳、抢险救灾、科研攻关等急难险重任务，发挥了不可或缺、不可替代的关键作用。

随着国防和军队改革的全面深化，国防后备力量迎来了转型发展的历史机遇。预备役部队全面贯彻习近平新时代中国特色社会主义思想和习近平强军思想，深化军事斗争动员准备，全面提高支援保障部队作战能力。发挥独特优势，依托地方雄厚的人才、技术、装备等潜力，成系统吸纳优质资源，成建制形成新质战斗力，锻造出一支召之即来、来之能战、战之必胜的后备劲旅。

时刻心系国防，随时听从召唤。预备役部队预编人员平时分散在各自岗位，一旦祖国需要，他们有召必回，义无反顾地服从命令、担当重任。预备役部队向党和人民庄严承诺：若有战、召必回、战必胜！

（九）中国民兵

民兵是在中国共产党领导下的不脱离生产的群众武装组织，是中华人民共和国武装力量的组成部分，是中国人民解放军的助手和后备力量，也是预备役的基本组织形式。

1. 编组

《中华人民共和国兵役法》规定，乡、民族乡、镇和企业事业单位建立民兵组织，凡18~35岁符合服兵役条件的男性公民，除应征服现役以外，均应编入民兵组织服预备役。民兵区分为基干民兵和普通民兵。28岁以下退出现役的士兵和经过军事训练的人员，以及选定参加军事训练的人员编入基干民兵组织。其余18~35岁任命服兵役条件的男性公民，编入普通民兵组织。女民兵只编基干民兵，人数控制在适当的比例内。兵役法规定，实行民兵与预备役相结合的制度。一是规定基干民兵为一类预备役，普通民兵为二类预备役。一般以乡（镇）、行政村和厂矿企业为单位，按照民兵人数多少，分别编为班、排、连、营、团。

2. 任务

一是积极参加社会主义现代化建设，带头完成生产和各项任务；二是担负战备勤务，保卫边疆，维护社会治安；三是随时准备参军参战，抵抗侵略，保卫祖国。

3. 新时代中国民兵

近年来，随着国防和军队改革的深入推进，我国民兵建设驶入转型发展快车道。民兵力量结构正由机械化战争条件下的传统作战力量为主向信息化战争条件下新型保障力量为主转型，支援保障对象正由陆军为主向诸军兵种全面覆盖转型，初步实现由庞大走向强大、由精干走向精锐。

军民结合、平战结合、寓兵于民是我国民兵的特色。无论他们原本是穿梭在大街小巷的上班族，还是徜徉于文山书海的大学生；无论是奉献三尺讲台的辛勤园丁，还是忙碌在医疗战线的白衣天使；无论是国家公务员，还是格子间的企业白领……只要祖国一声召唤，他们随时应召而来，为国出征。

近年来，全国每年有200多万名民兵参加社会治安综合治理，2000多万人次参加抢险救灾，15万名民兵参加反恐维稳，还有2.4万名民兵参与完成了重大活动安保任务，以实际行动赢得了各级党委政府和人民群众的高度赞誉。新时代中国民兵向祖国和人民宣誓：民兵也是兵，随时可出征；民兵也是兵，一定打得赢！

强军先锋

新时代强军报国——郝井文

郝井文是谁？

他是搏击长空心向党、飞行万里不迷航的蓝天骄子。从25年前穿上飞行服的那一刻起，他就把听党指挥深深刻印在脑海里，无论是最初的雏鹰展翅，还是如今的鹰击长空，一路走来，他始终坚定"为党而飞、为人民而战"的高远志向。

研究战争、吃透对手、战胜强敌，是郝井文的不懈追求。

郝井文

当飞行团长时，郝井文率先成立信息作战研究中心，带领专业骨干展开电磁干扰、信息支援等新型作战样式研究，在大数据的海洋里寻求克敌密码；当飞行旅长后，他联合科研院所建起作战任务规划实验室，精确设计和演练验证每一次行动任务，在全旅开展"师敌、研敌、制敌"专攻精练，研创一套套新战法。郝井文善于打破常规、出奇制胜。参加空军"红剑"演习，在初战出现危局时，他果断指挥部队夜间4机密集编队、全程无线电静默进行超低空突防，出其不意、一招制胜。一次部队紧急转场，机场上空乌云密布，郝井文第一个驾机升空观察天气，定下决心命令地面8架战机迅即起飞，在雷暴来临之前的一丝云缝中，穿越险象、觅得"战"机。

独行快，众行远。群雁高飞头雁领，郝井文不是一个人在战斗。他带兵带虎气，敢把年轻飞行员推向战训前线的风口浪尖，练胆魄、练本领；他用人用刀尖，钻打仗、会打仗的年轻人竞相胜出；他不让一个人掉队，补齐每一块短板，让团队每一名成员都变成战斗力的尖子。参加空军突防突击竞赛考核，他带领5名年轻飞行员研究攻关，将精确制导武器的命中率提高38个百分点。空军实战化"四

强军先锋——郝井文

大品牌"比武场上，他带出16人次"金头盔""金飞镖"，居全空军之首，"矢志打赢先锋飞行员"王立、"全军军事训练先进个人"王磊等新生代"空天勇士"层出不穷，全旅飞行员100%保持最低气象条件起降水平，100%具备低空超低空突防突击能力……

战胜强敌，方为强者。郝井文和他的团队千百次砥砺刀锋，为的是关键时刻敢于亮剑、一剑封喉。随着钓鱼岛空中维权、东海防空识别区管控等使命任务步入常态，他们越来越多地感受到山一样的责任。

在祖国万里海空筑起第一道安全屏障。2013年，面对海上方向紧急任务，郝井文一句"我第一个上，大家跟着飞"，组织全负荷大强度连续出动，捍卫国家主权和领土领空。当年11月23日，我国宣布划设东海防空识别区，郝井文带

领部队首批担负常态化管控任务，他们每年战斗起飞数百架次，保卫了国家空防安全。2015年，郝井文带队警巡东海，面对突发情况，已经返航的他不顾油量将尽，果断掉转机头，指挥6架战机迅速占据有利态势，成功处置，安全返航。

在"走出去"中提升远海远洋作战能力。空军组织前出西太平洋、飞越第一岛链实战化训练，郝井文一次次飞越宫古海峡、对马海峡，与当面对手交锋较量。2017年，空军出动轰炸机、歼击机、侦察机等多型多架战机，成体系赴日本海国际空域训练，郝井文作为歼击机编队长机，以灵活战术、果敢行动为轰炸机护航，沉着应对，不辱使命……

豪气冲天的郝井文所在部队

专题二

居安思危　有备无患

——国家安全

内容提要

国家安全是对国家的生存与发展没有或很少受到重大威胁的状态的一种界定。任何国家的生存与发展都不可能不受到任何来自内部或外部的威胁。所以国家安全就是对国家生存和发展利益的保障。中国地缘环境复杂，周边国家政治制度差别很大，所奉行的国家安全战略和外交政策各不相同，这种复杂的周边环境对中国的安全造成了一定的影响。

教学目标

通过对本专题的学习有助于学生认识我国地缘环境的基本特点，以及当前我国面临的安全形势，提升大学生的防间保密意识；了解我国海洋安全权益、面临威胁和应对策略，正确把握和认识当前国际战略环境，不断增强国家安全意识。

导言

　　当今世界，全球化浪潮风起云涌，世界各国之间的经济、政治和军事关系日益密切，世界的各个部分已经成为一个相互联系又相互矛盾的统一体。世界主要力量间的关系在不断调整，国际战略格局和国际秩序处于不断变革之中，中国也面临着充满矛盾纷争的周边安全环境。认识和把握我国地缘环境的特征，分析和研究当下我国的周边地缘安全环境、国家安全现状以及国际战略形势，对于维护我国国家安全和发展利益有着无比重要的意义。本专题重点介绍我国地缘环境的特征、周边地缘安全环境的现状、国家安全形势以及国际安全环境等内容。

第一讲　地缘中国　周边环境——国家安全概述

　　善战者，不待张军；善除患者，理于未生；善胜敌者，胜于无形。上战无与战。

——《六韬·龙韬》

一、中国地缘环境概述

　　中国是陆海兼备的东亚大国，现有的陆地疆域为960万平方公里，海洋国土约300万平方公里。中国是世界上陆海邻国最多的国家，而且多陆海强邻，这是中国周边安全环境最显著的特点。中国陆地边界2.2万多公里，苏联解体后，有陆地邻国14个，分别是蒙古、俄罗斯、朝鲜、越南、老挝、缅甸、尼泊尔、不丹、印度、巴基斯坦、阿富汗、塔吉克斯坦、吉尔吉斯斯坦、哈萨克斯坦。海上邻国除朝鲜和越南陆地相邻外，还有韩国、日本、菲律宾、马来西亚、文莱、印度尼西亚等6个国家。此外，由于历史等方面的原因，有些国家虽与中国无共同边界或海域，但与中国的关系历来相当密切，如柬埔寨、泰国、新加坡、孟加拉国等，一般我们也把它们看成是邻邦。我国地缘环境的基本特点如下。

（一）邻国众多，强邻环伺

　　我国是世界上拥有邻国最多的国家，也是世界上大国最集中的地区，且多为军事强国。世界上5个军队在100万以上的国家，除中国外还有美国、俄罗斯、印度、朝鲜，它们几乎都在我国周边或把军队部署到了我国周边。公开宣称拥有核武器的8个国家中的 4 个在中国周边，即印度、巴基斯坦、朝鲜、俄罗斯。世界主要战略力量除了欧盟外，美国、日本、俄罗斯、印度、东盟，都在中国周边。俄罗斯、日本和印度是中国的海陆强邻，它们在军事和经济方面均拥有较强的实力或潜力，且在过去一个多世纪里先后与中国发生过战争或武装冲突。此外，从地缘政治的角度看，美国也是中国的邻国，因为它在中国周边有强大的力量存在和战略影响。一个国家邻国多少和强弱对其安全的影响是截然不同的，邻国多则现实和潜在安全隐患就多，强邻多则面临的现实与潜在的安全挑战就大。

（二）战略区位重要，大国利益交汇

中国位于欧亚大陆东部和太平洋西岸，地处东亚的中心位置，四周分别邻接东北亚、东南亚、南亚、中亚四大次区域，为广阔的周边地区所环绕。东北亚、东南亚、南亚均位于欧亚大陆边缘地带，扼控海上交通要道，是陆权与海权势力竞逐的前沿；中亚是欧亚大陆心脏地带，且油气资源丰富，四周分别与俄罗斯、中国和南亚、西亚相连。周边地带汇聚着诸多重要海域与战略通道，处于东南亚中心的中国南海常年海运量仅次于欧洲地中海，居世界第二，每年往返船舶超过 4 万艘，全球一半以上的大型油轮及商船和 2/3 的液化天然气运输须途经该水域。而马六甲海峡更是连接太平洋和印度洋的海上交通咽喉，扼控两洋航线的枢纽，是亚太各国经贸发展的"生命阀"。由于拥有重要的战略位置和战略资源，中国周边地区自近代以来一直是大国利益的交汇区和大国力量的角逐场。

（三）多样性突出，热点矛盾集中

我国周边的多样性突出，各国社会制度不同，发展水平各异，各种文化、民族和宗教聚集在我国周围。从政治上看，国体和政体的多样性在周边各国体现无余，周边既有资本主义性质的国家，也有社会主义性质的国家；既有共和制、总统制、议会制的国家，也有君主制的国家。从经济上看，在中国的周边，既有世界经济大国日本，也有新兴工业化国家，如韩国、马来西亚、新加坡等，也有在世界最贫穷国家榜上有名的缅甸、老挝、柬埔寨、孟加拉、蒙古等。中国周边地区如此巨大的经济发展差距，给地区经济合作和安全合作带来相当大的困难。此外，当今世界五大热点地区：中东波斯湾、中亚、南亚次大陆、台湾海峡、朝鲜半岛，几乎都在中国周边。中国的周边安全环境面临着矛盾极为复杂的时期。

二、中国地缘安全环境的演变及现状

（一）中国地缘安全环境的演变

近代以来，帝国主义列强从陆上和海上、从东南西北各个方向屡屡入侵中国。清

朝政府前后与帝国主义列强签订了500多个不平等条约，割地赔款，丧权辱国。仅1842年、1860年、1895年和1901年，列强四次侵华战争，清政府就割让国土160余万平方千米，赔款7.1亿多万两白银。我国的邻国众多，在这些国家中，有的在历史上侵略过中国，有的与我国存在着领土和海洋权益争议，有的内部不稳定因素多，有的国内狭隘民族主义泛起、宗教派别斗争加剧，它们对我国安全都有着不同的影响。

延伸阅读

黑龙江恢复"瑷珲镇"名称——让世人永铭惨痛历史

2015年5月18日，黑龙江省政府又批准将黑河市爱辉区爱辉镇政区名称用字恢复为瑷珲。瑷珲，这一已有400多年历史的称谓，承载着历史、蕴含着文化、凝结着乡愁、寄托着希望，在阔别60年后重载史册。

这一名称恢复可以让世人永铭惨痛的历史，也更期待它的魅力绽放，美好愿景尽展眼前：发挥古城历史文化和自然生态优势，建设国内外知名的旅游胜地，让丰富的旅游资源转变为现实生产力；把地缘优势转变为经济优势，与全国各地开展经济贸易和经济技术合作，吸引国内外投资者来这里投资兴业，推动"瑷珲"乃至黑河市经济社会的发展。

爱辉区官方网站称，爱辉古城是清代黑龙江流域经济、军事、文化中心，设置黑龙江将军衙门和海关，也是中俄《瑷珲条约》签订地。这一条约使中国丧失了黑龙江以北60多万平方公里的土地。

瑷珲作为地名，曾有"艾浒""艾虎""艾呼""爱呼""艾浑""瑷珲""爱辉"等多种写法。关于"瑷珲"的含义，历史上的解释大体上有三种，一是蒙语"可畏的武士"的意译；二是满语"母貂"之意；第三种解释为"美玉"。

从新中国成立到20世纪60年代，对我国独立和安全的威胁主要来自美国。美国不甘心在中国内地的失败，长期推行政治上孤立、经济上封锁、军事上威胁的反华、仇华政策。50年代，美国通过一系列军事条约拼凑军事集团，从东北、正东、东南三个方向对新中国实行战略包围。60年代以后，苏联逐步走上与美国争夺世界霸权的道路，视中国为实现其霸权野心的重大障碍，不仅在中苏、中蒙边界驻扎重兵，支持印度制造边界事端，鼓动越南侵柬反华，而且直接出兵侵略阿富汗，从北、南、西南三个方向对我国构成战略威胁。

黑龙江恢复黑河市
瑷珲镇政区名称

为打破美、苏两个超级大国对我国实施的战略包围，我国先后采取了一系列重大战略性举措。从抗美援朝、中印边境自卫反击战、援越抗美斗争到中越边境自卫反击战等，有力地打击了霸权主义行径。70 年代初，根据美、前苏两个超级大国争夺态势的变化，我国及时调整了对外战略，打开了中美关系正常的大门，与日本恢复邦交，同东南亚国家建立和发展了友好合作关系，使我国的周边环境得到了一定

抗美援朝　保家卫国

程度的改善。80 年代中期以后，苏联调整内外政策，我们抓住时机积极开展有针对性的工作，迫使其采取实际步骤改善对华关系，使我国周边安全环境得到进一步改善。进入 90 年代以来，随着苏联解体、东西方冷战的结束，我国与周边国家谋求稳定、增加合作、促进发展的趋势有了进一步的增长，我国睦邻友好的周边外交政策取得了显著成效。我国周边安全的总体态势处于新中国成立以来的较好时期。

（二）中国周边地缘安全环境的现状

1. 美国视中国为主要潜在竞争对手

当前，虽然出于应对全球经济金融和气候危机以及联合反恐等方面

美国重返亚太

的需要，中美关系在政治、经济、军事等领域均得到了很大改善，但这并不能掩盖双方存在的诸多矛盾。美国是当今世界唯一的超级大国，其战略目标就是努力维持和强化自己的"一超"地位，防止出现一个或多个挑战美国超级大国和领导地位的世界强国或地区强国。中国作为一个正在迅速崛起、有着巨大发展潜力的大国，不可避免地要成为美国遏制、敌视的对象。一方面，美国尽可能地维持与加强同中国在经济、政治、文化、军事领域的交流，并千方百计地把中国纳入自己主导的各种国际机制之中。另一方面，美国又采取各种手段抑制中国的崛起，使中国不能成为美国的"战略竞争对手"。美国在不放松对中国经济、政治、文化等方面遏制的同时，在军事方面，调整了其在亚太地区的军事战略部署，强化了美国与日、韩、澳等盟国的军事同盟关系；提升关岛美军的军备水平和战略威慑能力，形成日本和关岛两大地区兵力投送中心；增强了其在东亚、东南亚、中亚、南亚地区的军事存在，特别是实现了在中亚的军事存在。

2. 中日之间存在一系列的矛盾和斗争

长期以来，中日之间在历史问题、东海领土主权归属以及台湾问题上存在一系列矛盾和争端。一是日本当局歪曲历史，美化侵略战争，拒绝承担战争责任。在对待侵华历史、参拜靖国神社等问题上，日本当局不顾中国政府和人民的反对，多次做出伤害中国人民感情的事，致使中日关系出现严重困难。二是中日之间在钓鱼岛、东海大

陆架以及东海油气资源等方面存在严重争端。三是日本在台湾问题上挑战中国的国家核心利益。近年来，日本右翼势力支持"台独"分裂势力更加明目张胆，其动向值得我们高度关注。

知识链接

《钓鱼岛是中国的固有领土》白皮书

钓鱼岛历史与主权

钓鱼诸岛自古以来一直是中国领土不可分割的部分。由于中国在中日甲午战争中战败，1895年4月17日，清政府被迫与日本签订了丧权辱国的《马关条约》，将中国台湾及其附近岛屿包括钓鱼诸岛等一并割让给了日本。1945年8月，日本战败投降，第二次世界大战结束，台湾归还中国。但1951年的《旧金山和约》却错误地把日本所窃取的钓鱼岛等岛屿归在美国托管的琉球管辖区内。中国政府当时严正声明坚决不承认《旧金山和约》。中国政府1958年9月在发表的关于领海的声明中宣布，日本归还所窃取的中国领土的规定"适用于中华人民共和国的一切领土，包括台湾及其周围岛屿。"1972年中日建交谈判以及1978年中日和平友好条约签署时中日双方同意将此问题"搁置争议"，"先放一下，以后解决"，但日本当局实际上从未认真履行过自己的诺言，相反，却一直在有预谋、有步骤地实施对钓鱼岛的侵占和控制，企图造成钓鱼诸岛是日本领土的"既成事实"。中国政府一再严正声明，钓鱼岛是中国的固有领土。1992年2月25日，中国方面公布《中华人民共和国领海及毗连区法》（简称领海法），写明钓鱼岛等岛屿是中国的领土。2012年9月25日，中华人民共和国国务院新闻办公室颁布了《钓鱼岛是中国的固有领土》白皮书。2009年至今，中国海监执法船、中国海警巡航编队多次开赴钓鱼岛，既是依法行使对中国领土钓鱼岛及其附近海域的巡航执法，也是中国行使对钓鱼岛主权的具体体现。

3. 台海局势出现重大积极变化，但反"台独"斗争依然严峻、复杂

在对中国周边安全问题构成影响的诸因素中，台湾问题无疑是主要因素之一。台湾问题事关祖国完全统一，事关国家核心利益。尽管两岸关系在马英九执政期间，在经贸往来、人员交流、实现全面"三通"等议题上取得了一系列重大成果。但2016年"台独"分子蔡英文上台后，两岸关系急转直下，以暴力化、隐性化、合流化和国际化为特征的"台独"活动继续以各种形式破坏两岸的和平与发展，阻挠祖国的和平统一

进程。与此同时，外国干涉势力插手两岸事务，特别是以美国为代表的国际反华势力不愿意看到社会主义中国的崛起和强大，经常利用台湾问题大做文章，干涉中国内政，阻挠中国发展，促使台湾问题国际化，使台海局势更加错综复杂。2018 年 7 月起至年底，美国海军战舰共有 3 次通过台湾海峡。2019 年更加频繁，美国军舰共有 9 次航经台湾海峡，挑衅不断。2020 年 1 月 16 日，美国海军"提康德罗加"级导弹巡洋舰"夏洛"号（CG-67），由南向北穿越台湾海峡。这是台湾地区选举结束后的首次，也是进入 2020 年以来美国军舰首次航经台海。岛内的一些人士更是叫嚣让美舰停靠在台湾军港和基地，而且还打算实现"常态化"。2 月 12 日，美军派遣 1 架 MC-130J 型特战飞机、2 架 B-52H 轰炸机，分别在台湾西部的海峡中线、台湾东部空域飞行。随后 2 月 13 日，美军一架 P-3C 反潜机出现在台湾最南端的鹅銮鼻外海。台湾有战略学者解读称，这是美军在回应解放军 2 月 9 日和 10 日出动包括轰-6K、空警-500、歼-11B 等在内的海空兵力连续绕岛飞行、战备巡航。由于美军战机同时现在台湾东、西部，被称为"十分罕见的兵力配置"。长期以来，美国在台湾问题上一直采取所谓的"模糊"战略，使台海局势更加复杂。在美国许多看似相互矛盾冲突的政策、表态背后，都隐藏着美国利用台湾问题制造麻烦和障碍，阻挠中国崛起的战略实质。

4. 我国海洋权益遭遇严峻复杂的挑战

我国有着辽阔的海洋国土和丰富的海洋资源。我国的大陆海岸线长达 1.8 万多公里，领海自北向南有渤海、黄海、东海和南海，我国的领海面积 22.8 万平方公里，管辖的专属经济区和大陆架海域 300 万平方公里。我国与 8 个海上邻国均有海洋争端，争议海域面积达到 150 万平方公里，约占我国海域辖区的 1/2。辽阔的疆域，既为我们提供了广阔的生存空间，又使我们维护国家主权的任务异常艰巨和繁重，与周边邻国在领海主权和海洋权益上的矛盾十分突出。

南沙群岛位于中国南海南部，是南海诸岛中距离我国大陆最远、分布最广、包括岛礁最多的一个群岛，其周围海域的自然资源特别是油气资源蕴藏十分丰富，南海油气资源总储量估计可达 1000 亿吨，其中在我国海疆线内约 420 亿吨，是我国巨大的资源宝库之一，人称第二个波斯湾。南沙群岛及其海域的战略地位也十分重要。它地处太平洋和印度洋的咽喉，是扼守两洋海运的要冲，东北越台湾海峡与东海相通；隔巴士海峡与太平洋相连；南经巽他海峡出印度洋；西南接马六甲海峡西出安达曼海，沟通印度洋。南海是我国同东南亚各国交往的重要纽带，南沙群岛是拱卫我国南大门的第一道海上战略屏障，也是保卫海上通道安全的前沿阵地。

南海诸岛，特别是西沙群岛和南沙群岛自古以来就是中国的领土。从历史角度和国际法角度来看，中国对西沙群岛和南沙群岛都拥有无可置疑的领土主权。但自 20 世纪 70 年代以后，南海周边国家却开始陆续侵占瓜分南沙群岛各主要岛礁，分割海域，掠夺油气资源，严重侵犯了我国的领土主权和海洋权益。

三沙市

2012 年 6 月 21 日，国务院正式批准撤销海南省西沙群岛、中沙群岛、南沙群岛办事处，将以前设立的县级三沙市升格为地级市"三沙市"，管辖西沙群岛、中沙群岛、南沙群岛的岛礁及其海域。三沙市人民政府驻西沙永兴岛。此次设立地级三沙市，是中国对海南省西沙群岛、中沙群岛、南沙群岛的岛礁及其海域行政管理体制的调整和完善。设立三沙市有利于进一步加强中国对西沙群岛、中沙群岛、南沙群岛的岛礁及其海域的行政管理和开发建设，保护南海海洋环境。

三沙市的设立，标志着中国继浙江省舟山市之后，出现了第二个以群岛为行政区划设立的地级市，它也是中国地理纬度位置最南端的市；也意味着中国在对南海各大群岛、岛礁有关领海的控制，迈出了重要一步，标志着中国对南海及其附属岛屿、岛礁及有关领海的控制，有了更为有利的法理依据；更重要的是，三沙市的设立不仅有利于使国家维护南海固有领土主权的阵线向南疆前移，而且有如宝镇南溟，国志弥坚。诗人陈志岁《三沙市》诗云："古国神疆在，先民事迹多。宣威南海上，万里镇尘波。"

5. 恐怖主义活动猖獗，对我国的威胁增大

《新疆的若干历史问题》白皮书

中国毗邻恐怖活动的"重灾区"，与恐怖事件频发，恐怖势力聚集的阿富汗、印度、巴基斯坦、泰国等为邻，处于国际恐怖势力猖獗的高危弧形地带。从北高加索、中东、中亚、南亚至东南亚，是国际恐怖势力的主要盘踞地和威胁高发区。国际恐怖势力在中国周边的频繁滋事，恶化了中国周边环境，直接危害着中国国家安全。

近年来，境内的恐怖势力与境外"三股恶势力"遥相呼应，在西方反华势力的支持下正走出"蛰伏期"，不断进行干扰破坏活动，暴力化趋势日益增强。2008 年西藏"3·14"事件、2009 年乌鲁木齐"7·5"严重暴力犯罪事件和 2014 年 3 月 1 日发生在我国昆明火车站的暴力恐怖案件，给各族群众生命财产造成重大损失，给当地正常秩序和社会稳定造成严重破坏。

知识链接

昆明火车站"301"暴恐案

2014 年 3 月 1 日，一伙暴徒在昆明火车站持刀砍杀无辜群众，造成 31 人死亡，141 人受伤，其中 40 人重伤。

法院经依法审理，以组织、领导恐怖组织罪和故意杀人罪数罪并罚判处依斯坎达尔·艾海提、吐尔洪·托合尼亚孜、玉山·买买提死刑；以参加恐怖组织罪和故意杀人罪数罪并罚判处帕提古丽·托合提无期徒刑。

三、我国周边地缘安全环境发展趋势

随着全球化进程的加快以及地区力量的急剧变化，中国周边地区形势将继续处于快速变化之中，各种不确定和不稳定因素将时有显现，并对中国安全提出复杂的新挑战。但是，和平与繁荣仍将是亚太各国共同的愿望。亚太安全形势的急剧变化不会根本扭转中国周边地缘安全环境近一二十年保持相对稳定的发展势头。

（一）大国关系的相对平稳发展是中国周边继续保持缓和的基础

中国周边地区是大国利益交汇之地，中、美、俄、日、印对地区总体形势发展影响举足轻重。尽管上述国家关系有密有疏，但在全球化背景下彼此利益相互交织，在竞争中力求保持合作，避免迎头相撞。美国虽视中国为主要潜在对手，并采取措施对中国防范遏制，但双方在反恐、朝核、维持台海稳定及经贸合作领域存在共同利益，并不希望与中国发生对抗。美日同盟针对中国的一面虽有加强，但彼此亦心存防范：美借日制华，却不希望中日交恶而不可收拾；日傍美制华，并不甘心为美火中取栗。遭受美国战略挤压的俄罗斯，在国力未得到全面恢复前，仍将是中国主要战略伙伴，中俄关系有望继续稳固发展。印美关系虽发展迅速，但印度不会全面倒向美国，沦为美遏制中国的棋子。在可预见的未来，只要自身策略得当，中国不会成为大国矛盾的焦点，在大国外交中仍有充分的回旋空间。

（二）地区热点发生热战的可能性较低

中国周边地区存在诸多热点问题。由于印巴关系持续缓和、美国更多介入南亚事务以及印巴相互核威慑，南亚发生大规模军事冲突的可能性降低。朝鲜半岛形势因朝鲜拥核而面临新的复杂性。但由于中、韩、俄强烈反对武力解决朝核问题，加之美国受困中东，无暇东顾，因此，从近期看，美国军事打击朝鲜的可能性基本可以排除。

从长远看，朝核问题仍可能出现轮番升级，但各方均会努力控制升级的势头，避免出现战争。在东海、南海岛屿权益问题上，由于中国与日本及南海国家一直保持着密切磋商，各方都希望通过谈判解决问题，因岛屿问题引发个别意外冲突虽不能完全排除，但演变为大规模武装冲突的可能性不大。

（三）非传统安全问题将成为地区安全合作的催化剂

中国周边地区存在的非传统安全挑战将长期存在，某些挑战在一定时期内可能成为特定国家的主要安全威胁。随着国际社会及地区国家对非传统安全问题的重视，地区国家特别是主要大国将把应对非传统安全挑战视为增进合作、扩大影响的渠道和机会，积极探索并推动在多种框架、多领域内开展合作。"911"事件后，防扩散、打击恐怖主义成为中美关系不断改善和加强的重要推动因素。印度洋海啸和南亚大地震发生后，各主要国家充分利用救援外交，拉近与受灾国的距离，为进一步发展和巩固双边关系奠定基础。在"10+3"机制的带动下，东亚各国在非传统安全领域的合作正不断加强。上海合作组织把打击三股势力、维护地区安全与稳定作为首要任务，近年来还逐步加强合作打击中亚地区日益严重的毒品走私活动，把遏制和铲除毒品走私纳入反恐合作的框架。种种事实表明，非传统安全问题已成为区域安全对话与合作的主要议题，并将成为改善地区国家关系的润滑剂和加强安全互信的纽带。

 延伸阅读

10·5中国船员金三角遇害事件

10·5中国船员金三角遇害事件又被称为湄公河惨案，是指2011年10月5日上午，"华平号"和"玉兴8号"两艘商船在湄公河金三角水域遭遇袭击的事件。此事件造成"华平号"上的6名中国船员和"玉兴8号"上的7名中国船员全部遇难，其中1人失踪。2011年10月28日下午，泰国表示，嫌犯是隶属于泰国第三军区"帕莽"军营的9名士兵。2012年4月25日，"10·5"案件联合专案组在老挝波桥省抓获案件主犯糯康。2013年3月1日，案件主犯糯康、桑康·乍萨、依莱、扎西卡在云南昆明被执行死刑。国产电影《湄公河行动》系由该事件改编而成。

四、我国的周边外交政策

周边国家与地区是我国实行对外开放、开展互利合作的重要伙伴，也是发挥国际作用的主要区域。周边关系的好坏直接关系到我国的国家安全、国内发展与稳定。因此，构建周边安全机制，营造睦邻友好环境，是我国安全政策的基本着眼点。针对当前周边安全环境中的消极因素，一方面，我们顺应和平与发展的时代潮流，通过加强与周边国家和地区的交流、合作与发展，消除其对中国发展的疑虑；另一方面，我们也采取有效的措施，化解周边安全环境中的不稳定因素，为和平发展提供稳定、和平的周边安全环境。

（一）构筑软实力，强化新战略安全观

国家安全往往体现国家大战略的总体思想。随着全球化的发展，围绕国家安全问题产生了新的现代战略文化。着眼需要，我国树立并遵循"综合安全观"这一新战略安全观。综合安全观认为国际安全问题除了以主权概念为核心的政治安全和军事安全之外，还有经济安全、环境安全、文化安全、社会安全等一系列新的安全问题。我国的新战略安全观主要包括：以国家安全为主体，突出主权安全；以和平共处五项原则为政治基础；以相互安全为理论前提；以综合安全为安全维护的内容；以合作安全为现实安全的途径；以共同安全和普通安全为目标；以"互信、互利、平等、协作"为新安全观的核心。

（二）致力于发展新型大国关系

我国要实现自己的安全战略目标，很大程度上依赖于国际战略平衡。我国历来重视与大国关系的发展，面对冷战后国际体系复杂化的挑战，在发展大国关系政策上也有新的定位。一是不对抗、不结盟、不针对第三国的原则定位。建立大国间健康、稳定的关系，对地区乃至世界的和平与安全至关重要。中国出于共同利益的考虑，重视与大国加强合作与协调，改善和发展与各大国的关系而提出的这一原则不仅符合今后大国关系发展的主流，也为中国塑造良好的国际形象发挥了积极作用。二是包容整体利益的双赢策略定位。我国在发展与大国关系中努力构筑伙伴关系框架，为我国营造一种良好的国际环境发挥积极作用，也不失为一种实现双赢的理念基础。三是多重角色并举、灵活多变、万变不离其宗的角色定位。伴随着冷战的结束，大国关系也出现了一些新的特点：摩擦不放弃合作，并且以合作而不是冲突来解决争端的方式日益增加；大国关系中敌、我、友界限模糊，国家利益成为形成和解决国家间矛盾的主要因素。以国家利益为对外行为的根本出发点，在政治领域可以是对手而在经济领域是伙伴，或昨天是对手而今天是伙伴。

（三）继续贯彻"睦邻、安邻、富邻"的周边外交方针

我国的睦邻政策是以和平共处五项原则为核心。"近者悦，远者来""四邻安，国乃兴""亲仁善邻，国之宝也"是我国的传统立国方略，反对大国沙文主义是我国政府的一贯方针。营造稳定的周边环境是我国

和平共处五项原则

亚投行开业

发展经济的必要前提，也是进一步发展与全球性大国合作关系的基础。

（四）重塑国家安全体制和区域合作机制

在新时代的国际背景下，为了更好地达到与周边国家交流合作的目的，我们应该充分发挥区域合作组织的优势。以区域合作组织为依托，构建与周边国家的利益共同体，增强与周边国家的战略互信，消除周边国家对中国发展的疑虑，共同营造和平稳定、平等互信、合作共赢的地区环境。中国与东南亚各国在中国—东盟框架下，俄罗斯及中亚国家在"上海五国"机制及上海合作组织框架下的多边合作不断取得新的成果。

（五）独立自主、和平推进多极格局形成

万隆会议：亚非人民自己的国际会议

在新的历史时期，中国坚持独立自主、和平外交和不结盟政策。坚持所有国家不论大小、贫富、强弱一律平等，反对以大欺小，以强凌弱，尊重别国的独立自主，尊重别国的民族利益和民族尊严。和平与发展已成为当今世界主题，总趋势趋于缓和。当今我国安全环境既有机遇，又有挑战，而机遇大于挑战。抓住有利机遇，利用和争取较长时期的和平环境，发展经济，增强综合国力，增强国防现代化建设，为维护祖国统一和保卫国家安全做出新的贡献。

延伸阅读

地缘环境中的"安全困境"

"安全困境"（security dilemma）是国际安全领域中的一个基本概念，是构成国际关系紧张、对立乃至冲突的动因之一。"安全困境"描述的现象古已有之，但首次明确提出这一概念的是美国政治学家约翰·赫兹，他于 1950 年在世界最具权威性的国际政治研究刊物《世界政治》上发表"理想主义的国际主义与安全困境"一文。赫兹在文中指出："在当今两极化和拥有原子武器的世界里遇到的令人揪心的窘境不过是有史以来困扰人类的那种困境的极端表现。这种困境源于一种基本的社会结构，在这种结构中，众多的相互联系的群体构成了政治生活的终极单元，却未能组成一个更高一级的统一体。只要这样一个无政府社会存在——已知历史的大部分时期某种程度上都是如此——就会产生个人之间、群体之间以及他们领袖之间所谓的'安全困境'。在这样的社会结构中生活的群体或个人必须经常关心他们是否会遭到

其他群体或个人的攻击、降服、统治或消灭。为了努力避免这些攻击而实现安全，他们被迫去争取越来越多的权力以抵消其他权力的影响，这反过来又使其他人感到不安全从而被迫做最坏的打算。因此，在这样相互竞争的世界里，绝对的安全感根本不存在，权力竞争无休无止，并形成寻求安全与权力扩张之间的恶性循环。"后来，赫兹又在另一本专著中系统地阐述了"安全困境"的内涵：在无政府状态的国际环境中，民族国家（或地区）间的相互不信任，相互惧怕，致使安全成为首要目标。为获得安全，各国竭力增加军费，力图获得军事上的优势，改善自身的安全状况。但由于军备竞赛是互动的、无休止的，一国的军事优势很快被其他国家同样的扩军努力所打破，因此使得绝对的安全变得不可能，各国陷入了一种无从解脱的困境之中。

在现实的国际社会中，"安全困境"现象很难完全消除，中国在崛起的进程中，其地缘安全环境中的"安全困境"问题尤为突出。中国国土辽阔，背陆面海，地处东亚的中心，而且是不断扩展的"大亚太"的地理中心，周边列强环伺，陆海邻国众多，中国的崛起必然引起亚太地缘战略格局的震荡。尽管中国一再宣称坚定不移走和平发展的道路，但与中国利益攸关的陆海大国——美、日、俄、印不免心存疑惧，中国周边众多的中小国家面对中国崛起心态也极其复杂。美国学者埃弗里·戈尔茨坦指出："崛起的中国意图的不确定，以及无法仅从军事现代化的模式就推断出其意图，都会刺激那些设想必然将与中国发生严重冲突的国家两面下注。中国在如何解释对其崛起的反应上，面临同样的挑战。所有的国家都必须应对他们无法摆脱的安全困境，随着中国实力的继续增长，这的确是影响中国对外关系的一个关键因素。"

第二讲　安不忘危　治不忘乱——国家安全形势

> 安而不忘危，存而不忘亡，治而不忘乱。
> ——习近平

改革开放40多年来，我国综合国力不断提升，国际影响力日益增强，国家安全形势总体上向着更加有利的方向发展。但同时，围绕中国和平崛起的话题越来越被国际社会关注，在一系列成绩与繁荣景象背后，复杂多变的国内外形势给国家安全带来一系列新的挑战。当代国家安全，包括政治安全、国土安全、军事安全、经济安全、文化安全、社会安全、科技安全、网络与信息安全、生态安全、资源安全、核安全、海外利益安全、太空安全、深海安全、极地安全、生物安全等 16 种不同领域的安全。

一、传统领域国家安全

(一)政治安全

政治安全主要是国家主权、基本制度、意识形态的安全等，也包括政府体系和社会秩序的稳定等。政治安全是国家安全的前提。近年来，全球化的深入发展、美国全球战略的调整以及国际社会对我国和平崛起的种种不同心态，对我政治安全产生着冲击和影响。特别是国际关系中经济政治化、政治经济化的趋势日益明显，美国等西方国家一直把经济全球化作为推动政治全球化和政治一体化的工具，企图以经济手段达到政治目的，尤其是想通过"和平演变"来遏制作为当今世界上最大的社会主义国家的中国。随着中国成为世界第二大经济体，美国越来越把中国作为潜在竞争对手，并着手制定各种防范中国崛起的政策和战略。特别是美国战略东移，在我国周边地区不断强化军事部署，不时在一些我国内政问题上做手脚，显示出防范中国崛起已成为美国全球战略的长期目标。美国等国对我国造成的最大压力，可以说也就是政治安全问题。同时，国际社会对我国和平崛起的矛盾心态也是影响我国政治安全的重要因素。不少国家对我国既想借助又充满疑虑，既想倚重又有防范牵制。特别是一些周边国家，存在不同程度的恐华、疑华、防华心态。这些都会对我国政治安全带来不同程度的负面影响。未来我国会遇到各种各样的安全问题，比较起来，政治安全将是最大的安全问题。

延伸阅读

修昔底德陷阱

古希腊历史学家修昔底德在分析伯罗奔尼撒战争时，认为战争爆发的根本原因是雅典城邦的崛起引起了当时已经确立强国地位的斯巴达的恐惧。由此引申而来的"修昔底德陷阱"，是指新型大国的崛起将会引起老牌强国的担忧，这种担忧有可能会转变为敌意和进攻。

这一说法最早由格雷厄姆·艾利森提出，他是哈佛大学肯尼迪学院的贝尔弗科学与国际事务研究中心主任。艾利森认为，长年累月的误判和不安情绪有可能使良性竞争关系变为敌对，甚至更糟。2012 年 8 月 21 日，艾利森曾在伦敦《金融时报》发表《太平洋突现修昔底德陷阱》一文，专门对此进行详细阐述。文章称，中国在南海和东海钓鱼岛问题上的态度日益强硬，但这种姿态本身并没有其预示的未来趋势更让人瞩目。"二战"后的 60 年里，美国主导下的"太平洋和平"，为亚洲国家实现历史上最快的经济增长，提供了安全框架。然而，如今中国已崛起为大国，且未来10年内将超过美国成为全球最大的经济体。北京要求修改别国制定的规则，并不让人惊讶。未来几十年里，国际秩序的决定性问题是，中美能否避免陷入"修昔底德陷阱"？这位历史学家提醒人们，今天，当崛起大国挑战霸主国家时——如同公元前5世纪的雅典和19世纪末的德国，双方都将面临危险。大多数情况下，此类挑战都以战争收尾。要想获得和平结果，两国政府和社会需要对各自的态度和行为作出重大调整。

（二）国土安全

国土安全是国家安全的核心内容，是国家利益的最高表现形式之一，也是迄今为止一个国家最基本、最重要的安全。随着我国国际利益的不断拓展，国内一些分裂势力的滋长以及与海外敌对势力的相互勾结，我国在国土安全领域面临的挑战越来越严峻。首先，台湾问题是我国国土安全面临的最大隐患和危险。目前"台独"势力的潜在威胁仍然严峻，而美国则一直把台湾作为一张"牌"来遏制我国，成为我国完成祖国统一大业的最大外在障碍。"疆独""藏独"势力近年来也在不遗余力地策划、从事分裂祖国的活动，严重损害和威胁我国国家主权与领土完整。其次，边界领土争端，尤其是海洋权益争端对我国主权和安全的影响不断增大。由于复杂的历史原因，我国与一些国家的领土争端还没有完全得到妥善解决。我国与印度边界问题还没有解决，与东亚一些国家的海洋划界尚未确定，与东南亚一些国家围绕南海问题的争议还在激化。尤其是南海问题的"国际化"趋向，一方面，东盟一些国家加强了对我国南沙岛礁的"占领"；另一方面，美国也在不断以各种隐性手段插手南海事务。近年来的钓鱼岛问题也给本就争议颇多的中日关系蒙上了一层阴影。影响国土安全的因素，既有周边的，也有远离周边的全局性因素。如美国发展国家导弹防御系统，其重要目标之一就可能是针对我国的。

（三）军事安全

军事安全是国家安全诸因素中的首要因素，目前的国际形势要求我们高度重视军事安全的挑战。近年来，局部战争不断，不断催生新的军事变革，武器装备领域出现了巨大变化，特别是美国等大国大幅增加军费、扩充军备，不少国家群起效尤，这些都给我国军事安全提出了新的挑战。周边军事安全是国家安全的前沿与关键领域。目前，美国对华军事包围圈已基本成型。在东亚和东南亚，过去的环太平洋对华遏制链得到进一步巩固。美日军事同盟关系进一步强化，美日澳等多边军事合作迈出实质步伐，美国军事介入东南亚和南海的行动接连不断。在南亚，美国通过反恐加大对印度和巴基斯坦的渗透，对该地区的战略影响进一步加强。在中亚，美国借反恐扩大其军事存在，建立了多个军事基地。同时，一些周边国家和地区借美国战略东移机会，加快扩军备战步伐。日本冲破重重限制，在军事大国道路上越走越远。东南亚一些国家不断加强军事力量，特别是海上力量，与我国在南海问题上对峙。南亚的印度和巴基斯坦两国不断增加军费、扩充军备，特别是印度的军事力量进一步发展。而且，我国周边地区面临越来越多的非传统安全问题，已成为民族分裂势力、恐怖主义势力和宗教极端势力的重要聚集地。东突恐怖主义势力与国际恐怖组织联系密切，不断在我国境内从事恐怖暴力活动。周边的跨国犯罪、走私、贩毒等问题也都在影响着我国的安全和稳定。

（四）经济安全

在全球化大背景下，经济安全问题日益复杂。首先，我国与外部世界经济关系越来越密切，也越来越复杂，与其他国家发生利益冲突与对抗的可能性不断增大。我国的对外贸易依存度逐年提高，与国外的贸易摩擦、贸易争端也越来越多。过去还主要集中在与发达国家的经济交往中，现在与部分发展中国家也出现了很多摩擦。可以预见，未来不仅在贸易方面，在经济规则、市场开放以及世界经济秩序等方面，与其他国家的分歧仍会不断出现甚至会有激化的可能。其次，国际环境对我国经济的影响与压力越来越明显。随着我国在市场和投资领域的进一步开放，跨国公司不断拓展在华业务，这不仅给国内企业带来前所未有的竞争压力，而且我国的民族产业安全也面临严峻挑战。还有，我国的经济主权也面临着越来越多的国际干扰。近几年，美国等一些西方国家时不时对我国经济、金融政策指手画脚，施加压力。最后，我国经济在融入世界的进程中面临的风险也越来越突出。特别是在金融领域，我国的金融市场本身发育不成熟，监控体系不甚健全，防范能力较弱，大量外资金融机构进入，对我国整体较脆弱的金融行业无疑将形成巨大压力。国际金融市场动荡的潜在危机和投机资本的流窜也将始终是我金融安全面临的最大威胁。

（五）文化安全

文化安全主要涉及文化制度、意识形态的选择权以及文化传播和文化交流的自主权等。在全球化时代，维护国家文化安全，就是保障和捍卫国家文化主权的独立性和自主性。当前，我国在文化安全领域面临的挑战主要集中在西方政治文化的渗透和反华舆论的鼓噪。现代信息技术的高速发展为西方政治文化"外溢"提供了强有力的手段，一些西方国家大肆利用高科技信息手段进行文化扩张与渗透，对我国的价值观念、政治制度进行渗透和颠覆，严重威胁我国的政治稳定与经济社会发展的大好局面。其中，美国的文化战略最为典型，对我国文化安全的威胁也最大。此外，国际文化交流也被一些西方国家视作对我国进行文化渗透与扩张的重要手段。利用西方的"精神和文化价值观"影响和动摇我国人民信念，从而逐渐侵蚀我国的社会主义基础。一些反华舆论甚至裹挟了西方国家一些本不了解我国的一些民众的心理，又进而形成了一种不利于我国的所谓"民意"，不仅影响了这些国家与我国的文化交流与合作，而且对这些国家的对华政策产生着负面影响，有损于这些国家与我国关系的正常发展。

（六）社会安全

社会安全是国家安全的重要组成部分，包括社会治安、交通安全、生活安全和生产安全等自然或人为的种种灾害。这些要素有的看起来微不足道，但如果出了问题，经过一些因素对它的放大，往往会扩大或发展为国家安全的大问题。当前经济社会发展过程中产生的社会事件急剧增多，社会矛盾凸显，各类突发事件频发，使社会安全面临的态势日趋复杂、严峻。特别是民族分裂势力挑起的暴力恐怖事件、新型流行疾病的传播和蔓延、人口问题、食品安全等问题，严重威胁到社会和谐与稳定，已经由一般的社会安全问题上升成为国家安全层面的重大安全问题。近年来，西方敌对势力对我国采取"分化"战略，特别是我国新疆、西藏等边境民族地区的少数分裂分子和极端主义者，通过分裂活动、宗教渗透和恐怖主义威胁我国的社会和政治安全。在全球化环境下，某些新型流行疾病的传播和蔓延会造成严重的社会恐慌以及巨大的经济损失和人员伤亡，对国家安全和国际安全构成严重的威胁和危害。我国自1985年首次报告艾滋病病例以来，艾滋病的流行呈快速上升趋势。2003年春季，在全球特别是亚太地区肆虐的非典型肺炎曾引起全球各国的高度关注，引起了国内民众和国际社会的严重恐慌，也导致了社会、经济、政治、外交等诸多方面不易处理的危机。当前，我国面临的人口安全问题也非常严峻。首先，人口膨胀给资源和环境带来沉重压力。从总体上讲，目前制约我国经济社会发展的核心问题是人口与资源问题，人口过多和自然资源相对短缺直接制约我国经济的长期发展。其次，人口老龄化问题日益突出。我国已经成为人口老龄化国家，而且老龄人口形势严峻，突出表现在老龄人口基数大、增长速度比较快，这使得我国在经济欠发达时期需要解决比发达国家还严重的老龄化问题。另外，大量人口国内流动带来的问题和隐患也日益严重，不仅给交通、城市管理、社会治安等工作增加了难度，而且严重冲击了原有的社会秩序，影响了一些区域的社会稳定。

知识链接

2014年4月15日，在十八届中央国家安全委员会第一次会议上，习近平总书记重点论述了11个领域的安全，包括：政治安全、国土安全、军事安全、经济安全、文化安全、社会安全、科技安全、网络安全、生态安全、资源安全、核安全。随着工作进程加快，总体国家安全涉及的主要领域也不断拓宽。2015年7月1日实施的《国家安全法》在11个领域安全的基础上，增加了海外利益安全内容。《国家安全法》第三十三条规定：国家依法采取必要措施，保护海外中国公民、组织和机构的安全和正当权益，保护国家的海外利益不受威胁和侵害。总体国家安全的主要领域由原来的11个扩展到12个。同时，《国家安全法》增加了4个新兴领域安全，即太空安全、深海安全、极地安全和生物安全。《国家安全法》第三十二条规定：国家坚持和平探索和利用外层空间、国际海底区域和极地，增强安全进出、科学考察、开发利用的能力，加强国际合作，维护我国在外层空间、国际海底区域和极地的活动、资产和其他利益的安全。至此，形成了总体国家安全"12+4"的整体框架。"12"包括：政治安全、国土安全、军事安全、经济安全、文化安全、社会安全、科技安全、网络安全、生态安全、资源安全、核安全、海外利益安全；"4"包括：太空安全、深海安全、极地安全和生物安全。

在上述国家安全主要领域的拓宽过程中，我们始终把着力防范化解政治、国土、军事、经济、文化、社会、科技、网络、生态、资源、核、海外利益等领域的重大风险，作为有效维护国家安全主要内容。同时，从国家长治久安的战略和全局高度，部署防范化解太空、深海、极地、生物四个新型领域的潜在风险，维护这个四个新兴领域的国家安全。比如，在强调如何维护政治安全时，习近平总书记指出："全党同志必须在思想上真正明确，党的执政地位和领导地位并不是自然而然就能长期保持下去的，不管党、不抓党就有可能出问题甚至出大问题，结果不只是党的事业不能成功，还有亡党亡国的危险。"在论述如何维护经济安全时，习近平总书记强调："当前，金融风险易发高发，虽然系统性风险总体可控，但不良资产风险、流动性风险、债券违约风险、影子银行风险、外部冲击风险、房地产泡沫风险、政府债务风险、互联网金融风险等正在累积，金融市场上也乱象众生。"在强调如何维护网络安全时，习近平总书记指出："从世界范围看，网络安全威胁和风险日益突出，并日益向政治、经济、文化、社会、生态、国防等领域传导渗透。特别是国家关键信息基础设施面临较大风险隐患，网络安全防控能力薄弱，难以有效应对国家级、有组织的高强度网络攻击。这对世界各国都是一个难题，我们当然也不例外。"

二、新兴领域国家安全

当前，随着科学技术的进步、经济社会发展以及我国国家利益的不断拓展，一些新兴领域，诸如科技、网络、生态、资源、核以及海外利益、太空、深海、极地、生物等，已成为影响我国国家安全的重要关注点。

（一）科技安全

科技安全是国家安全重要组成部分，主要包括保护国家利益免受外国科技优势以技术手段相威胁，以及国家利益免受科技发展的负面影响上。当前，我国面临的科技安全问题日益突出，我国在先进技术、前沿技术、核心技术方面掌握得还比较少，往往会受制于人，比如 2018 年发生的中兴事件[①]，就敲响了我国企业不掌握芯片制造核心技术的警钟。而且科技安全对其他领域的国家安全影响很大，在科技安全与政治安全上，近些年来发生的信息技术革命对国家的主权关系提出了挑战；在科技安全与军事安全方面，军事优势始终掌握在科学技术先进一方的手里；在科技安全与经济安全方面，技术进步对经济增长的贡献率越来越高，据相关数据，一些发达国家目前已达到 60% ~ 80% 的水平，相比之下我国只有 30%，经济方面问题的解决越来越离不开科学技术的手段和科技安全的保护；在科技安全与生态安全方面，现代生态危机很大程度上是人们单纯追求经济增长而滥用现代科技的结果；在科技安全与文化安全方面，现代科学技术为西方某些国家通过大众信息传播进行文化侵略提供了强有力的先进手段，而受到文化侵略的发展中国家在科学技术上的落后导致了在反文化侵略上的不力；在科技安全与社会安全方面，国内外恐怖主义势力或恐怖主义分子，往往利用科技手段来进行违法犯罪等活动，增加了维护社会安全的难度。因此，"只有把核心技术掌握在自己手中，才能真正掌握竞争和发展的主动权，才能从根本上保障国家经济安全、国防安全和其他安全[②]。"

（二）网络与信息安全

近年来，我国信息化发展速度令人瞩目，但信息安全问题也相伴而来。信息安全是物理安全、网络安全、数据安全、信息内容安全、信息基础设施安全与公共信息安全的总和。信息安全与国家的安危紧密相连，没有信息安全，就没有真正的政治安全、军事安全和经济安全，也没有完全意义上的国家安全。目前，我国的信息安全相当脆弱，已成为各种安全中最薄弱的一个环节。国家的通信、能源、交通、航空、救灾、消防、金融等基础设施系统越来越多地依赖网络传输数据进行管理，并且各系统之间

[①] 2018 年 4 月 16 日晚，美国商务部以中国中兴通讯公司违反美国禁令为由，宣布禁止向中兴出口敏感电子芯片。导致中兴全球业务停滞，损失惨重。直到中兴支付 10 亿美元罚款和 4 亿美元保证金后，美国政府的禁令才解除。中兴事件对我国企业是个借鉴，我国企业必须进一步提高技术创新能力，尽快把核心技术掌握在自己手中。
[②] 习近平在中国科学院第十七次院士大会、中国工程院第十二次院士大会上的讲话。

相互依赖。信息安全的威胁主要来源于技术系统本身，如技术缺陷、电脑黑客、网络病毒、信息污染等等。随着技术的发展，这些威胁不断得到强化。有研究表明，目前我国与因特网相连的网络管理中心有95%都遭到过境内外黑客的攻击或侵入，其中银行和证券等金融机构是攻击重点。政府上网、政务信息化也增加了泄密的可能性。我国基础信息技术严重依赖国外，计算机芯片、骨干路由器、操作系统和数据库管理系统以及大量的应用软件等核心技术缺乏，成为国家信息安全的"根本问题"或"最大隐患"。美国等发达国家在全球建立了多个大规模的监听机构，围绕地球飞行的卫星24小时全天候收集通信秘密。同时，个人信息安全问题严重，数据显示，截至2018年6月，我国网民数量达到了8.02亿，第三方互联网支付达到143万亿，超过54%的网民遭遇过木马病毒、账号或密码被盗、个人信息泄露等安全问题，58.6%的网民遭遇过信息诈骗行为。总之，信息安全已呈现出突发性、扩散性、全球性等特点，其复杂性、跨国性、不可控性越来越突出。

知识链接

　　2013年6月，美国中情局（CIA）前职员爱德华·斯诺登曝光美国国家安全局的"棱镜"项目，该项目为秘密项目，过去6年间，美国国家安全局和联邦调查局通过进入微软、谷歌、苹果、雅虎等九大网络巨头的服务器，监控美国公民的电子邮件、聊天记录、视频及照片等秘密资料。《华盛顿邮报》获得的文件显示，美国总统的日常简报内容部分来源于此项目，该工具被称作是获得此类信息的最全面方式。一份文件指出"国家安全局的报告越来越依赖'棱镜'项目"。这是一起美国有史以来最大的监控事件，其侵犯的人群之广、程度之深让人咋舌。

"棱镜门"再现网络安全隐忧

（三）生态安全

　　生态安全是指一个国家具有支撑国家生产发展的较为完整、不受威胁的生态系统，以及应对国内外重大生态问题的能力。生态安全是人类生存发展的基本条件。习近平指出，保护生态环境就是保护生产力，改善生态环境就是发展生产力，良好的生态环境是最公平的公共产品，是最普惠的民生福祉。近年来，我国生态环境问题日益严重。一方面，庞大的人口对生态环境造成了重大持久的压力；另一方面，传统的粗放式发展模式和先发展后治理的思路也使生态环境遭受了巨大的冲击和破坏。我国生态环境安全问题尤其集中在水土流失、空气污染和酸雨、水稀缺和污染、生物多样性减少等方面。在土地安全方面，主要问题是森林植被破坏、土地荒漠化加剧。我国森林面积下降，目前全国森林覆盖率只有 16% 左右。我国是世界上荒漠面积较大、分布地区较广、危害程度较为严重的国家之一，荒漠化问题涉及 18 个省区，受荒漠化危害的人口在 4 亿以上。水土流失面积巨大，占国土总面积的 1/3 以上。在大气环境安全方面，大气污染十分严重，特别是近几年雾霾问题突出，废气中二氧化硫排放量、烟尘排放量、工业粉尘排放量都逐年提高。许多城市空气质量尚未达到三级水平。同时，我国酸雨也呈蔓延之势。酸雨区面积占国土面积 30% 以上。在水安全方面，淡水资源稀缺、淡水污染、海洋生物资源过度利用、海洋污染等问题都在不断加剧。我国水资源人均占有量排到全球第 121 位，被联合国列入 13 个贫水国家之一。七大水系 400 多个重点监测断面中，只有 1/3 的断面满足一到三类水质要求。在生物物种安全方面，目前我国濒危或接近濒危的高等植物达 4 000 ~ 5 000 种，其中珍稀濒危重点保护动植物已分别达 258 种和 354 种，生物资源的破坏形势十分严峻。

（四）资源安全

资源安全是近年来随着我国经济快速发展渐渐凸显的一个新的非传统安全挑战。我国的能源资源种类不均衡，储备严重不足，开发难度大，供给后劲不足，供需矛盾日益突出，而融入世界的步伐却很快。所以，一旦出现国际市场供应中断或价格飙升，我国的能源资源安全将受到很大冲击。而且能源资源安全不仅仅是经济问题，同时也是政治和军事问题，它不仅与国内供求矛盾及其对外依存度相联系，也与国家对世界能源资源丰富地区的外交和军事影响力密切相关。目前，我国能源资源安全问题主要集中在能源安全上，能源安全问题主要集中在清洁能源供给不足的问题上，而石油又是我国清洁能源中需求增长最快而供给能力日益严重不足的品种。因此，石油短缺将是我国未来一段历史时期能源安全的主要矛盾。我国石油安全面临的主要问题集中在两个方面：一是油源安全。国际油源竞争日趋激烈，各大国对外战略往往围绕石油问题进行布局，导致油源问题更加复杂敏感。二是油路安全。我国进口石油大部分都要从霍尔木兹海峡出来，经过马六甲海峡与我国南海地区。目前看，霍尔木兹海峡和马六甲海峡的通道安全主要掌握在别国手里。美国在我国周边地区的军事部署也是影响我国石油通道安全的重要因素。近年来，美国通过加强与印度的军事合作已进一步渗透到印度洋，客观上形成了对我国油路安全的潜在威胁。

（五）核安全

核能的开发利用给人类的发展带来了新的动力，同时，核能发展也伴随着核安全风险和挑战。人类历史上曾发生过多次重大核事故，如美国三哩岛核事故（1979 年）、苏联切尔诺贝利核事故（1986年）、日本福岛核事故（2011年）。核安全已成为我国国家安全的新生领域。核安全作为典型的非传统安全，具有事故后果严重和极端的社会敏感性等特点，对生态安全、经济安全和社会安全等安全领域都有重要影响，成为国家安全的重要组成部分。目前，我国共有运行核电机组18台，在建核电机组30台，约占全球在建核电机组的40%。在核技术利用方面，我国在用放射源10万余枚，涉及单位1万余家，在用射线装置12万余台（座），涉及单位近5万家。随着核技术应用事业快速发展和放射性废物量快速增加，我国核安全面临诸多困难和严峻挑战：未来

日本福岛核事故救援现场

5～10年将是我国核电建造、调试和运行的高峰期，安全监管任务持续加重；历史遗留放射性废物的处理处置问题进展缓慢，存在安全隐患；现有的核安全技术标准还有较多缺项，很多在建核电机组的安全性有待提升，我国的核安全技术规范和标准体系也有待改进；在日本福岛核事故后社会公众对核安全高度关注，公众信心已成为整个核事业发展的制约因素。

（六）海外利益安全

海外利益是国家利益的重要组成部分。主要包括海外能源资源安全、海上战略通道以及海外公民、法人的安全，其维护方式多种多样，如开展海上护航、撤离海外公民、应急救援等。目前，我国已成为全球第一货物贸易大国和主要对外投资大国。随着自身实力不断增强以及与世界联系日益紧密，特别是"一带一路"建设加快实施，我国企业、机构和人员大规模"走出去"，海外利益的广度和深度不断拓展。截至2018年末，中国对外直接投资存量分布在全球188个国家或地区。2019年，中国全行业对外直接投资达到1246.4亿美元。2019年1—11月，中国企业对"一带一路"沿线的56个国家有新增投资，合计127.8亿美元。在"一带一路"沿线国家新签对外承包工程合同额1276.7亿美元。中国与"一带一路"沿线国家的投资合作进一步深化，一批重大合作项目有序实施，示范效应不断增强。截至2019年12月，中国已与167个国家和国际组织签署199份共建"一带一路"合作文件，还与44个国家建立了双边投资合作工作组。2018年末，我国境外企业员工总数359.5万人，其中雇用外方员工187.7万人。2019年，中国规模最大的100家跨国公司的海外资产占比、海外营业收入占比、海外员工占比分别为16.96%、20.17%、10.74%。2019年全国边检机关检查出入境人员6.7亿人次，内地居民出入境3.5亿人次。在出境游的游客贡献上中国已经多年位列全球第一，且在出境旅游的总消费上中国也是第一。我国海外利益不断扩大，在国家整体利益格局中的比重逐步提高。但与此同时，国际安全环境发生了复杂深刻的变化，

各种传统和非传统安全问题点多面广，从 2011 年发生的利比亚撤侨、2015 年发生的也门撤侨以及在巴基斯坦、阿富汗、苏丹等国家经常发生的针对中国公民的袭击事件来看，维护我国海外利益安全依然任重道远。

（七）太空安全

太空是国际战略竞争的制高点。有关国家发展太空力量和手段，太空武器化初显端倪。中国一贯主张和平利用太空，反对太空武器化和太空军备竞赛，积极参与国际太空合作。密切跟踪掌握太空态势，应对太空安全威胁与挑战，保卫太空资产安全，服务国家经济建设和社会发展，维护太空安全。太空是国家安全和军事斗争的新高地，是大国战略博弈的新焦点，是战略制衡的新筹码。当今世界，太空军事化趋势加速发展，世界军事强国非常重视对太空的进入和控制，太空主导权的争夺日趋激烈。

没有太空安全就没有国家安全，伴随着航天技术的发展，人类正以前所未有的速度开拓着太空，不仅深刻地改变着人类社会的生产生活方式，而且对国家安全和军事斗争产生着重大而深远的影响。太空安全是国家安全的重要支柱。目前，人类社会的政治、经济、科技、军事等各个领域都离不开太空的支持。太空中的各种卫星为我们提供测绘、通信、导航、气象等各种信息与服务，维持社会体系的正常运转。尤其是在突发灾害和重大事故中，太空更是承担着重要角色。太空提供的各种情报信息、精准定位和快速数据分发能力是国家安全应急体系高效工作的基础与前提。

（八）深海安全

21 世纪是海洋的世纪，更确切地说应该是深海的世纪。不同的行业对深海有着不同的界定，从 300 米到 1000 米深不等。由于全球海洋 90% 的海域水深大于 1000 米，而海洋面积占地球总表面积的 71%，因此，深海海域的面积约占地球表面积的 65%。迄今为止，人类对海洋空间的认知仅有 5% 左右，余下的未知空间基本上都是深海。

深海是地球上最后的未被人类全面系统感知和利用的地理空间，深海空间十分巨大，潜在战略价值近乎无限。鉴于人类正加快走向深海，深海的战略形势将极大程度上左右未来的国际海洋政治格局。当前，世界各主要海洋大国正从经济开发、军事竞争、规则塑造等方面加大对深海的关注与经营。在安全上，深海被誉为 21 世纪人类可持续发展的战略"新疆域"，深海空间广阔、战略纵深巨大，正成为各海洋强国强化军事存在和军事控制的战略制高点。

（九）极地安全

极地，是指地球的北极和南极地区。随着极地蕴藏的丰富能源逐步被探明，全球气候变暖以及冰川消融加快，使得极地丰富资源的开发成为可能。当前，许多国家都把极地研究与开发作为国家重要战略。极地领域作为赢得未来战争优势的战略极点，成为多国争相占据的新疆域。北极地区的煤炭、石油、天然气储量分别占全世界潜在储量的 25%、13%、30%。北极还有大量的铜、镍以及金、金刚石、铀等。北极还有鳕鱼、南极有磷虾，这些作为食物不论是数量还是营养都极为丰富。

从军事上来说，极地的战略位置尤为重要。特别是地处亚、欧、北美三大洲弧顶位置的北极地区，是一个瞰制北半球的战略制高点和发动战争或实施威慑的黄金支撑点。北极有联系三大洲的最短航线，从华盛顿到莫斯科仅 6750 公里，比欧洲航线近1000 公里。冷战时期，美苏两国就在北极地区部署战略轰炸机和战略核潜艇。如今，这一世界"冰点"更有可能成为世界大国战略博弈中的"热点"。为赢得极地竞争优势，掌握极地主动权，不仅美国、俄罗斯、加拿大等极地国家纷纷根据各自国家利益制定极地战略，而且一些非极地国家和集团也积极参与极地事务，使得该地区形势骤然变化。作为新兴战略热点，围绕极地领域尤其是北极地区的国际斗争，将日趋复杂和激烈。

（十）生物安全

所谓生物安全，一般指由现代生物技术开发和应用所能造成的对生态环境和人体健康产生的潜在威胁，及对其所采取的一系列有效预防和控制措施。生物恐怖袭击、生物技术误用谬用、实验室生物泄露……新的生物威胁，对维护国家安全提出了新挑战，引发社会高度关注。基于生物技术发展有可能带来的不利影响，人们提出了"生物安全"的概念。

生物安全攸关民众健康、社会安定和国家战略安全。国际生物安全形势发展正处于大动荡、大变革的重要转折期。短期内，生物安全风险总体可控，但面临生物袭击威胁、新发突发传染病、两用技术风险等棘手问题；长期看，战略安全风险加大，亟须加强战略引导和技术攻关。将生物安全提档升级，纳入到国家安全体系，不仅是中国的重大战略安排，也具有极强的全球意义。生物安全纳入国家安全体系，也是对世界和全人类的贡献。毕竟，中国是全球第二大经济体和第一大货物贸易体，和全球有着紧密的人文交流和贸易联系。将生物安全纳入国家安全体系，意味着未来中国生物安全更有保障，也为全球生物安全体系建设提供了范本。

延伸阅读

美军在中国周边的军力部署

截至2015年，美国在亚太地区部署有36.8万人的兵力，5个航母打击群，飞机近1 100架，海军官兵约14万人。其中，在西太平洋地区兵力约15.3万人，主要部署在韩国、日本、关岛、夏威夷等。包括：陆军1个集团军部、2个师、5.7万人；海军及陆战队1支编号舰队（第7舰队）、1个舰载机联队、1个陆战师、1个陆战航空联队约90艘舰艇、150架飞机，兵力约6.1万人；空军3个航空队、9个飞行联队，约300架各型战机，兵力约3.5万人。美军常驻西太地区的舰艇主要分布在日本横须贺基地、佐世保基地以及美国关岛和夏威夷基地。其中横须贺基地部署有最新的"罗纳德·里根"号核动力航母、3艘导弹巡洋舰、8艘导弹驱逐舰、1艘两栖指挥舰；佐世保基地部署有两栖攻击舰、水雷对抗舰4艘；关岛部署有潜艇支援舰2艘、核动力攻击潜艇4艘；夏威夷部署有导弹巡洋舰2艘、导弹驱逐舰9艘、潜艇18艘。常驻西太的飞机主要包括F-15C/D、F-16C/D、F-22A、RC-135V/W侦察机、E-3C预警机、B-52战略轰炸机、B-2隐形轰炸机、RQ-4B全球鹰无人侦察机等。如果加上日本上百架的P-3C反潜机、先进的潜艇和海空军力，美日在第一岛链的军事部署足以在战时对我国海空力量形成有效封锁。中国力量的持续崛起引起大国和周边的反应。中国的快速崛起和军事力量运用的外向拓展，引起了美、日等亚太国家不同程度的担忧和反应。在此力量格局大变革的背景下，美国看到自己地位和影响的下降，需要平衡；日本感受到地区影响力的下降，需要"重振"；周边中小国家纷纷幻化中国崛起的威胁，正在煞费心机地"积极应对"。

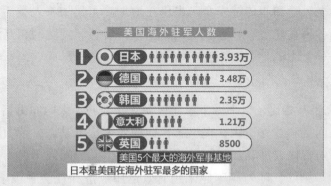

美国海外驻军情况

第三讲 和平发展 共建共享——国际战略形势

> 激水之疾，至于漂石者，势也；鸷鸟之疾，至于毁折者，节也。是故善战者，其势险，其节短。势如彍弩，节如发机。
>
> ——孙武

国际战略形势是世界各国安全、生存和发展所处的条件和态势，它要受到多种因素的制约和影响。"二战"后的相当长的时间里，美苏争霸，西方美、欧、日三大经济力量和美、苏、中三大国战略关系，曾在国际战略形势中起主导或重要作用。20 世纪 90 年代以来，一方面以美苏两极为主导的雅尔塔体制已经解体，另一方面，多极化格局正在加速发展。在这种情况下，国际战略形势的基本发展趋势是：和平与发展仍是当前的两大主题，国际形势的发展趋向缓和，各国都致力于自身的发展，增强综合国力，已成为世界性潮流。

改变世界的两百天——雅尔塔会议

联合国性质和成立的历史

一、当前国际战略形势的基本特征

（一）世界总体和平态势可望维持，但国际安全环境日益复杂化

和平与战争问题攸关国家的生存，是国家战略目标和手段的基本出发点。国际关系的革命性变化使得大国间发生战争的可能性大大降低，国际社会的总体和平可望维持，但是局部安全风险和非传统安全隐患仍在增加。尤其随着人类活动范围和交往深度的不断拓展，各国在经济、社会、文化、卫生、信息等领域的相互溢出效应日益增强，各类非传统安全风险成为国家稳定繁荣的重要威胁来源。

1. 大国间和平趋于常态化

与 20 世纪上半叶相比，以下四个革命性变化，削弱了大国间诉诸战争的动机，抑制了战争的各类间接和意外诱因，提供了长期的群体价值基础，使大国间长期和平成为可能。第一，随着核威慑和新型常规威慑的兴起，大国间战争已不再是获取战争性收益的合理选项。第二，随着国家越来越有效运用经济和社会手段增强自身影响力，大国间战争也已不再是获取战争性收益的唯一途径。第三，现代大国对外决策体系和决策过程出现革命性进步，抑制了大国间战争的各类诱因。第四，信息技术、全球化、消费主义、后现代思潮等增强了主要大国民众的非战价值观。对中国而言，大国间长期和平的常态化，意味着"第三次世界大战打不起来""和平与发展是时代主题"的判断将长期适用，大国间竞争将长期化、复杂化。

2. 周边呈现"乱而不战，斗而不破"态势

中国周边和亚太地区正日益成为塑造未来国际格局的关键角力场。大国间战略互信降低，安全困境凸显。域内安全问题由于域外大国的介入而趋于复杂，热点升级成危机的频率上升，但整体可控。美国虽在名义上废除了"亚太再平衡"的提法，但向亚太集中战略资源的总体趋势仍将持续。近年来，随着相对国力优势的日益缩小，美国除继续巩固美日、美韩同盟外，还积极拉拢印度、澳大利亚、新加坡等国家，鼓励三国在地区安全事务中发挥积极作用，实现"责任分担"。这将使我国面临的安全威胁态势进一步复杂化，在周边领土、领海争端方面尤为严重。南海和南亚之间的地缘议题联动性和扩散性将显著增强，未来可能成为中国周边首要的危机高发区。但在可预见的未来，对方在内政和资源上面临的局限性较多，干预和扰乱力度有限，不会从根本上恶化中国周边安全环境。长远来看，韩国萨德系统的部署将严重损害中美间的战略平衡和战略互信。同时，朝鲜核武器研发已经突破若干门槛，在核装置的小型化、弹头化方面实现重大突破，并在理论上具备了对美国本土进行二次核报复的能力，威慑力的可信性实现质的提升。朝鲜半岛危机将长期处于"斗而不战"状态。

萨德将打破东亚地区和平

3. 大国力量对比进入质变期

当今世界格局正在发生深刻变化，一方面是发展中国家和新兴经济体整体实力上升并全面地走上全球舞台，而发达国家组成的既得利益集团因整体相对实力下降而逐渐丧失国际体系的绝对主导权。另一方面，美国仍将长期占据超级大国地位，而随着中国的经济规模不断扩大，中国的经济实力逐渐接近美国，而其他国家与中美两国的差距将进一步拉大。在可预见的未来十多年间，美国仍将是全球最具影响力的博弈者，而中国正在崛起成为未来可能挑战美国全球霸权的唯一国家，全球秩序的"两极结构"格局有可能在未来显现。中国的迅速崛起引起美国恐慌，美国开始真正把中国当作竞争对手。在相互核威慑和经济依存的背景下，中美之间的竞争将变得日益复杂。

美方推动贸易战再升级

4. 恐怖袭击升温凸显文明冲突

20世纪以来，恐怖主义成为国际关系领域最为重要的非传统安全之一。近年来，恐怖主义活动持续升温，并进化出新的形态。在国际反恐联盟的压力下，"伊斯兰国"开始大力发展分支机构和同盟组织，促使恐怖组织向利比亚、埃及、尼日利亚、阿富

汗和巴基斯坦等国扩散。此外，"伊斯兰国"还利用新技术和社交媒体煽动激进个人和团体在全球多个城市发动袭击，尤其对车站、港口、酒店和体育场等公共服务设施进行袭击，造成极大的人员财产损失，引发社会恐慌。恐怖主义肆虐的背后不仅是经济不平等积累的矛盾，更凸显了文明冲突的价值困境。人口种族结构变化向质变累积，多民族国家民族融合在宗教信仰强化下日趋艰难，国际关系由此受到影响，发达国家内部族群主义兴起。社会危机与国内挑战不断增加，加剧了西方主流社会与穆斯林移民之间的张力，使"文明冲突"正在演化成自我实现的预言。

（二）发展仍然是解决一切问题的总钥匙，探寻新发展模式任重道远

发展是人类社会的基本诉求，是人类解决一切问题的总钥匙。只有通过发展，才能消除冲突的根源，保障人民的基本权利，满足人民对美好生活的热切向往。但是，发展赤字仍然是人类面临的重要挑战。国家之间和国家内部不同群体的收入不平等、发展中国家发展面临的能源与资源瓶颈、全球经济增长的动力不足等问题制约着人类共同的经济社会发展事业。

1. 全球经济处于长期结构性低迷期

全球经济增长前景是我国经济发展的重要外部条件。我国的对外贸易、投资等活动的增长都依赖于强劲、可持续的全球经济增长形势。全球经济增速在 2019 年降至 2.3%，为 10 年来的最低水平。2020 年，在贸易局势紧张、金融动荡或地缘政治紧张局势升级的影响下，全球经济的复苏进程可能脱轨。2008 年国际金融危机爆发后 10 年的全球 GDP 年均增长率从危机前 10 年的 4.2% 下降到 3.2%。未来 3~5 年，全球经济仍将维持低缓复苏的态势。金融危机爆发后，劳动生产率提升缓慢、国际直接投资规模恢复缓慢和全球债务水平的持续上升影响了经济增长的恢复。随着全球市场的需求持续低迷和我国传统竞争优势继续恶化，我国必须适应全球经济低速增长的新常态，大力推进技术革新和结构性改革。除了在国内大力推进供给侧结构性改革外，中国还应积极推动各国的协调改革行动。

贫穷是困扰人类发展的主要因素

2. 收入分配不平等引起反全球化力量的兴起

当前反全球化力量兴起，主要由于国家之间的发展不平衡和国家内部贫富差距拉大的问题日益凸显。南北发展失衡仍然是当前国际社会面临的重要问题。2016 年，发达国家基于购买力平价的人均 GDP 达到 47 001 美元，相当于发展中国家平均水平的 4.2 倍。同时，经济全球化引起各国国内收入差距的扩大，各国政府未能有效

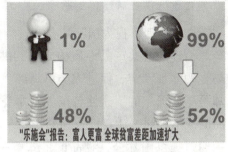

世界贫富差距拉大

地采取再分配和社会保障政策，更是加剧了国内收入不平等。在参与经济全球化的过程中，美国社会经济中的净收益者和净损失者极端分化。美国占人口 0.1% 的最富有家庭财富占比自 20 世纪 70 年代起就一直增加，已经升至 22%，当前占总人口 0.1% 的最富有家庭拥有财富已经和占人口 90% 的家庭不相上下。收入分配不平等现象已经在所有卷入全球化浪潮的经济体中出现，贫富差距、收入不平等持续恶化成为一种全球性现象。虽然收入不平等不足以导致经济全球化出现逆转，但也暴露出自由放任式的经济全球化在国内补偿机制方面的不足。我们需要以更加包容的态度去重新塑造经济全球化。

3. 经济相互依存持续加深使得对外开放的内涵发生变化

当前，在信息技术的普及和全球价值链深化的推动下，人类已经发展到高度相互依存的历史阶段。各国不仅需要合作建立一套国际制度，确保各国放弃"以邻为壑"的对外经济政策，加强宏观经济政策协调。而且，经济一体化正在突破边境，要求国家在公共政策和管制标准上协调一致。随着全球价值链成为常态化的贸易模式，跨国生产的一体化要求国家从传统的关税减让等开放措施转向边境后措施和管制协调。全球经济的深度的一体化，赋予了对外开放新的内涵。主要国家都在试图通过建立高水平的开放新体制，谋求竞争的制高点和发展的主动点，探索新的开放路径。一方面，我国要继续坚持以开放倒逼改革的路径，构建开放经济新体制。在金融、公共服务业等深水区通过进一步开放促改革，努力提升金融业开放水平，稳步推进人民币国际化，扩大人民币跨境使用范围、方式和规模，审慎推动人民币资本项目可兑换。另一方面，我国要注重与其他国家的协调开放，尤其要通过积极维护和发展多边主义来构建开放型世界经济，为我国的改革和发展营造一个稳定开放的外部环境。

（三）全球性问题与治理赤字并存，全球治理改革是大势所趋

"二战"结束以来，在国际社会的共同努力下，全球治理体系不断发展完善。但是，随着全球性问题的不断涌现和国家实力对比的变化，现有全球治理体系在合法性、有效性和代表性等方面的问题日益凸显。全球治理体系已经无法适应不断变化的新形势，国际社会迫切需要改革全球治理体制。

1. 集体行动困境加剧全球治理赤字

全球治理可视为国际社会通过集体行动来提供国际公共产品或俱乐部产品的过程。全球治理的公共产品性质构成了其供给不足的内在逻辑。维护世界和平、维持全球贸易金融体系稳定、促进人类可持续发展等，都需要付出高额成本，而这些产品的享用却是不分国家的。这使各国无形中受到一种激励，那就是尽量让别国承担提供公共产品的成本，同时让自己成为"搭便车者"，其结果就是掣肘了全球公共产品的供应。各国通过提供国际公共物品的形式解决全球性问题，必须克服集体行动的困境。当前，一些热点地区的冲突仍此起彼伏，各种形式的贸易、投资和金融保护主义依然盛行，气候环境、网络信息和极地外空等新兴领域的挑战日趋加大，深刻暴露出国际公共物品的供给不足。

2. 国际力量对比变化推动全球治理体系适应性改革

随着全球主要国家博弈者之间实力对比发生深刻变化，一些新兴经济体越来越成为解决国际问题的不可或缺者。它们与现行国际制度的利益攸关度显著提升，希望通过全球治理来维护和拓展自身利益的意识也不断增强。在此背景下，调整现行国际秩序，使全球制度逐步趋向中性化的诉求不断涌现。但与此同时，那些在现行全球治理体系下拥有巨大既得利益的国家则希冀维持自身优势地位。新兴经济体积极通过金砖合作机制，与二十国集团等平台加强合作，共同提升新兴市场国家和发展中国家在全球治理中的代表权和发言权。守成大国除了阻碍新兴经济体提升制度性话语权，也开始担心发展中国家利用多边规则和国际分工加快追赶的趋势，并试图通过以退为进的单边主义策略推动多边体系变革，以重新让其保持优势。

3. 世界对中国参与全球治理的期待和要求同时提升

全球治理的中国方案——构建人类命运共同体

经过40多年的改革开放，中国经济和社会经历了前所未有的变化。从经济规模上看，中国已经发展为世界第一大贸易国、全球第二大经济体和第二大投资国。随着发达国家将战略重心转向国内，国际社会特别是发展中国家对中国的期待不断提升。中国的发展中国家地位仍未发生实质性改变，同时中国又是一个举足轻重的全球性大国。中国要将维护自身利益与回应发展中国家的期待和承担国际责任结合起来。中国对外开放的内涵也在发生根本变化，必须对构建自由开放的多边经济体制担负更多的责任。

二、未来国际战略形势的发展趋势

（一）"多极化"将是未来国际战略格局发展的必然趋势

美国倚仗其经济科技实力和超强的军事力量，企图建立以美国为领导的单极世界，充当世界的领袖。但是，美国并不能凭借自己的优势地位在世界上为所欲为。其一，几乎所有国家都不赞成建立以"美国为轴心的世界"新格局。其二，美国在国内面临众多的社会问题和经济问题，不具备承担"领导世界重任"的能力。其三，在国际上，欧洲、日本等国家和地区的挑战，对美国的"世界新秩序"形成一大制约。其四，当今世界仍有许多尖锐矛盾和复杂问题，无论美国如何强大和富有，都不可能包揽解决所有问题。当前世界战略力量多极化的发展趋势最突出地表现在经济上，美国虽然经济上保持着世界经济发展的火车头地位，但随着近几年国际市场的建立，第三世界国家重视对经济的发展，欧盟一体化进程的加快，美国的国际市场竞争能力正受到严重挑战。在未来国际战略格局多极化发展的进程中，起主导作用的可能是美国、欧盟、俄罗斯、日本、中国这五大力量（也称"一超四强"），其他一些重要的国际组织、区域集团和地区性大国，也将发挥重要作用。并且影响世界格局的几支主要力量正在加紧调整自己的战略，以加强自己在国际社会中的影响，这一趋势的发展正越来越明显地制约美国的霸权主义和强权政治，世界"多极化"的发展方向，将是一种必然趋势。

（二）未来国际战略形势中各方关系将日趋复杂化

两极格局解体后，当今世界的五大力量都在通过调整对外政策来寻求自己的有利地位。美国虽然认为自己是"唯一有能力进行全球干预的超级大国"，但也开始承认世界多极化的现实。因此，近年来，美国的对外政策也在进行调整，特别是"911"事件后，美国出于"反恐"的需要，也在局部调整其外交政策和安全战略。在欧洲，美国一方面积极推进北约东扩，另一方面也顾及俄罗斯的特殊利益。同时，美国还改变了过去只要西欧盟国尽"义务"而不给"权利"的做法，支持西欧联盟在维护欧洲安全方面发挥更大的作用。在亚洲，着手建立美日之间的新型同盟关系，支持日本在参与亚太事务中承担更多的义务、给予更多的权利。对中国采取"全面接触"战略，使中美关系得到一定程度的改善。俄罗斯也在积极调整对外政策，努力恢复大国地位和作用。俄罗斯坚持在苏联地区的"特殊责任和特殊利益"，反对北约东扩，并将外交政策的重点逐步转移到亚太地区。欧盟在积极推进欧洲政治、经济一体化的同时，也在加强欧洲自身的防务力量，逐步削弱美国对欧洲的控制和影响。日本为了谋求政治大国和军事大国地位，一方面加强日美同盟关系，另一方面也积极寻求改善与亚洲国家的关系，谋求在参与国际和地区事务时发挥更大的作用。中国在大力发展经济的同时，通过开展灵活的、全方位的外交，明显改善了和周边国家的关系，进一步提高了国际地位和对国际事务的发言权。这些情况说明，随着"冷战"后国际形势的发展，当今世界几大力量的地位和关系已经发生了重要变化，呈现出多边性、多变性、复杂性的发展趋势。

（三）维护国家利益的"软战争"将对国际战略格局产生重要影响

全球化时代，信息、金融、贸易、生态等因素在国家安全斗争中的地位迅速上升，正在推动人类战争观和国家安全观的不断更新。金融战、贸易战、生态战等"非军事战争行为"，以及整体战、隐形战等战争形态与国家安全新理念的不断涌现，愈来愈引起人们的高度关注，国家安全领域里的斗争日益走向集束组合。在全球化进程空前加速、经济利益日益占据国家利益核心位置的今天，经济争夺战已经成为世界"软战争"的主要形态，并且以其独特的方式推动着国家安全观和传统战争观的重大变革。当代世界经济的一个显著特征就是世界经济越来越多地受到国际因素的影响，经济的稳定程度直接决定着国家的健康程度。其中金融安全在国家经济安全乃至整个国家安全中的战略地位空前上升，并相对军事安全而言成为当代国家安全斗争的又一主战场。

 延伸阅读

弘扬万隆精神　推进合作共赢

2015 年 4 月 22 日上午，亚非领导人会议在印度尼西亚首都雅加达举行。中国国家主席习近平出席会议并发表题为《弘扬万隆精神　推进合作共赢》的重要讲话。习近平就弘扬万隆精神提出 3 点倡议：

第一，深化亚非合作。面对新机遇新挑战，亚非国家要坚持安危与共、守望相助，把握机遇、共迎挑战，继续做休戚与共、同甘共苦的好朋友、好伙伴、好兄弟。

第二，拓展南南合作。广大发展中国家都面临着加快发展、改善民生的共同使命，应该抱团取暖、扶携前行。

第三，推进南北合作。要坚持相互尊重、平等相待。要推动发达国家切实履行官方发展援助承诺，在不附加政治条件基础上，加大对发展中国家支持力度，建立更加平等均衡的新型全球发展伙伴关系，缩小南北差距。

专题三

攻守之道　伐谋伐交

——军事思想

内容提要

军事思想是关于战争、军队和国防的基本问题的理性认识，是人们长期从事军事实践的经验总结和理论概括。它来源于人类的军事实践，同时又给人类的军事实践以理论指导，并在军事实践中接受检验。军事思想研究的对象和内容，通常包括战争观，战争与军事、国防问题的方法论，作战指导思想和原则，军队建设及国防建设的指导思想和原则等。

教学目标

学习本专题，有助于学生了解军事思想的形成与发展过程，明确我军的性质、任务和建设指导思想，树立马克思主义的战争观和方法论。

导言

　　每个国家和民族，都有自己的战争思维和战争智慧，就是关于战争和军事问题系统性、理性化的认识——军事思想。在数千年的历史长河中，中国军事思想不断完善发展，形成了独具特色的东方兵学体系，指导了无数次战争，成为世界军事思想体系中的重要组成部分，对世界军事科学的发展产生了积极影响，也是毛泽东军事思想以及我国现代化国防思想的重要源泉。本专题重点介绍我国军事思想发展简史、毛泽东军事思想、邓小平军事理论以及江泽民、胡锦涛、习近平关于国防和军队建设的重要观点和论述。

第一讲　战争实践　军事智慧——军事思想概述

　　军事思想是军事科学的重要组成部分，是认识和思考军事实践问题的基础。对军事思想的科学认识和灵活运用，是战争和军事斗争胜利的重要保证。学习古今中外的军事思想，有助于我们正确认识当前和未来的军事问题，为从事各种实践活动奠定坚实的基础。

一、军事思想的内涵

　　军事思想是关于军事领域基本问题的理性认识，通常包括战争观、军事问题认识论和方法论、战争指导思想、国防和军队建设思想等。

　　军事思想从总体上考察和回答军事领域的普遍性、根本性问题，揭示军事领域的一般规律，提出军事斗争和军事建设的基本方针及基本指导原则，为人们研究和解决军事实践问题提供总体性理论指导。军事思想的内容大体可分为两个层次，一个是军事哲学层次上的问题，一个是军事实践基本指导原则层次上的问题。前者主要包括战争观、军事问题的认识论和方法论；后者主要包括战争指导的基本方针和原则、军队建设的基本方针和原则、国防建设的基本方针和原则等。

　　军事思想是人们长期从事军事实践的经验总结和理论概括。它产生于军事实践，又指导军事实践，并受军事实践的检验。在人类历史上，战争的产生及对人类社会生活的重要影响，迫使人们很早就开始对军事领域的基本问题进行思考，逐渐形成了不同的军事思想。不同阶级、国家或政治集团有不同的军事思想。但任何军事思想都是以战争和军队、国防建设等为研究对象，以一定的世界观和方法论为指导，反映一定时代、阶级、国家和人物对战争性质、战争准备与实施等问题的基本观点。各种军事思想的内容及其广度、深度和理论化程度各不相同。军事思想所揭示的军事规律越丰富、越深刻，对军事实践的指导作用就越强，科学价值也就越大。

军事著作特别是军事理论著作，是军事思想的主要载体。人们特别是政治家、军事统帅的军事实践活动，体现着一定的军事思想。军事思想还散见于哲学、历史学、文学、法学等领域的著述以及宗教典籍中。因此，研究军事思想，必须广泛考察各种材料。研究某个时期，某个阶级、国家或政治集团的军事思想，尤其要考察该时期，该阶级、国家或政治集团有代表性的军事理论著作及有代表性的军事人物的军事实践活动。

与哲学思想、政治思想、经济思想、科技思想、文化思想等一样，军事思想是一种社会意识形态。军事思想与其他社会思想既相联系，又相区别。军事思想既受其他社会意识形态的制约和影响，也影响和作用于其他社会意识形态。

军事思想可以从不同的角度分类。按时代不同，可分为古代军事思想、近代军事思想和现代军事思想；按阶级性质不同，可分为奴隶主阶级军事思想、封建地主阶级军事思想、资产阶级军事思想和无产阶级军事思想等；按地域和国家不同，可分为外国军事思想和中国军事思想等，其中外国军事思想又可分为美国军事思想、英国军事思想、德国军事思想、日本军事思想等；按人物区分，有孙子的军事思想、克劳塞维茨的军事思想、拿破仑的军事思想等。

二、军事思想的基本特征

不同阶级、不同国家或政治集团的军事思想，不但性质不同，而且内容体系和特点也不同。同一阶级、国家或政治集团的军事思想，在不同历史时期或同一历史时期的不同发展阶段上，军事思想的内容体系也有区别并各具特点。但总体而言，军事思想具有以下共同的基本特征。

（一）鲜明的阶级性

军事思想来源于社会实践。不同的人们，立场不同，根本利益不同，所从事的社会实践活动不同，关于社会实践的认识和意识形态也不相同。在阶级社会中，人们由于阶级利益不同，所奉行和推崇的军事思想，必然要反映各个阶级对战争和军事问题的认识和立场。因此，军事思想具有鲜明的阶级性。

（二）强烈的时代性

在不同的时代条件下，人类军事实践的特点有很大不同。不同历史时期的战争及其他军事实践，有着不同的战争形态和与之对应的战争指导原则，有着不同的军队组织原则和编制体制。因而，不同时代的军事思想都打下了深刻的时代烙印，与当时的生产力水平和军事技术水平相适应。

（三）明显的继承性

学习和继承是人类的基本能力。在任何社会实践领域，人类的思想发展都离不开前人成果。在军事领域也是这样。历史上所形成的具有规律性的军事原则、概念和范畴流传下来，能够为后人继承和运用。因而，任何国家和民族及军队的军事思想，都具有明显的继承性特点。

（四）相互的借鉴性

每一种军事思想，都有一定的科学性和客观性，不同的军事思想中都包含着共同的军事规律和原理，因而不同的军事思想之间必然要相互借鉴。另外，不同的军事思想各自具有不同的军事认识论和方法论，反映出不同的军事思想创造主体之间思维方式和方法的差异性，各个不同的军事思想创造主体之间，也需要互相学习其他民族或国家的思维方式和方法，用以弥补自身思维方式和方法的缺陷。因而，军事思想具有很强的借鉴性。

知识链接

伯罗奔尼撒战争

公元前431至公元前404年，古典世界被一场冲突撕扯得四分五裂，那就是伯罗奔尼撒战争。在其历史背景之下，这场战争的戏剧性、决定性和毁灭性可以与20世纪的两次世界大战相提并论。在伯罗奔尼撒战争中，希腊人同室操戈：一方是雅典人，他们拥有辉煌的殖民帝国、民主制与政治权利的丰富传统，以及光辉璀璨的文化成就，是海上霸国；一方是军国主义、寡头统治的斯巴达，在陆上称雄。双方巧施权谋，展开长期的拉锯战，数百个城邦卷入了规模空前的"希腊世界大战"，战火几乎波及当时整个地中海文明世界。正当双方两败俱伤、财尽兵竭之时，虎视眈眈的波斯人借机干涉，波斯帮助斯巴达人击败雅典人，摧毁了盛极一时的雅典海上帝国。

这场战争带来了一个史无前例的残暴时代，一度管束着希腊战争行为的粗糙法则也遭到悍然违背，致使生命和财产受到极大损失，派系斗争和阶级矛盾大大激化，希腊政治向民主制发展的趋势遭到逆转，曾经奠定了希腊文明基础的习惯、体制、信仰和约束无不土崩瓦解。

第二讲　西方兵学　争锋比锐——外国军事思想

一、外国古代军事思想的形成与发展

茫茫书海，上下数千年。在波澜壮阔的军事历史长卷中，人类不断总结战争经验，摸索战争规律，数千年的积累，使得各种军事思想精彩纷呈。与中国古代军事思想发展进程一样，作为人类文明的组成部分，外国古代军事思想亦丰富多彩，充满传奇。

（一）上古奴隶制时代：外国古代军事思想的孕育与形成

从原始社会末期至奴隶社会前期，随着人类早期战争的出现，军队、兵器及军事谋略、军事思想开始产生并初步发展。除中国外，世界上其他古国的军事思想有文献记载的较少，比较零散，目前尚未发现专门的军事文献。但是这些国家和地区出现了颇具才能的政治家、军事家，从这些人物的军事成就和思想中可以反映出这些国家和地区的一些古老军事思想。

公元前8世纪至公元前3世纪，大体是奴隶制社会的发展阶段。这时期军事技术有了长足进步，铜兵器与铁兵器出现此消彼长的趋势；军事制度、军事规模日益扩大并完善；出现了亚述战争、希波战争、波罗奔尼撒战争、亚历山大东征等战争，军事思想也有了较大发展。

公元前3世纪至公元5世纪，奴隶社会开始向封建社会缓慢过渡，世界大多数国家逐渐从各种类型的城邦走向统一的专制帝国。古代罗马、波斯、马其顿、印度等帝国多采用君主专制政体，其军事领导体制也体现着中央集权的原则。这一时期，世界各地战争频繁、规模不断扩大、作战时间明显延长，涌现出一批著名的军事家，军事理论得到了较大的发展，蕴含了丰富的军事思想，最具代表性的当属古罗马。古罗马出现了一批才华横溢的军事家和极富思想精华的军事理论著作，弗龙蒂努斯的《谋略》就是其中的杰出代表。该书是一本以介绍谋略为主旨的学术著作，对帝国后期的军事思想有着巨大的影响。4世纪初，罗马著名军事理论家维该提阿斯所著的《军事概述》一书涉及众多的军事理论，反映了古罗马高度的军事艺术水平。

（二）中世纪君主专政时代：外国古代军事思想的发展和渐趋成熟

公元476年，西罗马帝国雇佣军的日耳曼将军奥多亚克废黜了最后一个皇帝罗慕路斯。这一历史事件不仅标志着古罗马帝国的崩溃，也标志着西欧奴隶社会的消亡和封建社会的开始。从此时到15世纪中叶的近千年间，随着封建制度的建立和发展，世界各国在军制、兵器、作战样式、军事思想等方面都有了较大的发展和变化。军事力量此消彼长，战争连绵不断，逐步形成西方以拜占庭为中心，东方以中国唐、宋王朝

为中心的战争舞台。13世纪初，蒙古军事力量从漠北草原崛起，打破了东西方战争舞台相互隔绝的局面，使当时的世界战略格局发生了很大的变化。火药的发明及火器运用于战争，则引起了军事史上革命性的变化。

5世纪后，欧洲各国先后进入中世纪封建时代，政治、经济的封建割据和宗教神学的禁锢，限制了军事学的发展。这一时期，只有为数不多的一些军事理论著作出现，其中最具代表性的是《将略》和《战术》。

到了封建社会后期，随着火器的发展和中央集权国家的建立，军事开始复兴，军事学也取了一定的成就。马基雅维利的《论战争艺术》就是其中的代表。其军事思想主要包括：强调军队的极端重要性，认为军队是国家主要基础之一；反对依靠外国雇佣军，主张建立自己的军队。他指出，雇佣兵"不可靠"，只认钱，不认人，必须消灭掉。宁可靠自己的军队失败，也不能把希望寄托在雇佣兵身上；强调君主应成为军队的统帅，而且应在军队中有绝对的权威；强调从严治军，加强纪律性，军队必须养成自觉遵守纪律的习惯以提高战斗力。同时，他在书中还对历史上的许多著名战例进行了分析，对一些战略战术的运用提出了独到的见解。在中世纪，欧洲的军事理论著作成果不多，屈指可数。马基雅维利的《论战争艺术》是其中不可多得的军事学术著作，起了承上启下的用。因此，西方学者把马基雅弗利称为现代战略思想之父，恩格斯评价说："马基雅维利是政治家、历史家、诗人，同时又是第一个值得一提的近代军事家。"

这一时期还值得一提的是有关战争法思想的出现。荷兰人格劳秀斯是战争法的奠基人。他曾任荷兰首席监察官，后被捕入狱，1621年越狱逃往法国。1625年，格劳秀斯在巴黎出版了关于战争法学问题的专著——《战争与和平法》一书。他认为，如同一个人要受法的约束一样，国家也受制于一个普通、合理、不变的责任和禁律规则。一个国家不能随意攻击另外一个国家，但如果自身利益受到损害则可以使用武力来捍卫。这部著作奠定了战争法的基础，影响极其深远。

二、拿破仑及其军事思想

拿破仑战争处在18世纪末、19世纪初，正是欧洲封建主义走向崩溃和资本主义开始兴起的历史时代。前半期的拿破仑战争尚且属于反抗欧洲封建政治势力的围攻，后期的拿破仑战争则是一种个人野心的膨胀。

历 史 人 物

拿破仑

拿破仑（1769—1821），即拿破仑·波拿巴，是法国杰出的军事统帅，1804年任法兰西帝国皇帝，称拿破仑一世。1805—1807年，拿破仑指挥法军先后取得乌尔姆之战、奥斯特利茨之战、耶拿－奥尔施塔特之战、弗里德兰之战等会战的胜利，粉碎第三、第四次反法联盟。1807年发动半岛战争，遭到西班牙人民的坚决抵抗。1809年再次击败奥军，粉碎第五次反法联盟，成为欧洲大陆霸主，控制地域从比利牛斯山延伸到涅曼河，从北海延伸到亚得里亚海。但连年征战使法军精锐部队锐减，新兵成分复杂且缺乏训练，战斗力明显下降；其侵略扩张也唤起欧洲各国人民的觉醒与反抗。1812年发动法俄战争，结果60万军队在俄罗斯几乎全军覆没。欧洲随之爆发广泛的反法起义。1813年10月，拿破仑在莱比锡之战中被击败。1814年4月6日退位，被流放到地中海的厄尔巴岛，保留皇帝称号。1815年3月潜回法国，恢复统治，史称"百日王朝"；同年6月在滑铁卢之战中再遭失败，再次退位，被囚禁在大西洋的圣赫勒拿岛，直至去世。

拿破仑·波拿巴

（一）拿破仑的作战原则思想

1. 集中优势兵力，各个击破

集中优势兵力，将敌人各个击破，是法国革命军曾用过而未引起注意的众兵战术，拿破仑运用和发展它，形成一条经典性规则：军事艺术的秘密在于，在必要的地方和必要的时间，使自己的军力超过敌人。马克思在谈拿破仑有两条作战原则时指出："第一，'只做力所能及的事情，只做最有胜利把握的事情'；第二，'主力只用于战争的主要目的——消灭敌人'。"拿破仑自己也说过："欧洲有很多优秀的将军，他们希望一下子就看到很多东西，而我只看一个东西——敌人的兵员，并且力图消灭他们。"毛泽东在谈论历史上强大之军打败仗、弱小之军打胜仗时，也以拿破仑多数战役都是以少击众、以劣势对优势而获胜为例，指出"都是先以自己局部的优势和主动，向敌人局部的劣势和被动，一战而胜，再及其余，各个击破，全局因而转成了优势，转成了主动。"由于拿破仑把作战的主要目标确定为消灭敌人有生力量，因此1805年11月，他对妹夫缪拉不听指挥，迷恋于占领为奥方所弃守的维也纳，而不立即去追击敌军的行为大发雷霆，并痛斥缪拉说："你为了获得首先进入维也纳的虚荣，竟耽误了我两天时间。荣誉仅在那些充满危险的地方才能赢得，进入一座毫无防御的都城有何荣誉可言？"

拿破仑指挥的著名战役和历次反法同盟

历次反法同盟	时间	成员国	拿破仑指挥的著名战役	结果
第一次反法同盟	1793—1797年	英国、奥地利、普鲁士、荷兰	土伦战役、镇压保王党战役、曼图亚战役	法国取得胜利
第二次反法同盟	1798—1801年	俄国、奥地利	马伦哥会战	法国胜利，法奥签订《吕内维尔和约》
第三次反法同盟	1805年	英、俄、奥、普、丹、瑞、土	乌尔姆战役、奥斯特里茨战役	俄、奥战败，签订《普莱斯堡和约》
第四次反法同盟	1806—1807年	英、俄、瑞、普	耶拿战役、艾劳会战、弗里德兰战役	法胜，法、俄、普签订《提尔西特和约》
第五次反法同盟	1809年	英国、奥地利	瓦格拉姆战役	法胜，法、奥签订《维也纳合约》
第六次反法同盟	1813—1814年	俄、普、英、瑞、奥、西班牙、葡萄牙	莱比锡战役	拿破仑兵败被俘，法国与同盟国签订《枫丹白露条约》，拿破仑被囚禁于厄尔巴岛
第七次反法同盟	1815年	英、俄、奥、普	滑铁卢战役	拿破仑再次兵败，被流放到圣赫勒拿岛

2. 注重攻防结合

拿破仑一直注重促使步兵、炮兵和骑兵协调发展，以适应当时的作战特点和新的作战方法。其杰出指挥才能还表现在 1814 年和 1815 年，当处于防御战局中，他仍然敢于进行进攻战，且取得胜利，备受恩格斯的赞扬。恩格斯把这两个卓越的战局，视为完全防御性的战局中进行进攻战和不断攻击的最出色的例子，并指出："在这两个著名的战局中，这位完全为了保卫遭到敌人侵犯的国家而战的统帅，在一切地点一有机会就向敌人进行攻击；虽然整个说来兵力始终比入侵的敌人少得多，但是他每次在攻击地点都能够造成优势，而且通常都获得了胜利。虽然前者以拿破仑被流放到厄尔巴岛而告终，后者以滑铁卢的失败和巴黎的陷落而结束，但这两个战局的不利结局丝毫也不贬低它们在总的意图方面的优点或其中局部行动的意义。"他曾指出，"整个战争的艺术，就是先作合理周密的防御，然后再进行快速、大胆的进攻。"他还注意把进攻和防御作为有机联系的统一体，他说，"防御战并不排斥攻击，攻击战亦不排斥防御"，并认为"从守势战转入攻势战，是一种最微妙的作战动作"。

（二）拿破仑的军队建设思想

1. 完善指挥系统

世界上最早专门实施作战指挥的司令部是拿破仑时期建立的参谋处。拿破仑一生打了几十场战役，到了后期也感到无法统率全军了。1807年，他任命贝蒂埃为自己的参谋长。贝蒂埃对参谋工作颇有研究，曾著有《阿尔卑斯普通参谋业务纲领》一书。贝蒂埃经过一番潜心研究，向拿破仑提出了建立参谋处的设想，得到了拿破仑的支持。1812年，世界上第一个专门辅助统帅实施作战指挥的参谋处产生了，作战指挥较好地适应了当时战争的需要。参谋处有参谋长领导，下设四科。第一科主管军队编制和实力，组织部队移动和检阅，搜集制定军法，处理战俘和逃兵等。第二科主管部队装备、炮兵及工兵业务等。第三科主观侦察，制订作战计划，组织通信联络和军邮等。第四科主管指挥部的内部勤务。随着军队指挥的实施，司令部体制逐渐完善起来。

2. 改革征兵制度

18至19世纪的欧洲兵制改革，实质上是武装力量从私人化向国家化的转变，军队实质上只是君主或领主的个人私兵而已，这个转变是从"征兵制"的启用开始的。真正的革命性变化来自法国大革命，此时王室被推翻，已没有"国王的军队"这个名分，而在反法同盟的围攻下，战争性质转变为"为保卫祖国"而进行的"人民战争"，不再是为了骑士的荣耀，也不是为了赚钱，作为国家公民都有从军义务。这个转变其实很仓促，完全是迫于形势，是在"爱国主义"的精神感召下的自发行为。法国大革命之后，"民族国家"（National State）的理念开始占主导地位，国家的军队成为"人民军队"。总之，从法国大革命到拿破仑时代，军队逐渐完成了向资产阶级军队的演变：在兵役制上，由雇佣兵制为主转向了义务兵役制，基本实现了兵役面前人人平等的资产阶级原则。拿破仑一世改造了法国革命所建立的军队，实行了普遍义务兵役制，建立了由步兵、骑兵和炮兵组成的师和军，并且组建了强大的预备队。

3. 重视选拔和起用优秀军事人才

在战争实践中，拿破仑始终把建设军队的问题摆在重要的位置，并力求建立一支能征善战的强大的资产阶级军队。

"欲治兵者，必先选将"。拿破仑有一句名言："一支由驯鹿统帅的狮军，绝不可能再是狮军。"并由此把将帅的选拔作为建立强大军队的重要条件。

"不想当元帅的士兵不是好士兵。"他曾说，"每个士兵的背囊里都有一根元帅的指挥棍"，提倡人人争当将军和元帅。从1796年意大利战争开始，拿破仑就深刻体会到，决定战争胜负的主要是精神力量，而不是数量："不是部队的数量给军队带来了力量，而是忠诚和豪气给军队增添了斗志。"因此，首先，设法激发官兵的荣誉感，因为勇敢是金钱买不到的，应千方百计地激励官兵能为通常所不理解的理由去牺牲自己的生命；

其次，要不惜以重金实施奖赏。拿破仑尽管说过金钱买不到勇敢的话，但为激励士气，还是不惜花费大量掠夺来的金银财物作为物质奖赏。

4.进行军事立法

拿破仑的军事实践活动中的一个重要特点就是通过立法的形式来规范军队的管理和指挥，把军队建设纳入法治轨道，形成了一定的准则，这就同"朕即国家"下的封建王权的军队有了根本的区别，从而维护和巩固了资产阶级对军队的领导和控制。拿破仑的军事法规主要散见于他制定的具体制度和措施方面，虽然没有呈现出系统，但却具有准则的特点。

拿破仑通过立法程序，在军队内部建立起严格的资产阶级等级制度；通过颁布法令大力创办军校，提高军人的文化教育素质，并把文化教育水平作为晋升的一个重要条件；执政以后，对有关退、残军人的社会立法不断加以补充和完善，形成一套比较完备的法律体系。

拿破仑一生指挥大小会战50多次，赢得35次胜利，被后人评价为"真正的军事艺术的巨匠"，连马克思也称赞他是"伟大军事家"。

三、克劳塞维茨与《战争论》

卡尔·冯·克劳塞维茨（1780—1831）是普鲁士资产阶级著名的军事理论家。其名著《战争论》自1832年问世以来，已再版20多次，各种译本在世界各国广为流传，并被推崇为西方资产阶级军事理论的《圣经》，其本人也被公认为资产阶级军事理论的奠基者。

历史人物

克劳塞维茨

克劳塞维茨

克劳塞维茨1780年6月出生于普鲁士王国马格德堡附近布尔格镇一个小税务官家庭。12岁便投身军旅，在波茨坦的一个步兵团当士官生。1793年，当普鲁士同革命后的法国作战时，他参加了围攻美因兹城的战斗。1795年，普鲁士和法国媾和后，他随部队调至卫戍地诺伊鲁平。此间，他阅读了大量战史书籍和最新出版的军事论著。1801年秋天，克劳塞维茨被选送柏林军官学校深造。在学习中，他不仅潜心钻研军事理论，而且还广涉了数学、逻辑学和历史等学科，尤其爱听当时在柏林很有名望的康德主义者基塞韦特教授的哲学讲演。因成绩优异，深得校长沙恩霍斯特的赏识。1803年毕业后，任奥古斯特亲王的副官。1806年10月，克劳塞维茨随奥古斯特亲王参加对法战争，战败被俘。翌年被释放回国后，参加了普鲁士军事改革工作。1808年秋，克劳塞维茨就任普鲁士军事改革委员会主席办公室主任。1809年秋，进原总参谋部工作。1810年8月29日，晋升为少校，并被任命为柏林军官学校战略学和战术学教官，同时为王太子（即以后的威廉四世）讲授军事课。1812年4月，克劳塞维茨因反对普王威廉三世同拿破仑结盟而辞去普军军职，到俄国参加反抗拿破仑的战争。在俄军中任军参谋长等职，并参加了斯摩棱斯克、博罗季诺等会战，荣获沙皇金质佩剑奖。1813年，任俄、普联合军团参谋长，参加莱比锡之战。次年，重返普鲁士军队。1815年出任布吕歇尔军团第三军参谋长，参加了利尼等会战和进军巴黎行动。

1818年，克劳塞维茨被任命为柏林军官学校校长。同年9月晋升为少将，时年38岁。在任军官学校校长的12年间，他悉心研究了130多个战例，致力于《战争论》的著述。1830年春，调炮兵部门工作。当时《战争论》尚未修订完毕，克劳塞维茨将手稿3000多页分别包封起来，贴上标签，准备以后有机会再作修改。1813年11月16日因患霍乱病逝，终年51岁。克劳塞维茨死后，他的妻子玛丽于1832年至1837年间，陆续整理出版了《卡尔·冯·克劳塞维茨将军关于战争和战争指导遗著》，共分10卷。其中，前3卷为《战争论》，后7卷为战史著作。

《战争论》是克劳塞维茨在总结以往战争特别是拿破仑战争的基础上写成的，全书共3卷8篇124章，第一篇"论战争的性质"，第二篇"论战争理论"，第三篇"战略概论"，第四篇"战斗"，第五篇"军队"，第六篇"防御"，第七篇"进攻"，第八篇"战争计划"。其基本的思想观点如下。

（一）战争是政治的继续

克劳塞维茨认为，在现实战争中，总是存在着某种足以促使作战紧张程度趋向缓和的客观因素。这种客观因素主要表现为三个方面。

第一，战争绝不是孤立的行为。战争不是突然发生的，它的扩大也不是瞬间的事情，相反，它需要一定的准备，它同战前的国家生活密切联系，是由一定时期内各种错综复杂的社会政治关系引起的。

第二，战争不是短促的一击。整个战争是由一系列连续的军事行动组成的，由于交战双方都可以把对方前一行动及其一切现象作为衡量下一行动的尺度，因而军事行动向极端发展的趋向又会得到大大的缓和。

第三，战争的结局也不是绝对的。战败国往往把失败看成是在将来的政治关系中还可以得到补救的暂时的不幸。

通过以上三方面战争客观因素的简要考察，人们就不难发现，现实战争从孕育阶段直至结束，始终存在着一种背离绝对战争形态的那种把力量的使用推向极端的倾向。它主要来自一种不属于绝对战争本性，但又实际存在于一切现实战争之中的重要因素——政治。一方面，不论战争具有什么样的形态，归根到底总是一种政治行为，一种政治表现，总少不了政治所赋予它的属性。另一方面，战争反作用于政治。克劳塞维茨认为，尽管战争是由政治目的引起的，战争必须服从政治目的的支配，但政治目的并不"因此就可以任意地决定一切，它必须适应手段的性质"。因为战争虽然是一种政治交往，但它又是一种与人类其他政治交往不同的活动方式，"是政治交往的继续，是政治交往通过另一种手段的实现"。

克劳塞维茨通过上述战争与政治关系的辩证探讨，从根本上否定了长期以来把战争描绘成脱离社会政治而独立存在的错误观点，基本正确而又全面深刻地揭示了战争的政治本质。

（二）战争的目的就是消灭敌人

克劳塞维茨既认为政治意图是目的，战争是手段，同时又认为战争的政治目的不能任意地决定一切，而必须适应手段的性质，并由此探讨了战争自身所要达到的目的，亦即战争的目标。

克劳塞维茨认为，要确有把握地达到战争的政治目的，就必须使敌人无力抵抗。也就是说，战争的目的必然始终而且只能是打垮敌人，也就是使敌人无力抵抗。按照克劳塞维茨的看法，打垮敌人这个抽象的战争目的，包括三个要素：一是消灭敌人的军队；二是占领敌人的国土；三是征服敌人的意志。因为抵抗力量是由军队、领土和意志组成的，所以不摧毁这三个要素，则不可能将敌人打垮。在三个要素中，首先应消灭敌人的军队，然后占领敌人的国土，最后迫使敌人媾和。但这个顺序并不是绝对的，因为这三个要素往往是相互影响的。

在论述战争目的的过程中，克劳塞维茨突出强调了消灭敌人军队在战争中的地位和作用。关于消灭敌人军队的含义，他除在打垮敌人的意义上理解外，还包括以下两层意思：一是消灭敌人军队，并不是仅仅指消灭敌人的物质力量，而且包括摧毁敌人的精神力量；二是消灭敌人军队，主要是指敌我双方在"相互杀伤和破坏过程中直接取得的利益"。克劳塞维茨还曾对消灭敌人军队和保存自己军队的关系作了精辟的阐述，他写道："消灭敌人军队和保存自己军队这两种企图是相辅相成的，因为它们是相互影响的，它们是同一意图的不可缺少的两个方面。"

（三）人民战争是战争整个发酵过程的扩大和加强

克劳塞维茨对人民战争一贯持赞成态度，并对人民战争的地位和作用做了充分的肯定。

首先，人民战争是不容忽视的战争现象。他认为："一般说来，人民战争应该看作是战争要素在我们这个时代突破了过去人为的限制的结果，看作是我们称之为战争的整个发酵过程的扩大和加强。民心和民意是国家力量、军事力量和作战力量中一个极为重要的因素，精神力量只有在人民战争中才能充分发挥出效果。"

其次，民众武装不宜凝结成反抗的核心，但必要时可作相对的集中。民众武装在兵力使用上，不适于通过对敌人进行时间上和空间上集中的重大打击来发挥效果，应采取分散抵抗的方式。

再次，民众武装的作战应与正规军的作战结合起来。为使民众武装具有对敌形成较大威胁的力量，"必须考虑使民众武装的作战同正规军的作战结合起来，并通过一个总的计划使二者相互协调起来"。其中，最简单的方法，就是派一些正规军组成的小部队去支援民众武装。也就是说，"民众武装必须结合成更大的、更有组织的整体，并配以少数正规军，这样，民众武装就会具有正规军的形式，敢于采取较大规模的军事行动"。

最后，人民战争只是战略防御手段，不能用于战术防御。民众武装行动虽非常猛烈，但不够持久，不能遭受伤亡惨重、被俘很多等致命的打击。因此，应使民众武装在力所能及的范围内，防守山地的入口、沼泽的堤道、江河的渡口等，而不应让他们进行决定性的防御战斗。

（四）战略包括精神、物质、数学、地理、统计五大要素

精神要素指精神力量及其在军事行动中的作用。物质要素指军队的数量、编成、各兵种的比例等。数学要素指战线构成的角度、向心运动和离心运动等。地理要素指制高点、山脉、江河、森林、道路等地形的影响。统计要素指一切补给手段等。克劳塞维茨认为，"这些要素在军事行动中大多数是错综复杂并紧密结合在一起的"，其中精神要素占据首位，影响战争的各个方面，贯串于战争始终。"物质的原因和结果不过是刀柄，精神的原因和结果才是贵重的金属，才是真正锋利的刀刃。"

（五）战略上最重要而又最简单的准则是集中兵力

克劳塞维茨认为，数量上的优势在战略战术上都是最普遍的制胜因素。虽然在实际作战时，通常不可能处处形成优势，但必须在决定点上通过巧妙调遣部队，造成相对优势。一切军事行动或多或少都以出其不意为基础，才能取得优势地位，使敌人陷入混乱，丧失勇气，从而成倍地扩大胜利的影响。战略上最重要而又最简单的准则是

集中优势兵力。用于某一战略目的的现有兵力应同时使用，把一切兵力集中用于一次行动和一个时刻最好。会战是战争的真正重心，由几个战斗所形成的大规模会战能有效地消灭敌军，所取得的成果最大，故高级将领应当重视这种双方主力之间的战争，视其为挫败敌国交战意志的重要手段。

（六）要积极向战史学习

克劳塞维茨认为，战争理论是成长于战争经验土壤里的果实。战史是最好的、最有权威、最能说服人的教师。战争理论和原则的提出，应当在研究战史的基础上进行。当然，战争理论也要随着时代和军队的变化而变化，要适应特定国家的需要，具有时代的特点。

克劳塞维茨的《战争论》被誉为西方近代军事理论的经典之作，对近代西方军事思想的形成和发展起了重大作用。克劳塞维茨本人也因此被视为西方近代军事理论的鼻祖。

四、马汉与"海权论"

马汉（1840—1914）是美国著名的海军理论家。他于19世纪80年代提出的"海权论"，对以后世界各国海军的建设和发展产生了重要影响。

1885—1889年，马汉在海军学院任教和担任院长期间，对海战艺术的研究倾注了极大的热情，达到了理论创作的高峰。他一边广泛阅读海上战争的历史资料，一边刻苦地备课，最后撰写成了《海战史》和《舰队战术》讲稿。离开海军学院后，马汉立即对这些讲稿进行系统的整理和补充，从而写成了《海权对历史的影响》这部轰动世界的著作。

马汉在《海权对历史的影响》中所确立的"海权论"，是一种阐明凭借海上实力及其控制海洋的能力以达到控制世界的一种理论。为了使这一理论建立在坚如磐石的根基之上，马汉非常有远见地将海洋对于人类社会生存具有巨大的作用作为"海权论"的立论基础。他认为，海洋对于人类社会发展的巨大价值，就在于它为人类社会提供巨大的交通作用。人类不能孤立地居住和生存，相互间总要进行包括经济、政治、文化、军事等方面的交往与沟通，正是有了这种联系，人类社会才不断地向前发展。

马汉认为，财富是国家生命活力、物质和思想的具体体现，而人类社会发展到海外贸易和一个国家财富与权力有着如此密切关系的阶段，海洋就不可避免地要成为那些渴望获得财富与权力的国家之间进行竞争、冲突的主要领域。没有一个国家和民族会眼看着自己的海域和河岸被夺走，谁想获取财富与权力，谁想跻身于世界大国之林，谁就必须控制海洋。

根据上述思路，马汉进一步剖析了国家建立和发展海权的意义。马汉认为，建立强大海权的根本目的是控制海洋。的确，在马汉所处的时代，海洋不仅是世界各国进行海外贸易的唯一通道，也是资本主义国家对殖民地进行侵略和掠夺的主要途径，还是海洋强国之间展开角逐、争夺世界霸权的重要场所。

从经济上看，通过建立和发展强大的海权能促进国家经济的繁荣和财富的迅速积累。从军事上看，国家建立了强大的海权，就能够夺取海洋战区的制海权并打赢海上战争。从政治外交上看，强大的海权对于维护国家的国际政治地位至关重要。

马汉在得出了海权对历史具有决定性的影响这一"伟大的结论"之后，并没有停止他的研究工作，他又发现六个直接影响和制约国家建立和发展强大的海权条件：

第一，地理位置。马汉认为，地理位置是影响一个国家建立和发展海权的首要条件，其重要性是因为这一条件是历史形成的，不以人的意志为转移。具体来说，有利于建立和发展海权的地理条件是：（1）要能很方便地进入海洋。内陆国家无法建立海权，而海岸线短或出海口被他国所控制的国家也难以建立海权。（2）该地理位置要具有控制重要国际海上航线的态势。

第二，自然形态。马汉发现，一个国家领土的自然形态在很大程度上决定着其追求海权的意向和动力。特别是海岸线的特点和形状，决定了一国向海洋发展的难易程度。如果一个国家拥有漫长而曲折的海岸线，有便利的通向海洋的能力，有许多良好的港口，有深入内地农业地区的大河，就意味着国家有发展海权的潜力。马汉说，这样的国家与民族对海洋有一种天赋的爱。相反，国家的海岸线既短又平直，还缺少良港，就会成为制约国家发展海权的因素。

第三，领土范围。马汉指出，国家发展海权必须要有一定面积的领土作为依托，但领土面积也并非越大越好。如与英国相比，法国的领土面积超过英国，但在海权方面，则大大落后于英国。可见，问题的关键在于其领土的大小要与国家人口的数量、资源及其分布等状况相称。一国的领土辽阔、港湾纵横交错、海岸线漫长，这些固然是发展海权的有利条件，但如果这些条件不与国家的资源、人口等因素协调发展，那反过来还可能成为制约国家发展海权的不利因素。

第四，人口数量。马汉认为，对于发展海权来说，人口数量的多少与领土面积大小一样，并非越多越好。如与法国相比，英国人口虽少，但在海权方面却大大超过法国。问题的关键在于人口的特点，而不在于数量。尤其是一个国家中直接与间接从事与海洋活动有关的人口数量与总人口的比例大小，对于发展海权至关重要。

第五，民族特点。马汉强调，民族特点对于国家发展海权的影响也十分重要。在民族特点中，最重要的是一个民族进行海外贸易的愿望和进行商品生产的能力这两个方面，用西方的话来说，就是要"爱财"，追求与国外有利可图的一切贸易往来。马汉说，这两个方面共同构成了发展海权的最重要的民族特点。具备这一特点，再加上有良好的海岸条件，那么，任何艰难险阻都不能阻挡一国人民通过发展海权和进行海外贸易去追求财富与权力。总之，一个民族应当形成一个普遍经商的观念和敢于通过海洋到海外创业的精神，才能具备发展海权最重要的条件。

第六，政府性质。马汉指出，在具备了前五项条件后，政府的性质就对国家建立和发展海权起着决定性的作用。一个国家的政府具有战略眼光，十分明智地将发展海权看作是关系到国家兴衰的大事，就能促进海权的建设。政府掌握了发展海权所需要的经费和资源，就控制了海权建设的速度、规模和质量，以及战时扩充海军的能力。

马汉通过对海战史的系统研究，除了确立了上述涉及国家战略的海权理论之外，还全面地总结了自17世纪中期至18世纪末历次海上作战的经验，从中概括出了海上作战的若干原则，即海军战略理论。在总结中，马汉一方面充分吸取了以拿破仑、克劳塞维茨、若米尼等为代表的近代资产阶级军事理论及其方法论的遗产，对他们以陆战为基础的军事理论作了适用于海战的移植改造，并着重分析了海战与陆战的相同点与不同点；另一方面又借鉴了英国海军理论家科洛姆、科比特等人的研究成果，对帆船时代的海战做了大量的剖析，从中找出了他认为完全适用于未来铁甲蒸汽船时代的海上作战原则。这些研究成果形成了马汉海军战略理论的雏形，为他后来正式确立海军战略理论奠定了基础。

知识链接

两河流域军事思想

这一时期两河流域军事思想的代表人物为萨尔贡一世和汉谟拉比。萨尔贡一世在世界军事史上最大的贡献是建立了世界上最早的常备军，他非常注重培养常备军在近战中的勇敢精神。汉谟拉比是上古帝王中卓越的政治家、军事家，他通过35年的征战，建立了强大的巴比伦帝国。汉谟拉比善于审时度势，充分利用各种矛盾，军事压力与外交手段并用，把众多敌人各个击败，迫使周边强邻相继臣服。汉谟拉比还建立了不同以往、独具特色的"寓兵于农"的常备军。为了使军队绝对效忠国家，汉谟拉比发给每个士兵一份服役份地及房屋牲畜，条件是这些士兵必须随时应召随国王出征，不允许顶替，否则处死。这样汉谟拉比不仅建立了一支强大的随时可以出征的常备军，避免了公民兵制中公民不愿应征或找人顶替的弊病，而且节约了军费，进一步加强了农业，发展了经济。"寓兵于农"的政策是汉谟拉比的伟大创举，充分体现了他将军事活动与社会经济发展通盘考虑的全局性战略思想。

第三讲　源远流长　博大精深——中国古代军事思想

> 夫未战而庙算胜者，得算多也；未战而庙算不胜者，得算少也。
> 多算胜，少算不胜，而况于无算乎？吾以此观之，胜负见矣。
>
> ——孙武

一、军事思想的基本概念

军事思想是关于战争、军队和国防基本问题的理性认识，是人们长期从事军事实践的经验总结和理论概括。军事思想来源于人类的军事实践，同时又给人类的军事实践以理论指导，并在军事实践中接受检验，它随着战争和军事实践的发展而发展。军事思想具有以下特征：一是具有鲜明的阶级性。阶级性是军事思想的本质属性。军事思想来源于社会实践，在阶级社会中，人们为了各自阶级的利益，所奉行和推崇的军事思想，必然要反映各个阶级对战争和军队建设的认识和立场。因此，不同阶级、国家或政治集团必然有不同的军事思想。二是具有强烈的时代性。军事思想是一个历史范畴。军事思想来源于战争实践，不同历史时期的战争有着不同的形态和战略战术，有着不同的军队组织原则和编制。军事思想随着人类社会的发展而不断演变。时代环境的改变，会使军事思想的内容发生根本性的改变。三是具有丰富的实践性。任何军事思想都是对战争实践的经验总结和升华。军事思想由军事实践产生，受军事实践的检验，随着军事实践的发展而发展。四是具有明显的继承性。军事理论的继承和发展都离不开对以往军事思想的扬弃，是人们对以往军事实践认识成果中正确理论的继承和发展。

二、中国古代军事思想的演变

一般认为，我国古代军事思想初步形成于夏商周时期，春秋战国时期趋于成熟，秦至五代得到丰富和发展，宋至清前期进入系统化、体系化阶段。

公元前21世纪至公元前8世纪，即夏商周时期，中国古代出现了军队和真正意义上的战争，军事思想开始萌芽并逐渐成为专门学科，出现了专门的军事文献《军政》《军志》，虽已失传，但这是我国古代军事思想产生的重要标志。

公元前8世纪初到公元前3世纪，即春秋战国时期，是我国古代从奴隶制向社会封建制社会的过渡时期，也是政治、经济、文化和科技大发展的历史阶段。在这一时期，社会大变革和频繁的战争使军事理论和实践得到了新的发展，许多代表新兴地主阶级的军事家和兵书著作不断涌现，从战争论、治兵论、用兵论及研究战争的方法论等方面，全面奠定了我国古代军事思想的基础，标示着我国古代军事思想已基本成熟。现存最早、影响最大的《军事著作》就是春秋末期孙武所著的《孙子兵法》，其他影响较大的兵书还有《吴子》《司马法》《孙膑兵法》《尉缭子》《六韬》等著作。

公元前3世纪初至公元10世纪中叶，是中国封建社会发展的上升阶段。这期间主要经历了秦、汉、晋、隋、唐等几个大的统一封建王朝，虽然也有过短暂的分裂，但总的趋势是统一与发展。其中汉、唐两代是中国封建社会发展的盛世。这一时期的军事思想，是对先秦军事思想的全面继承，并结合时代特点有进一步的丰富和发展，是中国古代军事思想史上承前启后的历史阶段。这一时期比较有代表性的兵书有《黄石公三略》《李卫公问对》《淮南子》《太白阴经》《长短经》《隆中对》等。

从公元960年到1840年，历经宋、元、明、清（前期）四个朝代。这一时期，中国封建社会已进入阶级矛盾激化、统治阶级内部矛盾深化的时期。当政者为了维护其统治，确立武学在整个社会的正统地位，开办武学，设立武举，发展军事教育。据《中国兵书总目》统计，这一时期兵书共计1 815种，占中国古代兵书的3/4，涵盖了军事思想的方方面面，形成了比较系统的军事思想体系。武学开始纳入国家教育体系。宋神宗时期，把《孙子兵法》《六韬》《三略》《尉缭子》《司马法》《李卫公问对》《吴子兵法》等七部兵书作为武学必修课程，统称《武经七书》。军事思想研究向体系化发展，出现了第一部军制史专著《历代兵制》、第一部名将传记《百将传》、第一部专门军事类书《武经总要》和第一部军事地理学专著《读史方舆纪要》等。

名人故事

晚清名将——曾国藩

曾国藩

曾国藩（1811-1872），字伯涵，号涤生，湖南湘乡白杨坪（今属双峰）人。他早年热衷于追求功名，1838年中进士，入翰林院。此后十多年间，他究心于诗古文辞、宗明理学，成为一名正统的封建理学家，有"儒臣第一流""一代儒宗"之称。1853年初，太平军向湖南进军，咸丰帝命令吏部左侍郎曾国藩"帮同办理本省团练乡民搜查土匪诸事务"。曾国藩从此弃文就武，从办团练开始，募陆军、水师，创立湘军。1853年，曾国藩在湘潭发表反革命宣言书《讨粤匪檄》，督师东下。4月初，太平军在岳州大破湘军陆师，接着，又在靖港重创曾国藩所率水师，曾国藩悲愤投水，被左右救出。适逢湘军将领塔齐布在湘潭战场获胜，太平军被迫退出湖南，曾国藩的湘军才转为优势。同年8月以后，湘军相继攻陷岳州、武昌、汉阳，并在田家镇击败太平军水师，曾国藩从此控制了长江上游。1855年2月，太平军反攻，湘军水师在湖口惨败，曾国藩再次投水，被左右救出，后率残部困守南昌。次年秋，乘太平天国天京变乱之际，重新聚集兵力，发动反攻，再次占领武汉、九江、安庆等地。1860年，升任两江总督。次年，节制浙、苏、赣、皖四省军务，分兵三路同时攻取浙江，支援上海，围困天京。1864年7月攻陷天京，曾国藩受封一等侯爵，加太子太保。1865年调任钦差大臣，对捻军作战，因屡战屡败，遂自请开缺留营。后任直隶总督，又调两江总督。1872年62岁时死于南京。著作辑为《曾文正公全集》。曾国藩一生活动，可分为两个时期：1811年至1852年为前期，主要从事科举、研究学问；1853年至1872年为后期，这一时期的活动，使他成为近代军事史上影响广泛而深远的风云人物。著名的护国军将领蔡锷认为：他的"事功言论，足与古今中外名将相颉颃而毫无逊色"。可见，曾国藩在近代史上占有重要的位置，值得研究和重视。

三、中国古代军事思想的主要内容

中国古代军事思想博大精深，内容繁多，可以从战争论、战备论、治军论、用兵论和将帅论五个方面概括。

（一）战争论

1. 战争本质观

战争本质观是古人对战争究竟是何物，它起源于什么时候，引起战争的动因是什么等问题的总体性的认识。关于战争本质的观点主要有：兵者，凶器也，战者危事；兵者，国之大事也；兵者，诡道也；兵者，文武也；兵者，权也；兵者，刑也；兵者，拨乱之神物也；兵者，礼义忠信。关于战争起源的观点主要有："与民皆生论"，这种观点认为战争是同人类与时俱来的，有了人类时就有了战争，战争的根源在于人的本性，起源于"生存竞争"，起源于人类的本能；"太古无兵论"，这种观点认为，战争并不是自有人类以来就有的，战争是人类发展到一定历史阶段的产物。关于战争起因的观点主要有："天命论""本性论""人口论"。"天命论"主要是奴隶社会的观点，认为战争是"皇天降灾""天讨有罪"，发动战争是为了"奉行天之罚"；"本性论"认为"人生而有欲"，如果欲望不能满足，则必然引起战争；"人口论"认为，古时候人少、财物多，所以没有争斗和战争，后来人口不断增多，社会财富相对减少，人们为了争夺生存条件就发生了战争。

2. 战争和平观

战争和平观即古人关于战争与和平的认识，关于战争性质、对待战争的态度。关于战争与和平的认识主要有：安不忘战，忘战必危；兵凶战危，好战必亡。关于战争性质的认识：古人很早就已经认识到战争有"义"与"不义"之分。明太祖在《谕将帅》里明确提出，"发兵为诛暴，诛暴为保民"。"诛暴保民"论是从民众大多数利益作为出发点，坚持以民众多数利益作为判断正义与非正义的标准，具有普遍性的意义。关于对待战争的态度主要有：偃兵废武论、穷兵黩武论、义兵慎战论。"偃兵废武"论是一种"忘战"的理论，这种观点认为兵是凶器，争是逆德，因而主张"去武行文""偃武修文"；"穷兵黩武"论是一种"好战"的理论，这种理论的信奉者将战争带来的好处推向极端，他们只见战争的"利"而看不见战争的"害"；"义兵慎战"论认为，战争并不是绝对的坏事，对战争要具体分析，明确表明要支持正义战争，反对非正义战争。

3. 战争经济观

战争经济观即关于战争与经济关系的认识。首先，战争依赖经济。战争无不受经济条件的制约，孙子以形象、直观的语言表达为"兴师十万，日费千金"。其次，经济是基础。经济是进行战争的基础，《孙膑兵法》明确指出："富国"是"强兵之急"，认为富国才是强兵之根本。最后，重视经济斗争。古人揭示了经济对军事的基础作用和战争对经济的依赖关系，因此在战争指导上不仅重视军事实力的较量，而且重视经济斗争，以经济实力的消长，转换敌我态势，最后战胜敌人，这就是古人所谓的"以战养战，战胜而益强"。

4. 战争政治观

战争政治观即关于战争与政治的关系方面的认识，提出了军事从属于政治，文事武备不能偏废，重士爱民是胜利的基础等一些基本观点。如《淮南子》继承了先秦诸子的思想，精辟地指出："兵之胜败，本在于政。"以"政"表述政治，概念更加明确，而且高度概括了中国古代军事思想中关于政治是战争胜负的决定性因素这一根本观点。中国古代把文、武称为左辅右弼，作为治国的两大支柱。如孔子讲："有文事者，必有武备；有武事者，必有文备"，强调搞政治斗争，必须有军事作为后盾；搞军事斗争，必须以政治为基础。

（二）战备论

1. 战备的内容

从我国古代兵学典籍中可以看出，战备工作的主要内容：一是政治上备战。古人认为一个国家的战守存亡，政治状况如何，具有决定性意义，因此古人主张战备工作首先要从政治开始。二是经济上备战。国富才能强兵，国贫必然兵弱，因此兵家都把"富国"提到战略地位上来考虑，强调国家要大力发展生产，做到国富民殷。三是思想上备战。《吴子》指出："安国之道，先戒为宝"，反映了中国古代兵家历来十分重视思想上的战备工作。四是军事上备战。一个国家要在战争中取胜，非建立一支强大的军队，有一个巩固的国防不可，因此军事上搞好战备就成了战备的核心。五是外交上备战。外交活动，可以说是战争爆发前的政治前哨战。在战争过程中，外交活动也是一种重要的斗争形式和手段。故孙武强调"上兵伐谋，其次伐交"。

2. 战备的基本原则

古代兵家提出的关于战备的基本原则，主要内容有：一是超前性原则。强调立足现实，见微知著，能未雨绸缪，防患于未然，超前做好准备。二是超盖性原则。我国古代的军事家、政治家认为战备的最高标准和目标，就是在政治、经济、军事、技术等有关决定战争胜负的诸因素方面，相对于敌人来说都要占有绝对优势，全面地超过敌人，盖过敌人。三是相称性原则。强调战备规模与水平必须同国力相适应。四是求己性原则。即要取得战争胜利，不能靠别人，只能依靠自己加强战争准备。五是隐蔽性原则。强调要注意备战的隐蔽性，主要形式有"寓兵于政""寓兵于农""寓兵于刑""寓兵于乐"等。六是平战结合原则。把战争行动同平时的生产活动相结合，军队一边生产，一边保卫边界安全，既是战斗队、又是生产队，"耕战并重"，平战结合。七是整体性原则。强调战备必须从各个方面同时进行，全面地进行备战。

（三）治军论

1. 国以军为辅

自从有国家出现以后，任何一个政权的建立和巩固，都要依靠军队，古人很早就认识到军队是国家政权的主要组成部分，是维护国家统治的工具。因此，古代军事思想中形成了国以军为辅，辅强则国安的传统重要军事思想。

2. 军以民为本

军队来自人民群众，群众是军队的力量源泉和靠山。这种认识，无论是古代还是当代，都是一脉相承、完全相同的。

3. 凡兵，制必先定

古人从战争实践过程中，从军队建设实践中认识到，健全军制是治军的一个重要问题。早在春秋末期，孙武就指出："凡治众如治寡，分数是也。"即是讲治理军队靠的是组织编制。

4. 凡胜，备必先具

古人从战争实践中认识到，武器是战争的重要物质力量，

中国古代骑兵

特别是一些新兵器的出现，对战争往往产生重大的影响，因此古人治军非常强调武器的生产及改进提高。戚继光的《纪效新书》中明确指出："有精器而无精兵以用之，是谓徒费；有精兵而无精器，是谓徒强。"这是古人对人和武器关系最古朴的认识，已反映出"精兵"与"利器"不可偏废的思想。

5. 兵不在众，以治为胜

战争是力量的竞赛，强者战胜弱者，这是不言而喻的。然而力量强弱不完全取决于军队数量多少，还取决于质量。古人是通过加强教育训练、加强道德教育、严明法令等手段来达到治军目的的。

（四）用兵论

1. 用兵之道，先谋为本

用兵之道，先谋为本。这是一个千古不变的军事规律。几千年来，中国历代兵家将这个原则作为自己的优良思想传统，如《孙子兵法》开篇就强调"庙算"，《鹖冠子》中强调"备必预具，虑必先定"，诸葛亮强调"夫用兵之道，先定其谋"，岳飞讲"勇不足恃，用兵在先定谋"，等等，这些都反映出古人用兵注重先定谋略的特点。

2. 先胜而后求战

古人非常强调在了解彼此双方情况的基础之上，做好充分准备工作，有胜利的把握才去和敌人交战，从而把胜利的可能变成现实。"先胜而后求战"的用兵思想，包含了先为不可胜、胸有成算、预揣必然测知胜负、谋势造势创造先胜态势等四个方面的内涵。

3. 兵之情主速

进攻速胜是古今中外兵家用兵的共同法则，也是中国古代兵家用兵的一个鲜明特点。孙武指出："兵贵胜，不贵久""久则顿兵挫锐，屈力殚货""兵闻拙速，未睹巧之久也。"《兵晶三十六字·迅》强调："时不再来，机不可失，则速攻之，速围之，速逐之，速持之，靡有不胜。"

4. 致人而不致于人

在战争指导上，古代兵家认识到战争主动权的重要性，强调要能调动和左右敌人，而不被敌人调动和左右。孙武子提出"致人而不致于人"的重要原则，《太白阴经》强调："道贵制人，而不贵制于人；制人者握权，制于人者遵命也。"李靖说"千章万句，不出乎致人而不致于人"，把战争主动权看成是最重要最核心的内容。

5. 因机立胜

所谓因机立胜，是指要根据战争多变的客观实际，制定和运用主观指导原则，要按照不断变化的情况，适时地捕捉战机，正确使用兵力和灵活地变换战法。孙子强调："兵形象水，水因地而制流，兵因敌而制胜。"岳飞也讲："运用之妙，存乎一心。"

6. 攻是守之机，守是攻之策

用兵打仗不外乎进攻和防御两种基本类型。古代兵家非常重视进攻，如《尉缭子》中认为，"权先加人者，兵不力交；武先加人者，敌无威接"，即认为进攻是兵家之上策。但是古代兵家也不轻视防御。如《草庐经略》中强调："既以守以待攻，复以战而乘敝。"

7. 激人之心，励士之气

战争胜负，取决于物质因素，同时也取决于精神因素。《太白阴经》指出："激人之心，励士之气"，即所谓的治心治气。《淮南子》提出"良将之用卒也，同其心，一其力"，也是讲在战争中要激发军心士气，充分发扬战斗意志、牺牲精神和胜利信心的作用。

（五）将帅论

1. 将帅的地位作用

首先，古人认为"将者，国家安危之主也"，充分肯定了将帅在战争中的重要作用。如古人认为"将者，心也"，在军队这一有机系统中，将帅好比一个人的"心"，士兵好比人的"四肢身体"。"心""体"相连，不能分割，但又相互区别，相互制约。但将帅处于"心"的地位，是军队的大脑和指挥中心，所以在战争中起着关键性作用。其次，古人认为"将者，成败之所系也"，高度强调了将帅的地位。如《孙子兵法》中指出："知兵之将，民之司命，国家安危之主也。"《吴子兵法》的《论将》中也指出："夫总文武者，军之将也。兼刚柔者，兵之事也……得之国强，去之国亡，是谓良将。"

2. 将帅应具备的条件

由于战争本身的特殊性，将帅在战争中所处的关键位置，战争的胜负直接关系到国家的生存。因此，历代兵家都十分重视研究将帅应具备的条件，从各个不同的角度提出了要求和标准。《孙子兵法》开篇就提出将帅必须具备的五个条件："将者，智、信、仁、勇、严也"，后人把它称为"五德"。《吴子》对将帅的条件概括成"总文武""兼刚柔"，要求将帅应文武全才，智勇足备，并具体地提出将帅必须具备"五慎"：理、备、果、戒、约，"四德"：威、德、仁、勇。

3. 将帅选拔任用

将帅选拔任用主要有以下原则：一是全面性原则。司马光等人主张"才者，德之资也；德者，才之帅也"，强调在选将时要德才兼备，以德为先。二是实践性原则。历代兵家在任用将帅上，都强调要坚持实践性原则，一定要选拔有实践经验、有实际指挥才能的人担任将帅。三是优化性原则。坚持人才使用上用其所长，不用其短，量才而用，优化组合。《鬼谷子·权篇》指出："智者不用其所短，而用愚人之所长；不用其所拙，而用愚人之所工。"四是专任性原则。强调对经过考验确信其忠诚和具备统兵作战能力的人才要大胆使用，并赋予机断指挥的全权，不能轻易地从中过多地干预其行使权力。《孙子兵法》强调"将能而君不御者胜"。五是开放性原则。政治家和兵家都提出"不论贵贱，唯才是举""不论亲疏，唯能是用"，甚至打破国家界限，"不拘一国，唯才是用"。六是辩证性原则。《吕氏春秋》指出："以人之小恶，亡人之大美，此人主之所以失天下之士也已。"《汉书·陈汤传》中也强调："论大功者不录小过，举大美者不疵细瑕。"

延伸阅读

兵学经典——《孙子兵法》

孙子

孙武和孙子兵法

《孙子兵法》亦称《孙子》《吴孙子兵法》《孙武兵法》，春秋末孙武作，是我国古代的军事名著，是我国现有最早的兵书，今存13篇《计》《作战》《谋攻》《形》《势》《虚实》《军争》《九变》《行军》《地形》《九地》《火攻》《用间》。《孙子兵法》的13篇可分为3个部分：第一部分由《计》《作战》《谋攻》《形》《势》《虚实》组成，侧重论述了军事学的基础理论和战略问题，强调战略速决和伐谋取胜，还包括对战争总计、实力计算和威慑力量的深刻认识；第二部分由《军争》《九变》《行军》《地形》《九地》组成，侧重论述了运动战术和地形地貌与军队配置、攻防战术和胜败关系；第三部分由《火攻》《用间》组成，侧重论述了战争中两个具有特殊性的问题。

《孙子兵法》是我国和世界军事史上现存最早的、最有价值的、最有影响力的军事理论专著，被中外称为"世界古代第一兵书""百世兵家之师"。其军事思想丰富而深邃，最早涉及战争全局问题，一定程度上反映了战争的本质属性，认为"兵者，国之大事"，战争胜负不取决于鬼神，而是由政治、经济、天时地利、人事等多种因素所决定，尤其重视"民"对战争的态度，主张修明政治，于民以利，用亩大而税轻的办法以争取民心；提出"先胜而后求战""不战而屈人之兵"的战争指导思想。在中国和世界军事史上，首次概括出"知己知彼，百战不殆"这一普遍军事规律。注重全面分析敌我、众寡、强弱、虚实、攻守、进退、奇正等矛盾双方，总结出"以正合，以奇胜""攻其无备，出其不意""因敌而制胜"等若干至今仍有研究价值的作战指导原则。从政治范畴提出了以"道"为首的战争制胜论思想。

《孙子兵法》贯串了对军事哲理的探索，反映了较丰富的朴素唯物论和辩证法思想。它所提出的深刻的谋略理论，成为中国传统的军事思想，对后世影响很大。它那众多脍炙人口的名篇警句，使《孙子兵法》成为世人公认的"兵学经典"，为中国古代军事学定了基础，在中外军事学术史上占有显赫的重要地位，两千多年来对后世产生了广泛而深刻的影响。

第四讲　建军之魂　立军之本——毛泽东军事思想

不打无准备之仗，不打无把握之仗，每战都应力求有准备，力求在敌我条件对比下有胜利的把握。

——毛泽东

一、毛泽东军事思想的科学含义

毛泽东思想的形成与发展

毛泽东军事思想是我军的建军之魂、立军之本、制胜之道，是我国国防和军队建设的根本指导思想。可以从以下四个方面理解毛泽东军事思想的科学含义。

（一）毛泽东军事思想是马列主义的基本原理与中国革命战争具体实践相结合的产物

马克思指出，无产阶级要取得革命的胜利，只能走武装斗争的道路。列宁实践了马克思的理论，并发展为无产阶级革命，在一个资产阶级统治比较薄弱的国家中首先取得胜利。然而，中国的实际情况与俄国不一样，中国是一个以农民为主体的半封建半殖民地的国家，中国无产阶级如何组织军队，如何进行革命战争，在马列主义著作中找不到现成答案。毛泽东继承和发展了马列主义军事思想，创造性地应用马列主义原理，结合中国半封建半殖民地社会的特点，积极开展武装斗争，以农村包围城市，最后夺取政权，并获得成功。

（二）毛泽东军事思想是中国人民革命战争和国防建设实践经验的总结

中国长期革命战争的实践是毛泽东军事思想赖以产生和发展的源泉和基础。中国共产党在领导人民进行新民主主义革命时，经历了国共合作的北伐战争，独立领导了土地革命、抗日战争、解放战争。新中国成立后，又进行了抗美援朝战争、中印、中苏、中越边界自卫反击战。毛泽东军事思想就是中国革命战争和国防建设实践经验的科学总结，并从中总结经验使之上升为理论，又用此理论指导实践，不断丰富和发展理论，如此循环往复逐步完善，成为科学体系。

（三）毛泽东军事思想是中国共产党集体智慧的结晶

扎西会议 博古交权

中国革命战争是由若干个互不相连的地区发展起来的。从土地革命时期的"红色割据"区域，发展到抗日战争的各抗日根据地，再发展到解放战争时期的各解放区，在很长时间都被分割成各自独立的状态。在这种环境中，各根据地独立地进行斗争，并造就了一批独当一面的领袖人物。他们对毛泽东军事思想都进行了深刻的阐述和必要的补充。遵义会议，确定了毛泽东在全党的领导地位。毛泽东提出的许多有关党的路线、方针、政策和其他重大决策，都经过了党中央的集体讨论，凝聚了党中央的集体智慧。毛泽东在长达半个世纪的革命活动中，总结并撰写了大批的军事著作，对我党的军事理论做了最集中、最深刻的概括。以毛泽东的名字命名的我党的军事理论，称为毛泽东军事思想，是完全符合历史实际的，也是当之无愧的。

（四）毛泽东军事思想是毛泽东思想的重要组成部分

毛泽东思想的科学体系

毛泽东思想是以毛泽东为代表的中国共产党人将马克思列宁主义普遍原理和中国革命具体实践相结合的产物。毛泽东军事思想同毛泽东思想的关系是局部和全局、部分和整体的关系，是毛泽东思想整个科学体系中重要的组成部分。中国共产党取得政权前的 28 年，其工作重心是军事工作。毛泽东和他的战友不得不以极大的精力关注战争，研究军事。毛泽东的军事实践活动，是他一生中最伟大、最光辉和最成功的部分，其军事著作占有大量的篇幅和重要地位。因此，研究毛泽东思想，必须理解和掌握毛泽东军事思想，毛泽东军事思想是毛泽东思想的重要组成部分。

二、毛泽东军事思想的主要内容

毛泽东军事思想揭示了中国革命战争和国防现代化建设的客观规律，是具有中国特色的发展了的马克思主义军事理论，是一个完整的科学体系。它的主要内容包括无产阶级的战争观和方法论、人民战争思想、人民军队思想、人民战争的战略战术思想和国防建设思想五个方面。

（一）无产阶级战争观和方法论

星星之火 可以燎原

毛泽东运用辩证唯物主义和历史唯物主义的原理，研究指导中国革命战争，创造性地提出了"军事辩证法"这一概念。军事辩证法是毛泽东军事思想的理论精髓所在，它为正确地看待战争，恰当地解决军事领域的各种矛盾，提供了基本的观点和方法。第一，战争是从有私有财产和有阶级以来就开始了的，用以解决阶级和阶级、民族和民族、国家和国家、政治集团和政治集团之间，在一定发展阶段上的矛盾的一种最高斗争形式。帝国主义和霸权主义是现代战争的根源。从本质和长远上看，帝国主义和一切反动派都是纸老虎，应从这点上建立无产阶级的战略思想，在战略上即总体上要藐视一切敌人和困难，在战术上即每一个具体问题上要重视一切敌人和困难。第二，作为两军厮杀的战争，其军事本质和根本目的是保存自己、消灭敌人。这是一切战争行动的根据，从技术行动起到战略行动止，都要贯彻这一本质。第三，战争的规律有一般与特殊之分。正确地研究和指导战争，必须着眼其特点和发展，既要熟识和运用一般的战争规律，又要熟识所从事的具体战争的特殊规律，防止不分战争性质和时间、地域差别的教条主义和经验主义。

（二）人民战争思想

【永远的丰碑——红色记忆】农村包围城市武装夺取政权思想的提出

以毛泽东为主要代表的中国共产党人把马克思列宁主义关于人民群众的历史能动作用原理，创造性地运用于中国革命战争实践，形成了一套完整的人民战争思想。第一，革命战争是群众的战争，只有动员和依靠群众，才能进行革命战争。战争力量的对比不但是军力和经济力的对比，而且是人力和人心的对比。战争伟力之最深厚的根源存在于民众之中，兵民是胜利之本。在政治、经济发展不平衡的旧中国社会条件下，要首先在反动统治力量最薄弱的广大农村建立革命根据地，并采取"波浪式"的推进政策逐步加以扩大，作为进行人民战争的依托。建立和发展农村革命根据地，必须把武装斗争与土地革命结合起来，建立革命政权，广泛组织和武装群众。同时，也不可忽视城市工作和非根据地的农村工作。实行现代条件下的人民战争，国家必须建设巩固而强大的战略后方。第二，革命战争是为人民利益而战的战争，要实行代表绝大多数人民利益的奋斗纲领和基本政策。战争中要兼顾人民群众的长远利益和眼前利益，重视发展生产，尽可能地减轻人民群众的负担，必须团结一切可以团结的阶级、阶层和社会集团，利用一切可以利用的矛盾，结成最广泛的统一战线，使革命最大限度地孤立和打击最主要的敌人。第三，要把武装斗争这种主要斗争形式同其他各种非武装斗争形式结合起来。它包括工人的、农民的、青年和妇女的斗争，经济战线、外交战线和思想文化战线上的斗争，合法的和非法的斗争，公开的和秘密的斗争等。

（三）人民军队思想

三湾改编

毛泽东高度重视人民军队在夺取政权和保卫政权中的作用，强调"没有一个人民的军队，便没有人民的一切"。第一，这支军队是中国共产党领导的，为着广大人民利益而建立、而战斗的无产阶级性质的新型军队，是真正的人民军队。紧密地与中国人民站在一起，全心全意为中国人民服务，是这支军队的唯一宗旨。第二，这支军队作为忠实执行中国共产党的政治纲领和政治路线的工具，必须完全地无条件地置于中国共产党的绝对领导之下，坚持党指挥枪，决不允许枪指挥党，兵权只属于党，决不属于任何个人。第三，这支军队实行集中领导下的民主，建立自觉严格的纪律，保持和发扬人民军队的优良传统和作风。实行统一的指挥、统一的制度、统一的编制、统一的纪律、统一的训练，加强组织性、计划性、准确性和纪律性。

（四）人民战争的战略战术思想

毛泽东在指导中国革命战争的长期实践中，创立了一整套具有中国特色的人民战争的战略战术，成为人民军队在战争力量敌强我弱，武器装备敌优我劣的条件下克敌制胜的法宝。第一，主张积极防御，反对消极防御。在敌大我小，敌强我弱的条件下，战略防御阶段必须实行战略上内线的持久防御战和战役战斗上外线的速决进攻战，通过战役战斗上的歼灭战达到战略上不断消耗敌人，借以逐渐改变战争力量的总体对比，最终把战略防御推向战略进攻。其中以歼灭敌人有生力量作为作战的主要目标，不以保守或夺取城市和地方为主要目标。第二，采取恰当的作战形式，实行运动战、阵地

毛泽东用人民战争思想指导抗日战争

战、游击战相结合。力求主动，力避被动，执行有利决战，避免不利决战，应慎重初战。发扬勇敢战斗、不怕牺牲、不怕疲劳、连续作战、勇于近战夜战的优良战斗作风。第三，立足现有装备战胜敌人，同时注重从作战缴获中不断充实和改善自己的装备。同时把对敌军的军事打击与政治瓦解结合起来，在军事打击的强大压力下开展有力的政治攻势，利用多种方式解决敌人。并且大力组织支援前线，搞好后勤保障。

（五）国防建设思想

中华人民共和国建立后，中国共产党军事工作的中心，随之转到巩固国防、建设现代化国防上来。为此，毛泽东提出了一系列相应的指导思想和原则。第一，实行积极防御的战略方针，对外永远不称霸，决不侵犯别人，也决不允许别人侵犯中国。第二，必须建立强大的国防，要在中国共产党的统一领导下，动员和依靠广大军民共建国防。国防斗争要综合运用军事、政治、经济、外交、文化等多种方式，实行有理、有利、有节的方针，以保卫国家主权、领土完整和合法权益不受侵犯，保卫人民民主

专政，维护世界和平与地区和平，为国内进行社会主义建设提供安全保障。第三，普遍实行民兵制度，完善国防动员体制，加强国防后备力量建设。对付外敌入侵，仍要坚持人民战争的路线，坚持立足现有装备战胜优势装备之敌的优良传统。

三、毛泽东军事思想的历史地位和现实意义

毛泽东思想的历史地位　　毛泽东思想指导地位的确立

毛泽东军事思想是马列主义军事思想宝库中一颗璀璨的明珠，在中国军事思想发展史上具有划时代的意义，在世界军事思想发展史上独树一帜，具有重要的历史地位和现实意义。

（一）毛泽东军事思想是马克思主义军事理论发展进程中新的里程碑

毛泽东军事思想是中国化马克思主义军事理论，是马克思主义军事理论发展进程中新的里程碑。毛泽东创造性地运用马列主义的军事理论，并将其发展到一个新的高度，极大地丰富了马列主义军事科学的理论宝库。毛泽东开创了一条农村包围城市、武装夺取政权的革命道路；创建了一支新型的人民军队；发展了马克思主义人民战争思想；创造了适合中国特点的人民战争的战略战术；科学地阐明了关于研究和指导战争的战争观和方法论。正是这一系列军事理论创新，毛泽东带领中国革命赢得了胜利，建立了新中国。毛泽东创新了马克思主义军事理论，指导了中国革命战争的胜利，缔造了新中国，使中华民族屹立于世界民族之林。

（二）毛泽东军事思想在世界上具有广泛而深刻的影响

毛泽东军事思想对世界历史进程发生了深刻的影响。在中国革命战争取得胜利后，毛泽东军事思想受到世界各国的普遍重视，特别是到了 20 世纪 50 年代，在世界范围内逐渐形成了一个研究毛泽东军事思想的热潮。在许多争取民族独立和民族解放的国家更是产生了广泛影响，受到普遍欢迎，如越南、莫桑比克、津巴布韦、安哥拉等民族解放斗争中，毛泽东军事思想发挥了巨大的作用，促进了世界民族解放事业的发展，推进了人类历史的进步。毛泽东军事思想的理论和实用价值举世公认。尼克松访华时说："主席的著作推动了一个民族，改变了整个世界。"

古田会议旧址

（三）毛泽东军事思想是我军克敌制胜的法宝

毛泽东军事思想运用辩证唯物主义和历史唯物主义的原理，批判地吸取了古今中外优秀的军事思想遗产，是中国化马克思主义军事理论宝库中一颗璀璨的明珠。毛泽

东军事思想既揭示了中国革命战争规律，也反映了现代战争诸多原理。毛泽东军事思想具有与时俱进的宝贵理论品质，强调理论要与特殊战争环境相结合。在科学技术发展日新月异，国际格局和战争形态发生了巨大变化的今天，它与时俱进的理论品质，对我国军事理论创新，对指导我军打赢信息化战争，具有重要的理论意义和实践意义。无论过去、现在和将来，毛泽东军事思想都是我军克敌制胜的法宝。

四渡赤水——毛泽东的神来之笔

第五讲　继承发展　理论创新——当代中国军事思想

> 把我军建设成为一支强大的现代化、正规化革命军队。
>
> ——邓小平

一、邓小平新时期军队建设思想

邓小平新时期军队建设思想是邓小平在中国社会主义新时期，为指导中国军队建设和国防建设而提出的系统理论，是对毛泽东军事思想、毛泽东建军思想的继承和发展，是新的历史条件下军队建设和改革的依据，是建设有中国特色的社会主义理论的重要组成部分。

（一）邓小平新时期军队建设思想的主要内容

邓小平新时期军队建设思想是一个具有丰富内容的完整的科学体系。原总政治部颁发的《邓小平新时期军队建设思想学习纲要》明确概括为 11 个方面的内容：军队和国防建设指导思想实行战略性转变；军队要服从整个国家建设的大局；军队要担当起维护国家主权和安全的历史责任；实行积极防御的军事战略方针；建设一支强大的现代化正规化的革命军队；始终不渝地坚持人民军队的性质；中心是解决现代化的问题；

提高军队建设的正规化水平；要把教育训练提高到战略地位；坚定不移地走有中国特色的精兵之路；军队和国防建设是全党和全国人民的事业。这一科学体系的精髓，主要体现在以下方面。

1. 军队和国防建设指导思想要实行战略性转变

邓小平认为，和平和发展是时代的主题，战争的威胁依然存在，但推迟或制止世界战争的爆发已成为可能，世界大战在一定条件下可以避免，但霸权主义仍然是对世界和平的最大威胁，局部战争已成为主要战争形态；我国周边安全环境发生了根本性好转，但仍然存在着各种现实的和潜在的威胁。稳定世界局势，实现和平与发展，要有新的途径和新的方法，即用"和平方式"和"共同开发"的办法解决国际争端。

2. 军队建设要服从国家建设的大局

军队建设以国民经济为基础，军队和国防建设要与国家经济建设协调发展。一是国防建设指导思想要从长期以来立足于"早打、大打、打核战争"的临战状态，转变到和平时期现代化建设的轨道上来；三是要实现国防建设与国家经济建设的协调发展。

3. 实行积极防御的军事战略方针

贯彻积极防御的战略方针，是维护国家主权和安全的需要，也是由我国社会制度决定的。邓小平指出："我们未来反侵略战争，究竟采取什么样的战略方针？我赞成就是'积极防御'四个字。"我国对战争问题的基本原则是："人不犯我，我不犯人，人若犯我，我必犯人。"实行积极防御的战略方针，要把立足点放在遏制战争的爆发上，注重研究现代战争，把着眼点放在打赢现代高技术条件下的局部战争上，军事战略要从维护国家安全利益出发，用和平方式解决对抗性争端和矛盾，注重发展综合国力，从根本上增强军事实力，提高威慑能力。

4. 建设一支强大的现代化、正规化革命军队

军队建设要以革命化为前提、现代化为中心、正规化为重点，全面建设现代化、正规化、革命化的军队；要把教育训练摆到战略地位，努力提高部队战斗力；要搞好体制改革和精简整编，建立科学的体制编制；实现军队正规化，要依法治军，科学管理；要加强和改进新时期军队政治工作，保证党对军队的绝对领导，保证军队高度稳定和集中统一。

5. 现代战争条件下要坚持和发展人民战争思想

邓小平根据现代战争的特点和规律，结合我国的实际情况，在继承毛泽东人民战争思想的基础上，提出了"现代条件下人民战争"的思想。围绕这一思想，邓小平特别强调人民战争的形式要与现代战争特点相吻合；强调现代条件下从事人民战争的人必须具有很高的素质；强调在军队精简的情况下，尤其要搞好民兵和预备役的建设；

要研究现代战争条件下人民战争的战略战术；要保持和发扬我党我军的优良传统，发挥人民战争的政治优势。

（二）邓小平新时期军队建设思想的地位和作用

邓小平积极防御思想

1. 邓小平新时期军队建设思想是继承和发展毛泽东军事思想的典范

在新的历史条件下，邓小平新时期军队建设思想为毛泽东军事思想做出了历史性的贡献。邓小平作为我党我军的第二代领导核心和统帅，不仅是毛泽东军事思想的创建者之一，也是毛泽东军事思想在新的历史条件下的主要坚持者和发展者。邓小平强调，对待毛泽东军事思想，要自觉抵制和批判毛泽东军事思想不需要发展的"顶峰论"、不允许发展的"凡是论"和反对发展的"过时论"，必须把毛泽东军事思想看作一个科学体系，强调在新的历史条件下运用毛泽东军事思想，须在坚持中发展，在发展中坚持；强调必须运用毛泽东军事思想的立场、观点和方法，在实践中不断认识新情况和解决新问题。邓小平新时期军队建设思想，是新时期继承和发展毛泽东军事思想的典范，或者说，是新时期发展了的毛泽东军事思想。

2. 邓小平新时期军队建设思想是新时期我军军事理论的集中体现

在新的历史条件下，我军建设和军事斗争出现了许多新情况新问题，照搬过去的经验是难以解决的，必须有我们自己的军事理论和指导方针。邓小平对新时期军队建设和军事斗争中许多重大问题的研究和探讨，是以新的认识、新的理论深度总结我军历史经验，探索新的建军经验。新时期我军军事理论的发展，源于新时期我军军事实践的需要与发展，是时代的需要，是在新的历史条件下尊重军队建设规律，发展新的军事理论的创造。邓小平继承和发展了毛泽东军事思想，比较系统地回答了在当代中国如何建设一支现代化革命军队的重大问题，提出了新时期我军建设中一系列重大方针和原则，形成了新时期我军军事理论的主体，是具有中国特色的当代马克思主义军事理论。

3. 邓小平新时期军队建设思想是新时期我军建设的强大思想武器

伟大的实践需要科学理论的指导，科学的理论只有在指导实践中才能发挥巨大的作用。应该说，新的历史条件下，坚持运用科学的军事理论去指导新时期的军事实践，不仅关系到军队建设和国防建设的前途和命运，而且关系到整个国家的盛衰和兴亡。今天，我军与过去相比，有了令人瞩目的变化。然而，能否逐步实现现代化、正规化革命军队的目标，势必对军队全面建设提出新的要求，需要我们不断地实践和探索，邓小平新时期军队建设思想为我们完成这个伟大的实践和探索提供了世界观和方法论的指导，它将有效地保证我军沿着健康发展的轨道前进，使我军战斗力的提高与社会主义国家现代化的进程同步发展。

二、江泽民国防和军队建设思想

江泽民主持中央军委工作后，从新的国际、国内形势和战争形态的变化出发，提出了一系列关于国防和军队建设的新观点、新思路、新论断，形成了江泽民国防和军队建设思想。

（一）根据世界战略形势和战争形态的变化，提出综合安全观念

通过深入分析世界战略形势和世界军事变革的发展趋势，江泽民对未来战争形态的变化做出了科学预见。他认为，和平与发展仍然是时代的主题，但天下并不太平。尽管世界大战一时打不起来，但局部战争和武装冲突不可避免。在一个较长的时期内，信息化战争将逐步取代工业时代的机械化战争，成为未来战争的基本形态，未来我军面临的战争主要是信息化条件下的局部战争。在经济全球化和政治多极化的进程中，国家安全面临着诸多挑战和威胁，为了维护包括经济、政治、军事、文化等在内的国家综合安全，必须树立国家综合安全观，必须进一步加强国防和军队建设。"军队的强大，关系着国家和人民的尊严、荣誉、安全和利益，我们必须在服从国家经济建设大局的前提下，积极推进军队的现代化建设，进一步'固我长城'。"如果国防建设上不去，我们的整个战略目标就不可能实现。

（二）制订和完善新时期军事战略方针

军事战略是军事斗争和军事斗争准备的总依据，是统揽国防和军队建设的"总纲"。以正确的军事战略指导国防和军队建设，是我党领导军队开展工作的出发点和立足点。江泽民根据国际战略格局、我国安全环境以及军事斗争任务的重大变化，提出要继续坚持实行积极防御的军事战略方针。他特别强调："做好打赢一场现代技术特别是高技术条件下的局部战争的准备，正是为了尽可能防止和避免这种战争，也是确保一旦发生这种战争我们能够夺取胜利的根本性措施。我们在战略指导上早已从立足于早打、大打、打核战争，转到了重点准备应付局部战争和突发事件上来。现在根据国际形势的发展变化，我们要重点准备应付现代技术特别是高技术条件下的局部战争，这是我军战略指导思想的进一步发展和完善。"新时期军事战略方针，正确解决了军队建设和军事斗争准备的目标和任务问题，指明了新时期国防和军队建设的方向，是对以往积极防御战略方针的充实和发展，为"打得赢"提供了正确的战略指导。

（三）按照"五句话"总要求全面加强部队"三化"建设

从我军的实际看，经过几十年的建设，现代化水平虽然有了较大提高，但是与现代战争的要求相比还有较大差距，在武器装备、指挥手段、官兵科学文化素质方面还亟待提高，特别是干部指挥现代化战争和部队打赢现代化战争的能力不够。江泽民根据时代发展给我军建设提出的新要求和新任务，进一步明确了现代化建设的重要性，

确立了坚持以现代化建设为中心的总体目标，致力于提高我军的现代化水平，这就从根本上抓住了我军建设的主要矛盾。江泽民在总结新时期军队建设的经验时深刻指出："当前我军建设面临的一个主要矛盾，是现代化水平与现代战争需要还不相适应。提高我军的战斗力，主要任务是解决现代化问题。因此，我军建设必须坚持以现代化为中心，军队的全部工作都要围绕现代化来展开。"建设现代化正规化革命军队，这是我国国防和军队建设的总目标。国防和军队现代化建设是一个庞大的系统工程，正确认识和处理军队建设中的各种关系，准确把握当前军队建设中的主要矛盾，并据此制定军队建设的指导思想和工作思路，是保证军队建设总目标和总任务顺利完成的基本前提。为了把新时期军队建设的总目标加以具体化，贯彻到各项工作中去，江泽民提出了"要按照'政治合格、军事过硬、作风优良、纪律严明、保障有力'的总要求，加强军队的全面建设，使革命化、现代化、正规化建设的目标贯彻到军队各项工作中去"。"五句话"总要求是一个内容紧密联系的有机整体，是新时期部队建设的指导方针，是实现新时期军队建设总目标的总体思路和具体标准。努力践行"五句话"总要求，是把人民军队革命化、现代化、正规化建设推向新水平的必然要求。

（四）提出"三步走"发展战略

江泽民根据国际形势的发展和军队发展的普遍规律，提出了与我国国家发展战略相适应的国防和军队现代化建设"三步走"的发展战略。按照"三步走"发展战略，第一步要用十几年的时间，努力实现新时期军事战略方针提出的各项要求，为国防和军队建设打下坚实的基础。第二步再用 10 年时间，随着国家经济实力的增长和军费的增加，加快军队质量建设的步伐，使国防和军队现代化建设有一个较大的发展。第三步再经过 30 年的努力，到 21 世纪中叶，基本实现国防和军队的现代化。随着世界新军事变革的加快发展，后来，江泽民又把"三步走"战略构想的建军目标明确为"建设信息化军队，打赢信息化战争"，要求根据这个总的战略目标，完善和补充国防和军队建设远景规划。"三步走"发展战略对国防和军队现代化建设做了总体设计，规定了阶段性目标、任务和要求，提出了迎接挑战、深化改革的对策，使国防和军队建设能顺应时代发展的潮流，抓住国家建设和发展的机遇，加快现代化建设步伐，从而有效地增强国防实力。

（五）坚持党的绝对领导，把思想政治建设摆在首位

坚持党的领导是马克思主义军队建设理论的基本原则。新时期，江泽民将坚持党的领导提到一个新的高度来认识。他指出：坚持党对军队的绝对领导，是我们党的优良传统，是我们军队特有的政治优势，是人民军队永远不变的军魂。"加强军队建设，最根本的是要坚持党对军队的绝对领导。只有坚持党的领导，才能使我军始终保持无产阶级性质，坚持为人民服务的宗旨，在错综复杂的斗争中保持正确的政治方向。"必

须把军队牢固置于党的绝对领导之下，切实加强军队中各级党组织的全面建设，加强思想政治建设，确保党对军队的绝对领导和指挥，确保军队现代化建设的正确方向，确保人民军队"永不变质"。

（六）积极推进中国特色军事变革

江泽民继承和发展邓小平关于军队要改革的思想，全面把握世界新军事变革的发展趋势，认真分析我军建设存在的问题，明确提出"要积极推进中国特色的军事变革，使我军适应当代科学技术和新军事变革加速发展的趋势，加快推进军队的各项改革和建设"。"推进中国特色军事变革，必须按照实现信息化的要求，科学确立我军建设的战略目标、发展思路和具体步骤。"通过改革真正走出一条跨越式发展的道路。要立足于世界军事变革潮流不断发展和国内改革不断深化的实际，深刻认识推进中国特色军事变革的必要性和紧迫性，明确深化国防和军队改革的重点和改革必须坚持的基本原则。要按照未来高技术战争的要求，对我军的武器装备、组织体制、军事训练以及保障方式等进行革新和改进，构建我军新型军事体系。要发挥军事理论的先导作用，创新军事理论和作战思想，更好地指导和推动我军信息化建设和军事斗争准备。

江泽民国防和军队建设思想，是以毛泽东军事思想和邓小平新时期军队建设思想为指导，以与时俱进的创新精神回答和解决了新的历史条件下国防和军队建设的新问题与新情况，揭示了国防和军队建设的新特点和新规律，把党的军事指导理论创新和发展推向了 21 世纪。

三、胡锦涛国防和军队建设思想

胡锦涛指出，当今世界正在发生广泛而深刻的变化，当代中国正在发生广泛而深刻的变化，机遇前所未有，挑战也前所未有。新世纪新阶段国防和军队建设也面临前所未有的挑战和机遇。十六大以来，面对前所未有的挑战和机遇，以胡锦涛为总书记的党中央、中央军委，以科学发展观为指导，开创了国防和军队现代化建设新局面，提出一系列关于国防和军队建设的重要论述，形成了胡锦涛国防和军队建思想，进一步回答和解决了国防和军队建设以及军事力量运用的问题，推进了党的军事指导理论的进一步创新和发展。

（一）把科学发展观作为国防和军队建设的重要指导方针

新世纪新阶段，以胡锦涛为总书记的党中央，提出了科学发展观这一重大战略思想。科学发展观是推进社会主义经济建设、政治建设、文化建设、社会建设全面发展的根本指针，也是加强国防和军队建设的根本指导方针。国防和军队建设贯彻和落实科学发展观，是用党的创新理论指导国防和军队建设的根本要求，是适应国家安全形势发展变化的迫切要求，是新世纪新阶段国防和军队建设内在的必然要求。国防和军队建设贯彻落实科学发展观，必须使国防和军队建设融入国家现代化战略全局、与国家安全和发展利益相适应。军队建设和发展是注重全面建设，革命化、现代化、正规化相统一的发展；是坚持以人为本，推动军队建设与促进官兵全面发展相统一的发展；是走中国特色之路、速度质量效益相协调的发展。要统筹中国特色军事变革与军事斗争准备，统筹机械化建设与信息化建设，统筹诸军兵种作战力量建设，统筹当前建设与长远发展，统筹主要战略方向建设与其他战略方向建设，努力实现国防和军队现代化建设又好又快发展。国防和军队建设只有深入贯彻落实科学发展观，才能适应世界军事发展新趋势和我国发展新要求，真正加快中国特色军事变革，推进军事理论、军事技术、军事组织、军事管理创新，才能逐步形成一整套既有中国特色又符合现代军队建设规律的科学的组织模式、制度安排和运作方式，把国防和军队现代化建设推进到一个新的发展阶段。

（二）军事斗争准备和军事力量运用思想

胡锦涛指出："当前，我军最重要、最现实、最紧迫的战略任务，就是做好军事斗争准备。"为了保证国家的统一，为了有效反击霸权主义的战略遏制，必须充分认清军事斗争准备在国家安全和国家发展中的重要地位。在一段时间内，"台独"分裂势力及其活动成为国家安全最现实最大的威胁，如果不做好军事斗争准备，不予以坚决反对和遏制，势必严重威胁国家主权和领土完整，断送两岸统一前景，危害中华民族的根本利益。胡锦涛要求全军树立真打实备的思想，毫不动摇地扎扎实实地做好军事斗争准备。只有准备工作"抓得实"，才能实现"打得赢"。必须具备断然出手、决战决胜的能力。要以军事斗争准备为龙头牵引国防和军队建设，瞄准"建设信息化军队、打赢信息化战争"的目标，军事力量运用要应对多种安全威胁，完成多样化军事任务，要针对可能出现的复杂战局和战场环境，科学灵活使用军事力量争取战争的胜利。军事是从属于政治的，是为国家利益全局服务的。军事斗争准备，军队各项建设，重要的军事行动，都要从维护重要战略机遇期，维护国家利益全局出发来思考和筹划。

（三）军队建设要以历史使命为牵引，以有效履行历史使命为目标

新世纪新阶段，胡锦涛适应国防和军队历史使命的新变化，着眼于世界战略格局和军事斗争准备的需要，提出了新世纪新阶段我军历史使命，即"为党巩固执政地位提供重要的力量保证、为维护国家发展的重要战略机遇期提供坚强的安全保障、为维护国家利益提供有力的战略支撑、为维护世界和平与促进共同发展发挥重要作用"。"三个提供、一个发挥"思想，揭示了人民军队巩固国家政权、保障国家发展、维护世界和平的使命，是对马克思主义军事理论及毛泽东、邓小平、江泽民军队使命论的继承、丰富和拓展。人民军队要有效履行历史使命，必须全面加强军队建设，提高应对各种安全威胁、完成多样化军事任务的能力。现在军队建设的主要矛盾是军队现代化水平

与打赢信息化条件下局部战争的要求还不相适应，军事能力与履行新世纪新阶段我军历史使命的要求还不相适应。要把军队建设的基础和现状，影响军队建设的重要难点问题搞清楚，不断深化对军队建设规律的认识，用科学的发展思路、发展模式、发展方法推动军队的建设和改革。

（四）走中国特色的军民融合式发展路子

胡锦涛指出，经济建设是国防建设的基本依托，经济建设搞不上去，国防建设就无从谈起。国防实力是综合国力的重要组成部分，国防建设搞不上去，经济建设的安全环境就难以保障。必须在集中力量进行经济建设的同时，切实加强国防建设，使国防建设和经济建设协调发展，形成相互促进的良好局面。在十七大报告中，胡锦涛进一步强调，必须站在国家安全和发展战略全局的高度，统筹经济建设和国防建设，实现富国与强军的统一。这标志着党对于正确处理国防建设与经济建设的关系、推动国防和经济建设协调发展的认识上升到一个新的水平，成为新世纪新阶段党正确处理国家安全与发展问题的最新理论成果。统筹经济建设和国防建设，首先要集中精力把经济建设搞上去，不断增强经济实力，这是解决包括国防和军队建设在内的所有问题的重要前提和物质基础。同时必须努力建设一支同国家安全和发展利益相适应的军事力量，有效维护国家安全统一，确保全面建设小康社会的顺利推进，使国防和军队发展战略与国家发展战略相适应。要把国防和军队现代化建设融入经济社会发展体系之中，走军民结合、寓军于民的道路，推进军民一体化建设。要认真总结自己的成功经验，借鉴国外有益经验，积极探索新形势下军民结合、寓军于民的新途径新方法，全面推进经济、科技、教育、人才等各个领域的军民融合，在更广范围、更高层次、更深程度上把国防和军队现代化建设与经济社会发展结合起来，为实现国防和军队现代化建设提供丰厚的资源和持续发展的后劲。

胡锦涛国防和军队建设思想，是对毛泽东军事思想、邓小平新时期军队建设思想、江泽民国防和军队建设思想的继承和发展，把党的军事指导理论创新发展推向了一个新阶段，是新世纪新阶段国防和军队建设的科学指南。

延伸阅读

中国百万裁军

1984年国庆阅兵一个月后，中央军委举行了一个座谈会，军委主席邓小平深谋远虑，严肃指出：这次阅兵有个缺陷，就是80岁的人来检阅部队，本身就是个缺陷。邓小平同志一语触及了对高级将领来说最敏感的军队高层领导老化问题。他由此讲到军队体制改革和进一步实行精简整编的必要性。就在这次会议上，邓小平作出了"世界大战十几年内打不起来"的惊人论断。基于对世界战略局势的科学分析和我军的实际状况，中央军委断然决定精简整编，裁减员额100万！

经过反复酝酿，一个引起国际舆论轰动的重大战略决策，在1985年6月召开的中央军委扩大会议上讨论通过。6月4日，邓小平在会上代表中国政府向世界郑重宣布：中国人民解放军将减少员额100万。消息传出，整个世界为之一震。邓小平在宣布裁军百万的同时，充满信心地说："减少100万，实际并没有削弱军队的战斗力，而是增强了军队的战斗力。"这次裁军"消肿"是对中国军队实行脱胎换骨的"大手术"。1985年，中央军委所属的总参谋部、总政治部、总后勤部的机关人员精简了近一半；原有11个大军区精简合并成7个；减少军级以上单位31个；撤销师、团级单位4 054个。县、市人民武装部不再归军分区管辖，改为地方建制，其干部战士退出现役。军队内部管理的76种干部职务改由战士担任，官兵比例达到1:3.3。从这一年起，将有60万名干部在3年内退役转业……对全军而言，几乎每一个人都面临着进退去留的选择和被选择，每一个军人家庭的实际利益都会受到触动。1987年初，中国裁军百万的任务顺利完成。人民解放军朝着机构精干、指挥灵便、装备精良、训练有素、反应快速、效率很高、战斗力很强的目标又前进了一大步。可以说，没有百万大裁军，人民解放军就不会有今天的现代化成就。

1985年5月，中国决定裁减军队员额100万；1987年，中国人民解放军的总员额由423.8万减少到323.5万；1990年，全军总员额减到319.9万；共裁减员额103.9万；大军区由11个撤并为7个；全军共有110个飞机场、29座军用港口向社会开放；部分军事设施改为民用。

第六讲 科学指南 时代强音——习近平强军思想

> 我们的军队是人民军队，我们的国防是全民国防。
>
> ——习近平

一、习近平强军思想产生的历史背景

（一）当今世界形势正在发生前所未有之大变局

习近平主席以宽广的马克思主义视野，高瞻远瞩，敏锐地判断：当今世界形势正在发生前所未有之大变局。国际政治格局、地缘政治、国际竞争等均发生了重大变化，使我国的安全与发展的国际环境更趋严峻复杂。一些西方国家从意识形态、社会制度、大国兴衰出发，不愿意看到社会主义中国在东方的发展与强大，想尽各种办法进行阻挠、遏制和围堵。在此背景下，我国周边的领土主权、海洋争端、地缘竞争、民族宗教矛盾、暴力恐怖主义等矛盾问题日益突出甚至激化，家门口生乱生战的可能性大大增加，维护国家领土主权安全的任务十分艰巨。在国际形势处于前所未有的大变局中，军事领域的发展变化深刻而广泛。新军事革命迅猛发展，其特征有：武器装备智能化、编制体制精干化、指挥控制自动化、作战空间多维化、作战样式体系化、作战行动无人化等。习近平主席高度重视世界新军事革命，他强调，这场世界新军事革命是全方位、深层次的，关系到国家的战略主动权，对国家的军事实力和综合国力具有重大而深远的影响。

（二）我国改革开放和现代化建设进入发展的关键期和矛盾的凸显期

习近平主席认为，我国正处于由大向强发展的关键阶段。中国从未像现在这样接近世界舞台中央，从未像现在这样接近实现中华民族伟大复兴的目标。但是，越靠近这个目标，越接近世界中心，面临的阻力和挑战也会更多，长期积累的深层次问题、矛盾日益凸显。诸如经济发展中的不全面、不平衡、不可持续的矛盾，三股势力的威胁、国际反华势力的阻遏等，这些都会影响甚至打乱中国和平发展的道路，使维护国家安全稳定，实现国家统一的任务更加艰巨。所以，必须认识到，没有军队的强大，没有巩固的国防，就无法为中国梦的实现提供安全支撑和保障。基于此，习近平主席强调，中国梦是强国梦，对于军队来说就是强军梦。他要求把强军兴军放在实现中华民族伟大复兴这个大目标下来认识和推进，服从和服务于这个国家和民族的最高利益。

127

（三）我国国防和军队现代化水平与其所面临的挑战和承担任务的不相适应

改革开放以来，我国国防和军队建设随着经济的发展和综合国力的增强，不断迈上新台阶，取得重大建设成就。但与此同时，我国国防和军队的现代化建设水平与我国所面临的严峻形势、与世界先进军事水平、与所承担的维护国家安全统一的重大任务相比，差距仍然很大。特别是我国军队长期处于和平环境下，军队数十年没有打过大仗，尤其是未经过现代高技术条件下实战的锻炼和洗礼，军队各级指挥员打赢信息化战争的能力不足。这种情况下，如何保持军队战斗力，解决不会打、不敢打、不能打的问题，如何提高信息化条件下的实战能力和水平，如何保持军队应有的政治立场和觉悟、优良传统与作风，要加快强军兴军，这些都是需要回答和解决的时代课题。

（四）中国近代历史悲剧的总结与启示

历史经验表明，国富并不代表国强，国家的真正富强必须以强大的军事力量做后盾。在我国漫长的历史上，国家富有，但由于军事实力羸弱不堪，或者疏于军备导致国家衰败覆灭的例子屡见不鲜。如清朝经济总量曾经长期居世界第一，GDP 曾占到全球的三分之一，但由于军备废弛，技术落后，闭关自守，导致鸦片战争中被英军击溃，国家逐步陷入半殖民地半封建社会的苦难深渊。习近平主席曾说："我经常看中国近代的一些史料，一看到落后挨打的悲惨场景就痛彻肺腑。"他将甲午战争称之为"剜心之痛"。习近平主席常把近代以来中华民族苦难、国家悲剧与当时的中国国防与军队的落后、衰败相联系。他强调，要吸取历史上闭关锁国、故步自封的经验教训，绝不让历史悲剧重演。

习近平国防和军队
建设重要论述

二、习近平强军思想的主要内容

习近平强军思想，明确了新时代国防和军队建设一系列根本性、方向性、全局性的重大问题，是习近平新时代中国特色社会主义思想的"军事篇"，是马克思主义军事理论中国化、时代化的新飞跃，是党的军事指导理论的重大突破、重大创新、重大发展，为实现党在新时代的强军目标、把人民军队全面建成世界一流军队提供了科学指南和行动纲领。其主要内容包括以下十个方面。

（一）明确强国必须强军，巩固国防和强大人民军队是新时代坚持和发展中国特色社会主义、实现中华民族伟大复兴的战略支撑

安不可以忘危，治不可以忘乱。新时代我国安全的内涵外延、时空领域、内外因素都在发生深刻变化。由大向强、将强未强之际往往是国家安全的高风险期，我们越

是发展壮大，面临的压力和阻力就越大。这是我国由大向强发展进程中无法回避的挑战，是实现中华民族伟大复兴绕不过的门槛。习近平总书记深刻指出："强国必须强军，军强才能国安。"国防和军队建设是国家安全的坚强后盾，军事手段是实现伟大梦想的保底手段，军事斗争是进行伟大斗争的重要方面，打赢能力是维护国家安全的战略能力。国防和军队现代化进程必须同国家现代化进程相适应，军事能力必须同实现中华民族伟大复兴的战略需求相适应。我军必须服从服务于党的历史使命，把握新时代国家安全战略需求，为实现中华民族伟大复兴提供战略支撑。

（二）明确党在新时代的强军目标是建设一支听党指挥、能打胜仗、作风优良的人民军队，必须同国家现代化进程相一致，力争到 2035 年基本实现国防和军队现代化，到 21 世纪中叶把人民军队全面建成世界一流军队

建设强大的人民军队是我们党的不懈追求。在各个历史时期，我们党都根据形势任务的变化，及时提出明确的目标要求，引领我军建设不断向前发展。习近平总书记提出中国梦不久就提出强军梦，作出全面建成社会主义现代化强国战略部署的同时，提出实现党在新时代的强军目标，把人民军队全面建成世界一流军队。这是准确把握国家安全环境的深刻变化、强国强军的时代要求，对我军建设目标作出的新概括、新定位，内在要求建设强大的现代化陆军、海军、空军、火箭军、战略支援部队、联勤保障部队和武装警察部队，建设绝对忠诚、善谋打仗、指挥高效、敢打必胜的联合作战指挥机构，不断提高我军现代化水平和实战能力。

（三）明确党对军队绝对领导是人民军队建军之本、强军之魂，必须全面贯彻党领导军队的一系列根本原则和制度，确保部队绝对忠诚、绝对纯洁、绝对可靠

坚持党对人民军队的绝对领导是新时代中国特色社会主义基本方略的重要内容，是党和国家的重要政治优势。习近平总书记反复强调："抓军队建设首先要从政治上看，对党绝对忠诚要害在'绝对'二字。"必须按照新时代党的建设总要求加强我军的建设，强化"四个意识"，严肃政治纪律和政治规矩，深入抓好军魂教育，经常、主动、坚决地向党中央和中央军委看齐，坚决维护权威、维护核心、维护和贯彻军委主席负责制，全面彻底肃清郭伯雄、徐才厚流毒影响，坚决抵制"军队非党化、非政治化"和"军队国家化"等错误政治观点的影响，确保全军在任何时候任何情况下都坚决听从党中央和中央军委指挥。军队高级干部必须对党忠诚、听党指挥，做对党最赤胆忠心、最听党的话、最富有献身精神的革命战士。

（四）明确军队是要准备打仗的，必须聚焦能打仗、打胜仗，创新发展军事战略指导，构建中国特色现代作战体系，全面提高新时代备战打仗能力，有效塑造态势、管控危机、遏制战争、打赢战争

习近平总书记强调："人民军队永远是战斗队，人民军队的生命力在于战斗力。"必须贯彻新形势下军事战略方针，把备战与止战、威慑与实战、战争行动与和平时期军事力量运用作为一个整体加以运筹，牢固树立战斗力这个唯一的、根本的标准，提高军事训练实战化水平，扎实做好各方向各领域军事斗争准备，聚力打造精锐作战力量，着力建设一切为了打仗的支援保障力量，加快构建适应信息化战争和履行使命要求的武器装备体系，加快建设以联合作战指挥人才为重点的高素质新型军事人才队伍，发扬一不怕苦、二不怕死的战斗精神，锻造招之即来、来之能战、战之必胜的精兵劲旅。

（五）明确作风优良是我军鲜明特色和政治优势，必须加强作风建设、纪律建设，坚定不移正风肃纪、反腐惩恶，大力弘扬我党我军光荣传统和优良作风，永葆人民军队性质、宗旨、本色

"作风优良才能塑造英雄部队，作风松散可以搞垮常胜之师"，这是习近平总书记反复强调的一个重要观点。人民军队要恪守全心全意为人民服务的宗旨，牢记为人民扛枪、为人民打仗的神圣职责，始终做人民信赖、人民拥护、人民热爱的子弟兵，不断发展坚如磐石的军政军民关系。把理想信念的火种、红色传统的基因一茬茬、一代代传下去，加强党史、军史和光荣传统教育，永葆老红军的政治本色。军中绝不能有腐败分子藏身之地，要锲而不舍、驰而不息地把作风建设和反腐败斗争引向深入，努力铲除腐败现象滋生蔓延的土壤，积极培育风清气正的政治生态。严肃各项纪律，坚持严字当头、一严到底，下大气力治松、治散、治虚、治软，用铁的纪律凝聚铁的意志、锤炼铁的作风、锻造铁的队伍。各级领导干部要以钉钉子精神抓落实，以行动作无声的命令，以身教作执行的榜样，带动形成崇尚实干、敢于担当、主动作为的良好氛围。

（六）明确推进强军事业必须坚持政治建军、改革强军、科技兴军、依法治军，更加注重聚焦实战、更加注重创新驱动、更加注重体系建设、更加注重集约高效、更加注重军民融合，全面提高革命化、现代化、正规化水平

政治建军是我军的立军之本，任何时候任何情况下都不能有丝毫松懈；改革是决定军队未来的关键一招，必须大刀阔斧实施改革强军战略；科学技术是核心战斗力，必须下更大气力推进科技兴军，赢得军事竞争主动；军队越是现代化越要法治化，必须厉行法治、从严治军。贯彻"五个更加注重"战略指导，必须强化作战需求牵引，提高军队建设实战水平；下大气力抓理论创新、科技创新、科学管理、人才集聚、实践创新，靠改革创新实现新跨越；坚持成体系筹划和推进军事力量建设，全面提高我军体系作战能力；坚持以效能为核心、以精确为导向，提高国防和军队发展精准度；深入实施军民融合发展战略，加快把国防和军队建设融入经济社会发展体系，实现国防和军队建设更高质量、更高效益、更可持续发展。

（七）明确改革是强军的必由之路，必须推进军队组织形态现代化，构建中国特色现代军事力量体系，完善和发展中国特色社会主义军事制度

习近平总书记指出："深化国防和军队改革，是为了设计和塑造军队未来。"领导管理和作战指挥体制改革，以重塑军委机关和战区为重点，强化中央军委集中统一领导和战略指挥、战略管理功能，形成决策权、执行权、监督权既相互制约又相互协调的运行体系，构建平战一体、常态运行、专司主营、精干高效的战略战役指挥体系。规模结构和作战力量体系改革，按照调整优化结构、发展新型力量、理顺重大比例关系、压减数量规模的要求，推动我军由数量规模型向质量效能型、由人力密集型向科技密集型转变，部队编成向充实、合成、多能、灵活方向发展。军队政策制度调整改革，立起打仗的鲜明导向，营造公平公正的制度环境，使军事人力资源配置达到最佳状态，让军人成为全社会尊敬的职业，把军队战斗力和活力充分激发出来。

（八）明确创新是引领发展的第一动力，必须坚持向科技创新要战斗力，统筹推进军事理论、技术、组织、管理、文化等各方面创新，建设创新型人民军队

习近平总书记指出："创新能力是一支军队的核心竞争力，也是生成和提高战斗力的加速器。"我们这支军队，靠改革创新走到现在，也要靠改革创新赢得未来。必须把创新驱动发展的引擎全速发动起来，善于运用新理念、新思路、新方法推进我军各项建设。要加快形成具有时代性、引领性、独特性的军事理论体系，依靠科技进步和创新把我军建设模式和战斗力生成模式转到创新驱动发展的轨道上来，下大气力推进军事管理革命，努力培养造就宏大的高素质创新型军事人才队伍，大力弘扬创新文化，激励官兵争当创新的推动者和实践者，使谋划创新、推动创新、落实创新成为全军的自觉行动。

（九）明确现代化军队必须构建中国特色军事法治体系，推动治军方式根本性转变，提高国防和军队建设法治化水平

习近平总书记指出："一支现代化军队必然是法治军队。"强化法治信仰和法治思维，坚持依法治官、依法治权，领导干部带头尊法、学法、守法、用法，引导官兵把法治内化为政治信念和道德修养，外化为行为准则和自觉行动。构建系统完备、严密高效的军事法规制度体系、军事法治实施体系、军事法治监督体系、军事法治保障体系，坚决维护法规制度权威性，强化法规制度执行力。推动实现从单纯依靠行政命令的做法向依法行政的根本性转变，从单纯靠习惯和经验开展工作的方式向依靠法规和制度开展工作的根本性转变，从突击式、运动式抓工作的方式向按条令条例办事的根本性转变，形成党委依法决策、机关依法指导、部队依法行动、官兵依法履职的良好局面。

（十）明确军民融合发展是兴国之举、强军之策，必须坚持发展和安全兼顾、富国和强军统一，形成全要素、多领域、高效益军民融合深度发展格局，构建一体化的国家战略体系和能力

把军民融合发展上升为国家战略，是我们党长期探索经济建设和国防建设协调发展规律的重大成果，是从国家安全和发展全局出发作出的重大决策，是应对复杂安全威胁、赢得国家战略优势的重大举措。着眼经济实力和国防实力同步增长，强化统一领导、顶层设计、改革创新和重大项目落实，同步推进体制和机制改革、体系和要素融合、制度和标准建设，完善军民融合组织管理体系、工作运行体系、政策制度体系，努力开创经济建设和国防建设协调发展、平衡发展、兼容发展新局面。

三、习近平强军思想的时代意义

习近平强军思想，立意高远，思想深邃，深刻阐述了国防和军队建设方面带有根本性、方向性、全局性的重大问题，丰富发展了党的军事指导理论，为加快推进国防和军队现代化、实现强军梦提供了根本遵循。

（一）是以历史新起点为立论基点的重大战略思想

习近平同志指出，把国防和军队建设推向前进，首先要正确把握国防和军队建设的历史方位和阶段性特点。习近平国防和军队建设的重要论述，以新的历史起点为立论基点，对强国强军的时代课题做出了新的科学回答。

（二）开拓了党的军事指导理论发展的新境界

习近平强军思想，与毛泽东军事思想、邓小平新时期军队建设思想、江泽民国防和军队建设思想、胡锦涛国防和军队建设思想，既一脉相承又与时俱进，鲜明回答了在新时代条件下为什么要强军、怎样强军，打什么仗、怎样打胜仗，为什么要深化改革、如何深化改革等重大问题。习近平强军思想，涵盖了国防和军队建设的各领域，是党的军事指导理论创新发展的最新成果。

（三）是马克思主义立场观点方法在军事领域的生动体现

立场观点方法是马克思主义理论的精髓。习近平强军思想，坚持和发展了马克思主义的立场观点方法，闪耀着辩证唯物主义和历史唯物主义的真理光芒，体现着鲜明的政治立场、价值追求和思想风范。

习近平强军思想，进一步丰富和发展了党的军事指导理论，体现了我党对世界军事变革发展规律的深刻认识，对国家安全形势强烈的忧患意识和对加快中国特色军事变革的重大责任意识，这对不断提高我国的战略能力尤其是军事能力，进而夺取国际竞争的战略主动权，具有重大的理论和实践意义。

知识链接

习近平强军兴军语录摘抄

今天，我们比历史上任何时期都更接近中华民族伟大复兴的目标，比历史上任何时期都更需要建设一支强大的人民军队。

——习近平在庆祝建军90周年阅兵时的讲话

我坚信，我们的英雄军队有信心、有能力打败一切来犯之敌！

——习近平在庆祝建军90周年阅兵时的讲话

党对军队的绝对领导是中国特色社会主义的本质特征，是党和国家的重要政治优势，是人民军队的建军之本、强军之魂。

——习近平在庆祝建军90周年大会上的讲话

人民军队始终和人民同呼吸、共命运、心连心，完全彻底为人民奋斗，哪里有敌人，哪里有危险，哪里就有人民子弟兵。

——习近平在庆祝建军90周年大会上的讲话

军队是要准备打仗的，一切工作都必须坚持战斗力标准，向能打仗、打胜仗聚焦。

——习近平党的十九大报告

我们的军队是人民军队，我们的国防是全民国防。

——习近平党的十九大报告

要把三件事放在心上：五千年的优秀文化不要搞丢了，老前辈确立的正确政治制度不要搞坏了，老祖宗留下来的地盘不要搞小了。这确实是必须把握的几点。

——习近平在军队一次重要会议上的讲话

青年一代是党和军队的未来和希望，革命事业靠你们接续奋斗，优良传统靠你们继承发扬。你们要带头学传统、爱传统、讲传统，带动部队官兵传承好红色基因，保持老红军本色，把我党我军优良传统一茬茬、一代代传下去。

——习近平在全军政治工作会议上的讲话

现在战争形态变了，作战方式变了，我们的战争思维和作战理念必须与时俱进。我听到一种说法，现在不少人嘴上说的是明天的战争、实际准备的是昨天的战争。我们千万不要做苏联话剧《前线》①中那个故步自封的戈尔洛夫。

——习近平在听取原济南军区工作汇报后的讲话

我担任军委主席后，第一时间就强调了军人要有血性，我说的血性就是战斗精神，核心是一不怕苦、二不怕死的精神。

——习近平在全军政治工作会议上的讲话

在战争指导上，我们从来都强调灵活、机动、自主，也就是《孙子兵法》上讲的"致人而不致于人"。应对信息时代的战争，应针对敌方作战体系薄弱环节，瞄准敌人的软肋和死穴打，着眼发挥我们的优势打，这就叫"以能击不能"。

——习近平在军队一次重要会议上的讲话

随着军事技术不断发展，武器因素的重要性在上升，如果武器装备上存在代差，仗就很难打了。恩格斯说："暴力的胜利是以武器的生产为基础的。"列宁讲："用人群抵挡大炮，用左轮手枪防守街垒，是愚蠢的。"

——习近平在军队一次重要会议上的讲话

我们不希望打仗，但只有我们有准备、有强大军事力量、有打赢能力，才能从战略上实现不战而屈人之兵，达到"以武止戈"的目的。要把日常备战工作提到战略高度，坚持平战一体，抓住平战转换这个枢纽，提高快速反应能力。

——习近平在军队一次重要会议上的讲话

"军队的样子"不只是面子，而是面子里子都要有样子。面子是里子的外化。内功没练好，面子再好，也只是绣花枕头一包草。总结我军历史和现实需要，我想"军队的样子"就是要坚决听党指挥、要能打仗、打胜仗，要保持光荣传统和优良作风。

——习近平在军队一次重要会议上的讲话

---

① 1942年9月，苏联作家科尔内楚克创作的三幕五场话剧《前线》，对鼓舞凝聚苏联反法西斯战争士气产生过重要影响。《前线》主要描述了两个人物：作战前线总指挥戈尔洛夫将军是老资格的布尔什维克，战功卓著，对党忠诚，但保守刚愎，轻视军事科学，甚至根本不接受无线电联络用于指挥作战，总是用过去曾经打败14个国家的传统作战思想研究问题，教育年轻军官。年轻的军长欧格涅夫，理念先进，善于运用新技术和新的战略战术，但始终受到总指挥戈尔洛夫的教育和训斥。最终，统帅部不得不决定，由年轻军长欧格涅夫替换戈尔洛夫将军指挥作战，使苏联接连赢得胜利，粉碎了法西斯军队的进攻和包围。

专题四

信息主导　体系作战

——现代战争

内容提要

　　信息化战争是使用信息化武器装备及与之相适应的作战方法所进行的战争。随着信息技术的飞速发展，信息作为战略资源的地位将更加突显，围绕信息资源获取、信息化军队建设和占领信息优势高地的竞争将愈演愈烈，信息化战争已逐步登上历史舞台，它将以前所未有的速度催生新的作战方法，其形态的演变将变得迅速和明显，这对我军履行历史使命、打赢信息化战争提出了更加严峻的挑战。

教学目标

　　学习本专题，有助于了解信息化战争的形成、发展趋势，以及与国防建设的关系，熟悉信息化战争的基本特征，树立打赢信息化战争的信心。

　　学习和研究军事问题的一个根本目标，就是遏制和打赢战争。战争关系国家和民族的前途命运，也关系构成国家和民族的每一个人的前途命运。所以，包括我们大学生在内的每一个人都应当认真思考战争问题。不同的时代条件下，战争活动有着不同的特征和规律。现代社会的战争活动，既符合人类历史上战争活动的一般规律，又具有许多特殊之处。对于我们来说，要维护国家安全，就必须深入考察战争形态的发展，从各个方面提高国防和军队的现代化水平，做好最充分的战争准备，达到遏制和打赢未来信息化战争的根本目标。

第一讲　回望历史　烽火连天——战争概述

　　新时代，中国总体上处于和平环境，但不能因此而忘记战争，仍然面临着遏制和打赢战争的重要任务。对于大学生来说，应当科学认识和思考战争问题，形成正确的战争观，以丰富自己的世界观、人生观和价值观。我们应充分地认识国防和军队建设的重要性，积极为提高国家综合实力做出贡献，最终为遏制和打赢战争提供必要帮助。

一、战争的内涵

　　纵观历史和现实可以发现，战争并不是一种偶然性的社会现象，而是经常发生的人类社会活动，而且，战争是最复杂、最激烈、影响最大的社会活动之一。科学认识战争问题，确立科学的战争观，是维护国家安全和遏制与打赢未来战争的重要前提。

（一）战争的定义

　　在中国古籍中，往往把战争活动称为"战""争""兵""征""伐"等。战国时期的兵书《吴子兵法》中已有"战争"一词。但在很长时间里，人们对战争的定义具有宽泛性和不准确性。随着时代发展，人们对战争的认识越来越深入，对战争的定义也越来越明确。毛泽东站在马克思主义的立场上深刻指出："战争——从有私有财产和有阶级以来就开始了的，用以解决阶级和阶级、民族和民族、国家和国家、政治集团和政治集团之间，在一定发展阶段上的矛盾的一种最高斗争形式。"这一论断，为正确认识战争这一人类社会最复杂的活动，提供了科学依据。在此基础上，我们党和军队对战争定义进行了广泛而深入的思考。在《中国人民解放军军语》中，把战争定义为："国家或政治集团之间为了一定的政治、经济等目的，使用武装力量进行的大规模激烈交战的军事斗争。是解决国家、政治集团、阶级、民族、宗教之间矛盾冲突的最高形式。"

战争是人类最重要的社会活动之一。在人类历史上，出现过许许多多次的战争。有人统计，在有记载的 5560 年人类历史上，共发生过大小战争 14531 次，只有 227 年是没有打仗的。"二战"后，世界上爆发 470 余起局部战争。在世界范围内，无任何战争的日子只有 26 天。由此可见，在阶级、民族、国家存在的社会里，战争是一种时常发生的活动。战争与和平总是交替出现。到目前为止，没有打不完的战争，同样也没有永久的和平。自 20 世纪后期以来，和平与发展成为两大时代主题，必须坚决维护来之不易的和平环境。但是，世界仍然存在诸多矛盾，仍然存在战争与和平两种可能。任何国家都不能说，自己在未来永远不会卷入战争。

战争对人类的安危，民族的兴衰，国家的存亡，社会的进退，都有着直接的重要的影响。而国家、民族和社会都是由人构成的。战争能够对国家、民族和社会造成重大影响，自然也能改变身处其中的人的前途命运。自古以来，有无数人在战争中失去生命，有无数人因为战争失败而流离失所、灾难深重，也有无数人因为战争胜利而获得生存和发展的机会。无论怎么样，战争对国家、民族、社会和身处其中的每一个人的影响都是极大的。1840 年鸦片战争失败之后，西方列强入侵，中国陷入内忧外患、山河破碎的悲惨境地，人民长期处于水深火热的深重灾难之中。为战胜外来侵略、争取民族解放、实现国家统一，中华儿女前仆后继，进行了可歌可泣的斗争。中国共产党缔造和领导人民军队，通过长达 22 年的革命战争，夺取了政权。中华人民共和国建立以后，党和军队加强社会主义建设时期的国防和军队建设，又赢得多次局部战争和武装冲突的胜利，有力地遏制新的战争的发生。可以说，在整个中国近现代史上，国家和民族的命运，每一个中国人的前途命运，都是与战争活动紧密联系在一起的。

所有这些都告诉人们，任何时候都不能忘记战争。正如古代大军事家孙子所说的"兵者，国之大事，死生之地，存亡之道，不可不察也"。和平始终是人类社会的普遍期待与殷切向往。没有和平，发展就无从谈起。但不管是什么时代，每一个人都不能因此而忽视战争。相反，只有充分认识到战争的重要性，认真考察和研究战争，切实为战争准备做出应有的贡献，才能遏制和打赢战争，获得良好的和平环境，维护个人、社会、民族、国家的生存和发展利益，获得美好的现实与未来。

（二）战争的本质

如同其他各种社会活动一种，在纷繁复杂的战争活动的表象之中，蕴含着深刻的本质。历史上，军事理论家克劳塞维茨提出：战争无非是政治通过另一种手段的继续。列宁继承和发展了这一观点，并且指出：战争是这个或那个阶级的政治的继续。在此基础上，毛泽东在《论持久战》一文中进一步指出："政治是不流血的战争，战争是流血的政治。"战争本身就是政治性质的行为，任何战争都是政治矛盾激化的产物，是政治在一定阶段展现出的最高斗争形式。在历史和现实中，有些战争发起者往往会抹杀战争的政治性，找出各种各样的理由和借口，为自己发动战争进行掩饰。不管这些人以什么样的借口发动战争，我们都要透过现象看到其本质。

二、战争的特点

战争是一种人类社会活动。与政治、经济、科技、文化等活动相比，战争活动与它们有很多不同之处，有着自身运行的特殊规律。与此同时，战争与政治、经济、科技、文化等活动又密切联系，符合人类活动的一般规律。我们应当认清战争的特点，遵循战争活动的规律，以此牵引和做好国防和军队建设各项工作，切实提高综合国力，以遏制和打赢未来可能发生的战争。

（一）战争有区别于政治、经济、科技、文化等社会活动的特性

与政治、经济、科技、文化等社会活动相比较，战争活动有很多独有的特性：对抗性、集团性、暴烈性、复杂性、时代性。认识战争的这些特性，能够帮助人们更加准确地认识战争规律。

（二）战争有与政治、经济、科技、文化活动的内在联系

战争是一种非常特殊的社会活动。但它却不是孤立的社会活动，与政治、经济、科技、文化等各方面的社会活动都密切相关。战争是力量的竞赛，战争力量是物质因素与精神因素的结合物。在这些因素中，既包括军事因素，也包括政治、经济、科技、文化等各方面的活动因素。

除此之外，战争还与人口、地理、自然环境等因素有着密切联系，呈现互动发展的特性。由于战争与其他社会活动紧密联系，人们就不能孤立、片面地看待战争问题。军事家不可能超越既定的客观物质基础（交战双方的军事、政治、经济、自然诸条件）去企求战争的胜利，然而可以而且必须在既定的客观物质基础上能动地争取战争的胜利。战争在政治、经济、科技和文化等方面会有巨大破坏，起到消极作用；同时也可能会在一定条件下进行保护和促进，起到积极作用。因而，不能一味地认为战争是"绝对的坏事"，也不能一味地鼓励战争。关键的问题，是要全面、准确地考察战争活动，认识和遵循其运动规律，想方设法降低或消除其消极作用，而努力增强其有利的一面。

为遏制和打赢战争，就必须全面、充分地做好战争准备。对于新时代的中国人民来说，应当大力支持国防和军队建设，切实做好军事斗争准备。与此同时，也要从政治、经济、科技和文化等方面入手，加强全面建设，大力提高综合国力。只有这样，才能不断促进国家实力的进步，真正实现遏制和打赢战争的目标。

三、战争的发展历程

战争作为一种长期的历史性社会活动，经历了一个漫长的发展过程。受政治、经

济、科技、文化等因素影响，战争活动在不同的历史阶段有着不同的表现。从不同的角度，可以对人类历史上的战争活动进行分类。例如，从社会发展史的角度，可以分为奴隶社会时期的战争、封建社会时期的战争和资本主义上升时期的战争，以及帝国主义和无产阶级革命时期的战争等。

近几十年来，由于人类科技进步对战争活动影响巨大。因而，人们从科技与战争互动影响的角度，把战争区分不同的战争形态。战争形态是以主战兵器技术属性为主要标志的战争历史阶段性的表现形式和状态。在人类历史上，随着科学技术的发展，世界主要国家军队曾经普遍使用冷兵器、热兵器、机械化兵器以及信息化兵器等不同的主战兵器。相应的，人类战争的发展历程，可以划分为冷兵器战争时代、热兵器战争时代、机械化战争时代，以及信息化战争时代。其中，冷兵器战争是主要使用木石、青铜、铁制等冷兵器为主要武器装备及相应作战方法的战争形态。热兵器战争是主要使用火枪、火炮等热兵器为主要武器装备及相应作战方法的战争形态。机械化战争是主要使用工业化生产的坦克、飞机等机械化兵器为主要武器装备及相应作战方法的战争形态。而信息化战争是普遍使用经过信息技术改造的坦克、飞机等兵器，和计算机指挥控制系统等崭新的信息化武器装备，及相应作战方法的战争形态。每一种战争形态都有其独特的发展历程。

当前，人类战争形态正在由机械化战争向信息化战争加速演变。哪个国家的军队能够敏锐洞察战争形态演变的趋势，及时进行新军事革命，哪个国家就能在时代大潮中赢得主动，占得先机，为赢得战争胜利创造良好条件。新时代，我们党和军队高度重视对战争形态的演变进行研究，把立足于遏制和打赢信息化局部战争作为新的军事战略方针。我们应当从战争形态演变的历史中汲取经验，认真思考和充分认识信息化战争，做好充分的准备，以获得最大的主动权。

军海泛舟

美国南北战争

美国独立后，南方和北方沿着两条不同的道路发展。在北方，资本主义经济发展迅速，从 19 世纪 20 年代起，北部和中部各州开始了工业革命，到 50 年代完成。1860 年，北方工业生产居世界第四位，总产值达 18.8 亿美元。而在南方则实行种植园黑人奴隶制度，1860 年南方已有黑人奴隶 400 万人。南方奴隶制度是生长在美国社会的赘瘤，它严重窒息了北方工商业的发展，南北矛盾和斗争自 19 世纪初起日趋激烈。

斗争主要围绕西部土地展开。北方要求在西部地区发展资本主义，限制甚至禁止奴隶制度的扩大；南方则力图在西部甚至全国扩展奴隶制度。双方矛盾到19世纪50年代在局部地区已酿成武装冲突。在奴隶主的进逼面前，北方人民发起了声势浩大的"废奴运动"，南方黑奴也不断展开暴动。在人民斗争的推动下，北方资产阶级开始主张废除奴隶制度。1854年在北方成立了共和党。同年，南方奴隶主企图用武力把奴隶制扩张到堪萨斯，于是在堪萨斯爆发了西部农民与来自自由州的移民反对南方奴隶主的武装斗争，斗争持续到1856年，由此揭开内战序幕。1857年奴隶主又利用斯科特判决案企图把奴隶制扩展到美国全部领土上去，导致约翰·布朗起义。1860年主张废除奴隶制的共和党人林肯当选总统，南方奴隶主发动叛乱，南方蓄奴州纷纷独立，其中7州退出联邦，于1861年2月组成"美利坚诸州联盟"，定都里士满，戴维斯任总统。同年4月12日至14日，南方邦联军先发制人攻占萨姆特要塞，内战爆发。

南北战争摧毁了奴隶制，南北战争是美国历史上第二次资产阶级革命，但较好地解决了农民的土地问题，维护了国家统一，为美国资本主义的加速发展扫清了道路，并为美国跻身世界强国之列奠定了基础。南北战争中工业革命带来了军事上的巨大进步，双方使用了金属弹壳和后装填步枪作战，使用铁路和蒸汽船实现快速的兵力机动和集结，使用蒸汽铁甲战舰进行海战，机械连发枪第一次投入实战，特别是北方发展了制造标准化零件组装武器的生产方式，大大提高了工业生产效率，推动了美国历史上的进步。

第二讲　战争形态　变革动力——新军事革命

一旦技术上的进步可以用于军事目的，并且已经用于军事目的，它们便立刻几乎强制地，而且往往违反指挥官的意志而引起作战方式上的改变甚至变革。

——恩格斯

20世纪70年代以来，以信息技术为核心的新技术浪潮，以锐不可当之势推动着信息化时代的到来，正深刻改变着军事斗争的面貌，引发了军事领域一系列革命性的变化。这场新军事革命首先发生发展于美国等西方发达国家，可以从英阿马岛战争或海湾战争算起，以大量高技术兵器用于实战为标志，以信息化建设与发展为核心，其速度之快、范围之广、程度之深、影响之大，是人类文明有史以来影响最广泛、最深刻的一次军事革命。

信息化战争与世界新军事变革

一、新军事革命的内涵

所谓新军事革命，就是在人类社会从工业时代走向信息时代的变革过程中，在以信息技术为核心的高技术迅猛发展推动下，将信息化武器系统、创新的军事理论和变革的体制编制有机地结合在一起而形成的，能彻底改变旧作战方式，极大地提高军事效能的军事革命。简单地说，新军事革命是指世界军事由工业时代的机械化军事形态向信息时代的信息化军事形态的全面转型。理解新军事革命的含义，可以从以下三个方面把握。

（一）新军事革命是整个社会变革的重要组成，强调要从社会整体变化来认识

社会是军事的母体，军事是社会的重要领域。一定的军事形态是一定的技术社会形态在军事领域的反映。任何作战方式，都可以在相应人类社会生产方式中找到自己的影子。例如，美国著名未来学家阿尔文·托夫勒就认为："新文明向旧文明挑战，整个社会转变，促使武装力量从技术和文化到编制、战略、战术、训练和后勤等方面都发生变化，这就出现了军事变革。"中国工程院前院长朱光亚看问题更是入骨三分、一语中的，他说："产生这场新军事变革的社会根源是一种新型的经济正在美国、欧洲、亚太一些国家和地区兴起，它建立在信息技术的基础上，正在使军事各个领域发生迅速、急速的变化。"在人类历史上，技术社会形态完成过两次变化。一次是由游牧社会向农业社会过渡，另一次是由农业社会向工业社会转变。随着这两次技术社会形态的转型，也出现了两次全面军事变革，即冷兵器军事变革和热兵器（机械化）军事变革。现在，技术社会形态正在发生第三次大变革，世界正处于由工业社会向信息社会的过渡时期，因此也必然出现第三次世界性的全面军事变革。也就是说，这次军事变革是由信息社会孕育出来的，是信息社会的产物。

（二）新军事变革是科学技术发展和应用的必然结果，必须从现代科学技术的发展来认识

总结来看，人类历史上每一次军事变革都是由关键技术的突破引发的。作为知识经济时代的特征和标志，当今世界，信息技术无处不在、无时不有，达到了空前普及的程度。信息已经成为现代社会最重要的战略资源之一。以色列学者马丁·范·克里沃尔德认为："把技术发展适当地用于装备、训练、编制和学说中时，提供了一个决定性的优势，这就是军事变革。"美国战略和国际问题研究中心的分析报告指出："一场真正的军事变革是把先进的技术与正确的学说、编制结合在一

起，使武器发挥最大效果。"事实也是如此，特别是以信息技术为核心的高新技术在军事技术领域的广泛运用，直接带动了精确制导技术、遥感和探测技术、卫星通信和卫星预警技术、全球定位导航技术、隐身技术、激光技术、夜视技术、电子对抗技术等一系列军事高技术的出现和迅猛发展。以此为基础，精确制导武器、高能激光武器、粒子束武器、隐身武器、自动化指挥控制系统、红外传感装置、全球联合定位攻击系统等一大批高新技术武器装备大量涌现。这些崭新的高新技术武器装备的出现，彻底改变了现代战争的面貌。毋庸置疑，现代科学技术是新军事变革的物质基础，新军事变革是现代科学技术在军事领域广泛应用的结果。

（三）新军事变革是军事领域的整体变革，必须从军事发展的全局来认识

美国前国防部长威廉·佩里指出："军事变革是采用新技术，同创新的作战理论和组织体制改变相结合，是从根本上改变军事行动特点和进行方式的过程。"总的来看，新军事变革包括三个基本要素：先进的武器系统、创新的军事理论和变革的体制编制。每个要素都是军事变革的必要条件，但不是充分条件。它们各自并不能独立地导致军事变革的真正实现，只有当它们同时出现并有机地结合在一起时，军事变革才能真正地发生。其中，先进的技术和武器系统是军事变革的前提条件和物质基础，是军事变革的"硬件"。没有这些硬件，军事变革就无从谈起。创新的军事理论是军事变革的灵魂，是军事变革的"软件"。它不但决定先进的技术和武器系统这些"硬件"如何运行，发挥其具体功能，而且决定其如何相互作用，以发

中国超算"顶天立地"四十年

挥其最大的效能。变革的体制编制是先进的武器系统、创新的军事理论的具体体现，是把军事变革的"硬件"和"软件"有效地结合在一起，并发挥出最佳功能的关键。总之，新军事变革不是一个孤立的事件，而是一个整体的过程。只有当先进的技术和武器系统与创新的军事理论以及变革的体制编制正确、及时地结合在一起时，新的军事变革才会出现。

二、新军事革命的主要内容

新军事革命是人类文明由工业时代向信息时代转变的产物，是当代国际综合国力竞争在军事领域的反映，是以夺取并保持绝对军事优势为目标，以高技术特别

新军事革命的起源在苏联

是信息技术的飞速发展为动力，通过"系统集成"和"虚拟实践"，最终实现军事体系由机械化向信息化转变的过程。新军事革命的本质与核心是信息化。其目的是建设信息化军队，打赢信息化战争。

（一）创新军事技术，实现武器装备的信息化

武器装备的断代性发展，是军事领域出现革命性变化的重要标

志。现阶段，主要是应用信息技术成果对现有武器装备进行改造，同时研制和发展新型信息化武器系统，从而实现武器装备的信息化、智能化和高效化。目前，发达国家军队已经实现了高度机械化和部分信息化。同时，在战争中大量使用经过信息化改造的精确制导武器。2003 年 5 月，伊拉克战争结束不久，美国副总统切尼就宣布："从战场投放的精确制导弹药占总投弹量的比例看，海湾战争是 9% 左右，这次伊拉克战争则占到 68%。"信息装备已成为现代战争的主战装备。

高度信息化的武器装备

（二）创新体制编制，重组军队组织结构

一场军事革命的完成，是以军队组织结构调整的最终实现为标志。调整改革军队的体制编制，是实现人与武器有机结合，最终完成军事变革的关键。世界各国为适应世界新军事变革的发展，高度重视优化军队的内部结构，使军队的体制编制向着精干、高效、合成的方向发展。总的趋势是：压缩常备军规模，裁减一般部队，增编高技术军兵种部队，使军队向小型化、多能化、一体化方向发展。现阶段，主要是建设便于灵活组合的中小型模块式部队，建立适合信息快速流通的扁平式作战指挥体制。伊拉克战争中，美军在指挥上，改变了以往各军兵种分别指挥的方式，由联合作战中心实行一体化指挥；在保障上，改变了以往逐级实施的方式，由后方基地统供，直接投送到前沿部队和分队，这就是所谓的"聚焦后勤"。

（三）创新军事理论，推动军队建设转型

随着高新技术武器装备的发展，传统的战争理论、作战原则以及战略、战役、战术之间的关系等都随之发生变化，出现了一些建立在新的物质基础之上的军事理论。如信息化战争理论、信息战理论、联合作战理论、精确化作战理论、非对称作战理论、空间作战理论、非接触作战理论和网络中心战理论等。在伊拉克战争中，美军所使用的"快速决定性作战"作战理论，就是一种全新的作战理论。它强调作战行动必须充分利用信息化装备优势，采取"远程精确打击＋小规模地面快速突击"的新战法，尽快由有限规模的战役行动达成战略目的。通过实战检验，这一理论得到了充分验证，说明适应信息化战争要求的创新军事理论是完全必需的，并要根据新的军事理论实现军队由机械化向信息化转型。

（四）创新作战方式，适应新的战争形态

20 世纪 90 年代以来，非接触、非线式作战日益成为重要作战方式。网络中心战、太空攻防战等也将在不久的将来登上实战舞台。美军在伊拉克战争中所采用的基本作战方式就是非接触、非线式作战。这种作战方式不再是逐次突破推进，而是一开始就超越防御地带和自然地理屏障，直接对敌战役和战略纵深目标实施中远程精确打击，通过瘫痪对方的整个作战体系、摧毁对方的战争潜力和国家意志来达成

战略目的。2003年3月20日凌晨伊拉克战争一打响，美军第3机步师就从科威特出动，第二天便深入伊拉克腹地160千米，5天内急进400多千米，直插巴格达外围。不少人认为，这样用兵是孤军冒险。其实，这正是为了以最快的速度推翻萨达姆政权。这种"闪电"行动，使伊拉克军队来不及纵火油田、炸毁桥梁、设置交通障碍，更来不及组织坚强有力的巴格达防御战。因此，创新作战方式是适应战争形态发展的需要，必须灵活多变。

三、新军事革命的发展趋势

（一）向更高的层次迈进

美军飞机投掷精确制导弹药

随着新军事革命的宏观性、整体性、未知性、前瞻性空前增强，对战略规划的需求也越来越迫切。为此，世界各主要国家纷纷顺应时代发展趋势，把新军事变革定位为国家职责，纳入整体规划，加大投入力度，力求国防与经济建设同步发展。比如，在美国政府和国会的强力推动下，美国军费投入持续攀升，2018年军费超过7000亿美元，其中40%以上直接用于新军事变革。俄罗斯政府则制定了"联邦军事学说"，为进行新军事变革规定了大政方针，并在国家财政非常困难的情况下，支持军队进行了四次大规模调整改革。各国还普遍重视发挥国家经济、国防、智力等资源的综合效益，缩短新装备从研制生产、交付使用到形成战斗力的周期，不断提高国防和军队建设的投入产出比。因此，推动军队全面转型便成了新军事革命的重要趋势之一。

当今世界军事革命的演进大致可以分为三个阶段：观念转变阶段，战略更新阶段，体系调整阶段。目前正处于体系调整阶段。美军各军种也都制订了加速推进军队转型的战略规划和实施计划：陆军计划在建设数字化部队的基础上，到2030年建成高度信息化的"目标部队"；海军计划到2025年实现"由海到陆"；空军要在2030年前后实现航天航空一体化，建成新型"航天、航空部队"等。

（二）向更广的范围扩展

如果说，海湾战争拉开了世界新军事革命的帷幕，那么，经过30年的努力，将变革成果付诸于战争实践检验，已成为军事强国的迫切需要。同时，以信息技术为核心的新军事革命，增强了战争的可控性，降低了战争的风险和门槛，拉近了军事革命与战争的距离。信息化武器、信息化作战平台、数字化部队、新型作战理论等在近几场现代局部战争中纷纷登场亮相，新军事革命通过"实验型"战争提速。这种互动大大增加了所有国家加快军事变革的紧迫感。各国普遍意识到，顺应新军事革命的潮流，就能夺得军事领域的制高点和战略主动权。与此同时，军事变革还在向武器装备、编制体制、作战理论等诸多领域全方位扩展。以美军的作战理论为例，在《2020年联合构想》中，美军强调发挥信息和技术优势，借助新的概念、新的编制和新的武器系统，实现优势机动、精确打击、全维防护和聚焦后勤等新的作战思想，为未来美军建设提供了理论指导。非接触战理论、网络中心战理论、数字化部队建设理论等一系列全新的战略理论陆续出现，各种制权理论被不断翻新和融合，这些新的战略理论既是新军事革命催生的产物，又为新军事革命地深入发展注入了生机和活力。

（三）向更新的领域渗透

新军事革命主要是由先进的信息技术对军事的影响而产生的。信息技术在影响军事的过程中，可分三个层次。一是改进现有的军事系统，提高现有军事系统的效能，使之发挥更大的作用；二是先进的信息技术创造出新的暴力工具，如智能武器、无人驾驶武器、机器人部队等；三是由信息技术间接地推进新概念武器的发展，包括激光武器、定向能

未来战争将向无人化发展

武器、非杀伤武器等。后两种影响更具有革命意义。现阶段，信息技术对现有军事系统的"建设性"较为明显，而"否定性作用"较为隐晦。二者的冲突与融合，将在未来一定时期内决定军事斗争的面貌。

（四）向更快的节奏转变

科学界的大量统计研究表明，信息革命的"第一规律"，即芯片、通信和网络的功能呈指数增长的规律，是促使新军事革命加速的重要原因。不但科技成果的数量在急剧增加，而且军事科技成果从出现到实际应用的周期越来越短，许多重大成果一出现，就立即在军事上得到了应用。有人说，1950年前后，人类知识总量翻一番需要50年，2020年时人类知识总量翻一番只需73天。在军事信息技术加速度发展的强大推动下，新军事革命成为一种加速度很大的变革。

  延 伸 阅 读

太空军到底是个什么军？

美国前总统肯尼迪曾预言："谁能控制空间，谁就能控制世界。"广袤的太空因

美国空军下设空军太空司令部，全称是 Air Force Space Command，简称AFSPC，总部位于美国科罗拉多州的彼得森空军基地。

蕴藏着巨大的政治、经济、军事、科技价值，已成为当今各国关注的维护国家利益的战略"制高点"。

2019年12月20日，美国总统特朗普在马里兰州安德鲁斯美军基地签署《2020财年国防授权法案》，正式开始创建美国第六大军种——太空军（Space Force）。与现有陆军、海军、空军、海军陆战队、海岸警卫队并列，成为"第六大军种"，"保卫"其在太空的"正当"利益。

不少专家认为，这其实是凭借其军事和科技优势，抢占有限的空间资源，在外层空间延伸其全球霸权。我国国防部新闻发言人表示，美国成立太空部队，大力发展太空作战力量，推动太空军事化和军备竞赛，严重威胁太空的和平与安全。

欲成军蓄谋已久

20世纪80年代，美苏军备竞赛进入白热化。与苏联相比，美国在战略核武器上处于相对劣势，在太空技术上却占上风。因害怕"核平衡"的形势被打破，美国提出了"高边疆"战略，利用其太空技术优势，建立空间武器系统，提供对付战略核武器攻击的空间防御手段，以消除苏联日益增长的核威胁。

基于"高边疆"战略，美国设立了一个名为"反弹道导弹防御系统的战略防御计划"项目，也就是人们常说的"星球大战计划"。

"星球大战计划"的主要目标是建立一个多层次、多手段的综合防御系统，采用天基定向能武器和动能武器，针对弹道式导弹弹道的助推段、末助推段、中段和再入段四层进行拦截，其理论总拦截率高达99.999%。

同时，由于卫星在监视、预警、通信、导航等方面具有不可替代的作用，"星球大战计划"还包括了"反卫星计划"，主要是部署能够摧毁敌方军用卫星的反卫星武器，使敌方卫星失去作用。

就在"星球大战计划"正式立项的1985年，美国成立了航天司令部，这可谓太空军的"萌芽"。

90年代初，随着苏联解体、华约解散，美国宣布终止"星球大战计划"。但其带着冷战思维的"高边疆"战略并未终结，并得以继承和发展，太空军事化也在美国一手推动下愈演愈烈。

2002年，美国整合了自1982年至2000年间成立的海、陆、空三军太空司令部，与战略司令部合并，组成了新的战略司令部。同时，美国组建了太空战研究中心、太空战实验室，制定了太空保护策略；先后组建了太空战实验部队和作战部队，验证太空作战和武器系统。

2006 年，美国修订了太空政策，确立了一系列旨在建立绝对太空军事优势的战略目标，美国宇航局则表示将在太空探索领域不遗余力地创新，以期在"太空经济"中使美国一直走在最前面，获得最大利益。

然而，美国一意孤行将太空军事化，谋求太空霸权，国际社会并未噤若寒蝉。联合国一直在呼吁太空非军事化，多次进行相关提案、议案的表决，美国总是"唱反调"。联合国裁军会议曾提出"防止太空军备竞赛条约草案"，要求禁止任何国家在外太空部署任何武器，却遭到美国强烈反对。

世界诸多国家拥有维护空间和平、共同开发利用外层空间的美好愿望，但随着美国太空军的成立，一些不确定性因素明显增加。

凭优势谋求霸权

根据美国总统特朗普签署的法案，原美国空军太空司令部更名为太空军，原太空司令部司令、空军上将约翰·雷蒙德担任首任太空军参谋长，并将在 2020 年 12 月正式成为美国参谋长联席会议成员。空军下属的 15 个太空联队、一个太空与导弹系统中心，3400 名军官、6200 名士兵及部分文职人员共约 1.6 万人转入太空军序列。

太空军主要有航天发射、航天测量跟踪管理、防天监视作战和军事航天员四个职能属性的部队构成。航天发射部队担负运载卫星和航天器发射的检查、测试、总装、对接、推进剂加注、瞄准发射等任务。航天测量跟踪管理部队担负轨道测量和控制、航天器内部工作参数测量和航天器控制等任务。防天监视作战部队担负监视敌对国的航天器和洲际导弹发射及截击敌方导弹和军事航天器的任务。军事航天员部队是在航天飞机、空间站或宇宙飞船上执行军事任务的航天员队伍，负责战役管理以及监视来自空中、水下和地面发射的洲际导弹，跟踪外层空间的敌方军用航天器。

尽管美军成立了太空军，但美国陆军及海军的太空作战人员及机构尚未转入太空军麾下，其中就有归属陆军的一个太空旅、一个导弹防御旅和归属海军的一个卫星作战中心。

按照美军设想，太空军的主要任务是独立作战和支援其他部队作战。太空军通过太空武器打击外层空间的飞行器、卫星或弹道导弹，来致盲对手，瘫痪对手的监视、预警、通信、导航系统，拦截攻击目标等，为其部队创造更有利的作战环境。

太空军拥有诸多新技术和与之匹配的武器装备，如反卫星武器、束流武器等。

反卫星武器应用主要有两种：一种是硬摧毁。将微小卫星、弹丸、破片等发射到卫星轨道上，它们在太空中的飞行速度与卫星相同，可高达 7000~8000 米/秒、甚至 1 万~1.5 万米/秒，与卫星碰撞能产生巨大动能，从而击毁卫星；或者由航天飞行器直接携带弹头来摧毁卫星。另一种是软抓获。利用"长手臂"的卫星、太空机器人或空间站，捉住并回收敌方卫星。

从概念到实际，配置反卫星武器至少需要掌握亚轨道发射技术、轨道发射技术、精确定位和机动技术、精确指向技术、精确太空跟踪技术、大致太空跟踪技术、自主跟踪和寻的技术。这些技术能够支撑部署弹丸云反卫星武器、破片杀伤反卫星武器、动能反卫星武器等地基反卫星武器，可找寻目标并将之摧毁。

部署天基反卫星武器，除需具备最基本的航天发射能力保证卫星和航天器升空之外，还需掌握微小卫星技术、在轨机动技术和空间自主逼近技术、卫星干扰源定位技术等，通过测量干扰信号的时差和频差，利用现有卫星资源对干扰源进行准确定位，使卫星、太空机器人及时变轨，寻找、接近、捉到目标。

除此之外，掌握高能激光武器技术、粒子束武器技术、高功率微波武器技术等束流武器技术，也将为太空军加成战斗力。

太空军的成立，势必刺激空间对抗武器技术的发展，单一技术的发展已不能满足需求，空间对抗武器技术势必向多方向融合发展，包括空间攻防武器技术与空间应用、空间探测技术的交叉融合及空间攻防对抗技术自身的交叉融合。

可否为"一家独大"

太空时代的到来，也使传统意义上的国家安全面临新的挑战，如果没有空间安全，国家领土、领海和领空安全将难以保证。谁夺取了制天权，谁就可以在战争中"居高临下"取得关键优势。因此，世界各国对空间的开发、利用和竞争也日趋激烈。

以俄罗斯为例，21 世纪初期，早在美国成立太空军之前，俄罗斯担心美国生成非对称打击能力，便将太空安全置于国家安全的优先地位。在政治、外交领域阻止美国太空军事化努力不能实现的情况下，俄罗斯开始加速研发太空武器，并组建太空战领导机构和太空战部队。

2015 年，俄罗斯组建空天军。与美国此次单独成军不同，俄罗斯空天军是空军与空天防御军的结合体，更像是"飞得更高的空军"。

法国虽是北约的成员国，但因其防务系统独立于北约之外，同样在寻求"保护本土"。2019年，法国总统宣布将建立国家军事太空司令部，将现有的空军扩大改编为航空宇宙军，作为法国空军的一部分。这意味着法国也将军事重心放在了太空，以"寻求战略空间自治"。为了提高宇宙国防实力，法国还决定从2019年到2025年增加国防费，计划发射更多的军事侦察卫星。

印度也不甘落后。2019年，印度成功发射反卫星拦截导弹，摧毁一颗低轨卫星。随后不久，印度宣布成立国防太空署，将原本分散的太空部门和资产统一起来，其职能之一是"确认印度目前面临的太空威胁，并寻找应对和解决的办法"。印方表示，太空竞争越来越激烈，印度需要可控的太空威慑力量。

毫无疑问，美国太空军事战略的实施，已经而且必将引起其他大国更多的连锁反应，各国都在奋起直追，更多地将军事和科技力量投向太空，避免在新一轮战略竞争中被边缘化。

为了达到延伸霸权的目的，美国太空军势必会向太空发射更多的太空平台、部署更多的太空武器。然而，无论是报废的太空平台、卫星，还是航天器被摧毁、解体形成的太空碎片，都会严重威胁太空飞行器的安全，压缩太空空间。

有识之士指出，未来，恐怕并非太空"是哪家的"问题，而是太空能不能被利用的问题。

第三讲　纵深立体　空前鼎盛——机械化战争

一、机械化战争的基本内涵

机械化战争，是指主要使用机械化武器装备及相应作战方法进行的战争。所谓机械化武器装备，是以机械动力为主要驱动力，以火力、机动力、防护力为主要战术技术指标的各种装备的统称，如工业化生产的坦克、自行火炮、水面舰艇、潜艇、战斗机、轰炸机等。主要依托建制内装甲战斗车辆等机械化装备实施机动和作战的部队，以机械化步兵或坦克兵等为主体的诸兵种合成部队，被称为机械化部队。机械化部队的典型的作战方法是大规模集群作战、远距离快速机动作战、大范围纵深攻击作战等。交战双方往往构筑阵地，沿着一定的作战线，进行密集的火力交锋。为了打击一个目标，具有机械化作战能力的部队通常使用大量飞机、坦克、火炮等武器，投射大量弹药，进行猛烈轰炸，实施大范围的火力覆盖。

机械化战争是随着工业时代来临而产生和发展的。19世纪末20世纪初以后，人类科学技术获得新的进步，以重工业为重点，以大机器生产为特征的新工业革命发展迅速。相应的，军事科技也获得同步的发展，速射机枪、坦克、飞机、潜艇、航空母舰、无线电设备等一大批机械化武器装备相继问世。与此同时，坦克兵、化学兵、潜艇部队等新的兵种出现，空军诞生并逐步发展为崭新的独立军种，军队编制体制走向大型化、合成化和摩托化，坦克战、化学战、电子战以及空中作战等迅速成为重要的作战方式。所有这些，都使得战争面貌发生重大变化，人类由此步入了机械化战争时代。

二、机械化战争的主要特征

第二次世界大战初期，德军的"闪电战"标志着机械化战争正式开始，一种崭新的作战模式登上了历史舞台。在机械化战争中，物质力量成为主导因素，武器装备在很大程度上影响着战争的胜负。在全新的战争模式推动下，战役理论和战役实践取得了很大发展，作为重要战役行动的战役发起也呈现出很多新的特点。

（一）地位更加突出，对全局影响加大

机械化战争中，杀伤破坏方式由冷兵器、火器的动能过渡到了化学能和机械能，机械化武器装备的射程、速度和杀伤力都发生了质的变化，其破坏能力大大提高。正是由于新式装备强大的破坏力，战役发起所取得的战果往往影响着战役全局，甚至初战就决定了战役胜负。闪击波兰战役中，德军发起战役的首要目标就是波兰的部队、军火库、机场和交通要道，密集的炮火覆盖和飞机轰炸，使波兰 500 架第一线飞机没来得及起飞就被炸毁在机场，无数火炮、汽车及其他辎重来不及撤退即被摧毁，交通枢纽和指挥中心遭到破坏，部队陷入一片混乱。正是战役发起阶段的辉煌战果消除了波兰空军的威胁，德军的装甲洪流才得以长驱直入，以每天 50~60 千米的速度向波兰腹地突进，在一个月内占领了整个波兰。由此可见，机械化程度越高，武器装备越先进，战役发起所取得的作战效果就越明显，对整个战役的影响越大。

（二）合同或联合作战成为战役发起的基本样式

随着飞机、坦克、舰艇大量投入使用，战场范围不断向空中拓展，立体对抗成为机械化作战的重要方式。战役发起时，作战行动在陆、海、空和电磁领域同时或先后展开，各个战场围绕一定战役目的，彼此依存，融为有机的整体。在这样的战场上，任何一个军种的作战行动都难以主宰战场，这就使合同或联合作战成为战役发起的基本样式。机械化战争时期，空军力量、装甲部队、电子对抗分队等作战力量的联合应用，成为战役发起的重要模式。

随着机械化战争的发展，空中作战力量在夺取制空权、进行空中突击等作战行动中担负主要角色，战役发起时，其军事行动制约陆、海战场的行动，对作战结果具有重要影响。装甲部队具有猛烈的火力、广泛的机动力和良好的防护力，担负着突破、

冲击与反冲击、追击等重要任务，是陆上作战的主力，在战役发起时扮演着重要角色。电子对抗是随着电子技术在军事上的应用而逐步发展起来的，它可以削弱、破坏敌方电子设备的使用效能，保护己方电子设备效能得到充分发挥，同时，电子欺骗、电子干扰可以隐瞒真正的作战意图，混淆敌方视听，保障己方行动顺利展开。另外，空降作战、特种作战也成为战役发起的重要内容，对战役发起具有重要影响。

（三）迅猛突击彰显机械化的力量优势

随着武器装备的发展和作战理念的更新，机械化战争潜力被不断地挖掘和释放，其无与伦比的力量优势彻底改变了以往的战争面貌，也从根本上改变了战役发起的方式和内容。战役发起时，发挥武器装备的最大效能、最大限度地毁伤敌方成为作战指挥的最大意图。飞机的侦察突击能力、火炮的远程打击能力以及装甲部队的长途奔袭能力，使打击敌方的交通枢纽、指挥中心、补给仓库等重要目标成为可能；机械化部队的机动力和突击力，使迂回、包抄、渗透等作战方式成为常规手段，而"速度、协同、集中"又使机械化的力量优势得以完美体现；大型舰船的海战能力和补给能力，使远程作战和海上对抗成为重要的作战方式。在机械化部队强大的力量优势面前，冷兵器时代的作战方式已经终结，迅猛突击成为机械化作战的信条。古德里安创造的闪电战就是对这一结论的诠释。在闪击波兰时，古德里安率领的德国第19装甲军，就像一把尖刀，在战役发起后，以猛烈的冲击突破波军防线，然后迅速迂回到波军背后，与德国步兵的兜底行动配合，以最快的速度分割包围了整个波军主力。这一战例不仅检验了"闪电战"的实战效果，更彰显了机械化部队的力量优势。

（四）"三权"争夺日益激烈

机械化战争的发展，使人们越来越认识到"三权"的重要意义。掌握制空权，能限制敌方航空兵和防空兵力兵器的战斗活动，防护己方重要目标，保障己方航空兵的行动自由，使陆、海军的作战行动得到有效的空中掩护；制海权可以确保己方兵力海上行动的自由，保护海上交通运输的安全，同时限制敌方的海上行动；制信息权能确保我方信息通畅，并获取敌方信息及破坏其信息传递通道等。纵观外军机械化战争史，争夺"三权"不仅是战役发起的重要内容，甚至出现了为夺权而进行的战役，如为夺取制空权，英德进行了为期4个月的不列颠空战；为争夺海上霸权，日本偷袭珍珠港，并发动了中途岛海战。"三权"对战役进程具有重要的影响，因此，夺控"三权"成为战役发起的重要内容。

（五）精心布局，隐蔽作战企图

伪装欺骗的战法由来已久，在机械化战争时期更是得到长足发展，几乎每一场战役的发起，都伴随着欺骗与反欺骗，隐蔽作战行动成为出奇制胜的关键。机械化装备的发展，虽然增加了欺骗的难度，但也增加了伪装的手段。通信手段发达，出现了监听与反监听；观测手段增多，伪装与反侦察与之相对；信息渠道拓展，真假信息混杂又为欺骗提供了便利。例如，为完成诺曼底登陆，盟军的"卫士"计划就将欺骗手段运用到了登峰造极的地步。在战役发起前，盟军通过各种途径，诱使德军分散到欧洲各地，从而使德军在法国，尤其是诺曼底地区的守军降低到最低限度。另外，盟军还制造虚假信息，使德军误认为加莱是主攻方向，调动了大批部队在加莱设防。这些行动误导了德军，降低了登陆难度，从而保证了战役的顺利实施。

（六）物资消耗巨大，保障要求高

机械化战争以人力、物力的消耗为对抗手段，而战役发起是整个战役行动中作战最集中、方式最多样、对抗最激烈的阶段，需要高效的后装保障为支撑。坦克、飞机、舰船，这些战争机器的开动需要耗费大量的油料，其机动性为伴随保障提供了难度。参战的人员和装备众多，作战的激烈程度提高了物资消耗，人员伤亡和装备损坏也大大增加。在一定意义上，交战双方武器装备的对抗，也是技术保障能力的对抗。机械化水平越高，对技术保障的依赖性就越突出，双方围绕技术保障的争夺也就会越趋激烈。例如，1940年，德军代号"海狮"的英国登陆战役，就是因为后勤保障系统遭到英军空中打击，其保障船只、物资遭到严重损失，无法保障登陆战役实施，最后被迫放弃了这次战役。

三、机械化战争的代表性战例

在1916年9月（第一次世界大战）的松姆河战役中，英法联军与德军的交战一度处于胶着状态。为了突破德军防线，英军司令海格用心怖而击之谋，突然使用技术装备差、时速仅为6000米的所谓"怪物"——坦克向敌进攻。坦克首次出现在战场上，使德军大为惊恐怯惧，慌忙后撤。英军乘机突破德军防线，打败在松姆河设防的德军。

在后来的康布莱战役和亚眠战役里，协约国开始大量使用坦克。

一位德军俘虏曾说："在多数情况下，官兵们都认为战车的迫近，即可算是中止战斗的良好借口，他们的责任感可以使他们面对着敌人的步兵，挺身而斗，但是一旦战车出现之后，他们就会感觉到已经有了充分的理由，可以投降了。"这种情况正如布拉肯布里所言：任何会战的目标在本质上是追求精神效果，因为死伤并不能使敌人退却。

希特勒任德国总理后开始重整军备，1933年在德国兵工署举办的现代兵器表演会上，希特勒对古德里安训练的一支小型装甲分队的表演大为赞赏。

到1935年，德国已经成立了3个装甲师，根据古德里安的一再要求，德国坦克装备了当时第一流的观察和通信指挥工具，这一优势弥补了德国坦克的许多不足，并在后来的战争中把这种优势保持了很长时间。

　　1938 年，德国军方在建立传统骑兵为主、装甲兵为辅的骑兵军和建立装甲兵为主、骑兵为辅的机械化部队的问题上面临抉择，希特勒支持古德里安的主张，认为在现代战争中，马匹已无利用价值。于是，德国把大部分骑兵或改编为摩托化部队，或编入装甲部队。至此，古德里安运用大量坦克和摩托化步兵，配合摩托化的炮兵与空军，发动闪电战攻击的思想最终成为德军的典型战法。

　　每个时代都有属于自己时代的战争样式，机械化战争的基础是工业革命以来科学技术的飞速发展，钢铁冶炼、化学工业、特种金属冶炼、内燃机、无线电通信、光学仪表技术等。这些带动了军事技术的发展，导致新武器装备的发明，而新武器促使新军事思想的诞生，带动军队的编制、训练、战略和战术的革命。

　　第二次世界大战战前的军事学术状况反映了人类战争史的一般规律：当科学技术飞跃带来新军事技术革命的时刻，也是军事学术思想创新的契机。这些崭新的军事观念必将深深影响下一次战争的作战样式。

武器装备

第一次世界大战中的新式武器——坦克

　　第一次世界大战期间，英国、法国、德国先后研制出自己的坦克，11240 辆坦克投入战斗，这种集攻击性、防御性和机动性于一体的"陆战之王"让战争形态发生了转变。汉语的"坦克"音译自英语"tank"（水柜）。英国研发坦克时，为保密起见，把这种秘密武器用"水柜"称呼。其实，英国研制的第一批坦克外形很像水柜，当英军把第一批坦克运往战场时，德军侦察机真以为这是给英

世界战争史上投入战斗的第一辆坦克"马克-1"（摄于 1916 年 9 月 25 日）

军前线部队送水的水柜，并未引起重视。后来叫开了，也就没有再给坦克起个专门的名字，一直用"tank"称呼它。

　　第一次世界大战初期，协约国军队为突破德军由铁丝网、堑壕、机枪火力点组成的防御阵地，迫切需要研制一种兼顾防护、火力、机动的新式武器。1914年 8 月 23 日，法国步兵上校让·巴蒂斯特·欧仁·艾蒂安（1860—1936）就提出，谁最先成功地把 75 毫米火炮安装在能在各种地形上行驶的战车上，谁就能取得第一次世界大战的胜利。这一预言应验了。

　　开始，人们在汽车上打主意，想给汽车装上钢板，再装上火炮，但这一选项很快就被否决了。一个是，汽车无法在泥泞、松软的野地里行驶，更不用说爬坡

和突破铁丝网、堑壕等障碍了。再有，汽车车轮的承重有限，装备重了，汽车就开不动了。

继而，有人提出可以增加汽车车轮的数量来解决承重问题。但车轮多了，会损失很大一部分功率，最关键的是，增加车轮仍无法在复杂地形上行驶。总之，在汽车的基础上研发坦克不可行，必须另辟蹊径。

坦克的设计思想是，在开阔地带进攻，可以抵挡马克西姆重机枪的子弹，引导步兵发起攻击，碾压前沿阵地布设的铁丝网等障碍物，用自带火力压制敌军前沿火力点，跨越堑壕，顺利爬坡，由此突破敌军防线。为实现上述目标，英国把坦克外形设计成扁平的菱形，前面高跷的菱形斜面便于跨越堑壕和爬坡。1915年12月，英国的第一辆"马克-I"组装完毕，1916年1月29日和2月2日交给军方验收，检验过关后开始批量生产。"一战"结束后，英国皇家发明奖委员会认定特里顿爵士和威尔逊少校是坦克的共同发明人。

第四讲　乘势而上　引领风云——信息化战争概述

言不相闻，故为之金鼓；视不相见，故为之旌旗。

夫金鼓旌旗者，所以一人之耳目也。

——孙武

一、信息化战争的内涵

（一）信息和信息化

"信息"在信息论中是一个术语，通常把消息中有意义的内容称为信息。现代科学所说的"信息"是指事物发出的消息、指令、数据、符号等所包含的内容，是客观事物状态和运动特征的一种普遍形式。信息主要由信源（信息的主体）、语言（自然与人工语言）、载体（储存、加工、传递和反馈所依附的物质）、信道、信宿（信息接收者）、媒介（传递的形式包括语言、载体、信道）构成。信息具有可量度、可识别、可转换、可储存、可处理、可传递、可再生、可压缩、实效性、可共享等特征。

"信息化"是指培养、发展以计算机为主的智能化工具为代表的新生产力，并使之造福于社会的历史过程。智能化工具又称信息化的生产工具。它一般必须具备信息获取、信息传递、信息处理、信息再生、信息利用的功能。在传统战争中，双方注重在物质力量基础上的综合较量，即整个国家机器大工业生产能力的全面竞赛。而在信息化战争中，除进行物质力量的较量之外，更主要的是知识的较量，即创新能力和创新速度的竞赛。知识成为战争毁灭力的主要来源。

古代用来传递军事信息的烽火台、战鼓、锦旗和信鸽

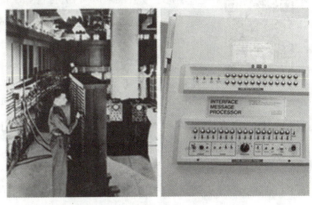

1946年产生的第一台电子计算机"埃尼阿克"和1969年产生的通信处理机IMP

（二）信息化战争的概念

目前，中外学者对信息化战争有几种不同的说法。例如，美国社会预测学家托夫勒从人类社会文明演进的角度，将信息化战争称之为"第三次浪潮战争"；俄罗斯著名军事理论家斯里普琴科从战争所使用的武器装备发展的角度，将信息化战争称之为"第六代战争"，即"非接触战争"；美国国防大学校长塞尔姜中将认为，信息化战争是以夺取决定性军事优势为目的，以实施信息管理和使用为中心而进行的武装斗争，具体内容包括夺取信息优势，反信息获取，利用信息优势摧毁、破坏、瘫痪敌信息基础设施等；我军信息战理论研究的著名学者沈伟光认为，信息化战争广义上是指对垒的军事集团抢占信息空间和夺取信息资源的战争，狭义上是指战争中的交战双方在信息领域的对抗；2011年12月版的《中国人民解放军军语》中对信息化战争的定义是：依托网络化信息系统，使用信息化武器装备及相应作战方法，在陆、海、空、天和网络电磁等空间及认知领域进行的以体系对抗为主要形式的战争。

作为一种全新的战争形态，目前军事学术界一般认为，信息化战争是指发生在信息时代，以信息为基础并以信息化武器装备为主要战争工具和作战手段，以系统集成和信息控制为主导，在全维空间内通过精确打击、实时控制、信息攻防等方式进行的瘫痪和震慑作战。简要地说，广泛使用信息化的武器装备，通过夺取信息优势和信息权取得胜利的战争，就可以称为信息化战争。

延伸阅读

最早提出信息战概念的人是中国人沈伟光

沈伟光最早提出信息战概念

沈伟光，1959年7月23日出生，浙江杭州人，未来学家、信息战专家。美国人称他为"信息战之父"。美国一家著名战略研究所的研究员查理斯·B.埃弗雷特在他的《信息战与美国国家安全的评论》中写道："世界上最早提出信息战概念的，是一位非西方人——中国的沈伟光先生。"沈伟光从1985年开始研究并提出信息战概念，1987年4月17日《解放军报》以《信息战的崛起》为题报道了他的研究情况；1990年3月在浙江大学出版社出版了世界上第一部《信息战》专著，提出信息边疆、信息化战争、信息化军队等新战争概念。在1998年奥地利"信息战论坛"上，德国《明镜》周刊记者向他提问："沈伟光先生，坦率地讲，在电子信息领域，中国并不发达，为什么信息战的理论却会首先在中国出现？"沈伟光答道："和发达国家比，中国的信息技术还不发达，还有差距。但是，智慧和技术不同，智慧没有专利，智慧也没有优先权。实际上，作为一种智慧的思考，中国著名的军事理论家孙子，在2500多年前就有过一句名言，它实际上也是'信息战'的核心和宗旨——不战而屈人之兵。"

出土的古代冷兵器

二、信息化战争的演变和发展

纵观战争形态的演进历程，人类战争形态大致经历了冷兵器战争、热兵器战争、机械化战争，正在进入信息化战争阶段。并且，随着科学技术的进步，人类战争形态的演变所经历的时间越来越短。

战争形态的演变

技术基础	战争形态	经历年代
农业技术	冷兵器战争	公元前—20世纪初
火药、冶炼和蒸汽机技术	热兵器战争	约17、18世纪—20世纪中叶
电力、内燃机技术	机械化战争	19世纪末—1980年前后
光电器材、集成电路和计算机技术	高技术战争	20世纪80年代至今
信息控制与反控制及网络技术	信息化战争	21世纪初开始

（一）高技术战争的萌芽阶段

　　具有代表性的高技术萌芽阶段战争是 20 世纪 50 年代的朝鲜战争和 20 世纪六七十年代的越南战争。在朝鲜战争中，以美国为代表的所谓"联合国"军队，使用了当时最为先进的武器装备，以优势的军事装备对中、朝军队实施了陆、海、空立体作战。越南战争中，美国在空中作战平台方面，有 F-l05、F-4C、F-111、B-52 战斗轰炸机，SR-71 侦察机，C-5A 大型运输机等，并运用了"百舌鸟""响尾蛇"等新式导弹和气浪弹，激光制导、电视制导炸弹，还使用了 EB-66、EF-l0B 等电子干扰飞机。在海上作战平台方面，先

越南战争组图

后动用了 20 余艘航空母舰，舰载机出动 20 余万架次。在地面作战方面，除各种先进车辆与火炮外，首次使用了大量的武装直升机，还有化学、生物武器的大量使用。在作战行动中尤为突出的是，依靠优势空中力量进行长时间"地毯式轰炸"的空袭作战，以及直升机与特种作战部队相结合，进行"蛙跳"式的袭击作战。

（二）高技术战争的初期发展与基本形成阶段

　　具有代表性的高技术初期发展和基本形成阶段战争是 20 世纪 70 年代的第四次中东战争和 80 年代初的马岛战争。在第四次中东战争中，最为突出的是交战各方普遍运用了具有高技术标志的各型导弹和大量先进装甲车辆进行较量。这次战争中，还首次利用空中卫星进行战场侦察。同时，战前及战中都实施了激烈的电子干扰与反干扰。马岛战争中，交战双方第一次大规模集中使用了制导武器，共投入了 17 种类型的战术导弹、制导鱼雷和炸弹进行对抗。英军还以"竞技神"号、"无敌"号航空母舰上的电子干扰系统和"鹞"式直升机上的机载干扰系统，对阿军的袭击兵器和指挥控制系统实施了电磁干扰与压制。众多高技术兵器的使用，加上空地、空海一体的高技术兵器对抗和具有突出作用的电子战，使上述两场战争具有了高技术战争的明显特征，并表现出信息化战争的初期景观。

马岛战争组图（中间为当时的英国首相撒切尔夫人和阿根廷总统加尔铁里）

（三）高技术战争的发展成熟阶段

海湾战争组图

高技术战争成熟阶段的标志是 1991 年 1 月 17 日至 2 月 28 日进行的海湾战争，这场战争显示出了部分信息化战争的特征。开战前后，美军运用多种先进电子战器材进行的侦察与反侦察、干扰与反干扰、摧毁与反摧毁斗争贯穿于战争的始终，成为夺取战争主动权（制信息权）的基本作战手段之一；多种新型夜视器材的运用，使夜战有了新的含义；C⁴ISR 系统的运用则使战区战役指挥与后方战略指挥、战场各作战集团的战术指挥达成了沟通，并确保了快速、准确的信息传递与处理。

（四）信息化战争雏形阶段

海湾战争之后的战争，越来越显示出高技术战争已经进入了成熟阶段，并初步显示出信息化战争的雏形。典型代表是美军先后发起的科索沃战争、阿富汗战争及伊拉克战争。在上述战争中，美军启用了更多的信息战武器装备，为美军夺取战场制信息权创造了绝对的优势。美国精确制导武器的使用量也呈指数增长趋势。这些信息战武器装备，开创了一个新的作战领域，彻底改变了战争的面貌。可以想见，随着信息技术的发展及在军事领域更广泛的应用，未来战争将更加突出信息化的特征。随着航天器材的发展和太空地位的提高，可能出现运用各种天基武器系统的天战；人工智能

伊拉克战争组图

海湾战争中的电子战

的发展，将使机器人士兵进入交战行列；各种作战平台则可能向小型化、多功能化方向发展，武器系统向高精度、高毁伤方面发展；作战力量运用趋向精锐化，并更加注重整体协调；战场呈现海、地、空、天、电多维一体；机动作战、超视距火力打击、电子战的地位更加突出；网络将可能把战场上的所有作战平台联成一体，网络中心战将取代平台中心战，信息化战争将趋向发展和成熟阶段。

知 识 链 接

在伊拉克战争中，美国在信息获取方面，使用 KH-12 光学成像卫星、"长曲棍球"雷达成像卫星、"成像增强系统"卫星以及"伊诺克斯2"等商用遥感卫星，组成空间成像侦察系统，综合利用可见光、红外与微波成像能力，对伊保持几乎每两小时一次的严密监视。"大酒瓶"等多颗电子侦察卫星可对伊无线电信号进行监测，帮助寻找萨达姆等伊拉克高层领导人的藏身之处和伊军重要的指挥控制中心，为空袭提供打击目标。"国防支援计划"（DSP）卫星在"联合战术地面站"等地面系统的配合下，为美军提供完备的战场态势感知和信息获取能力。在信息攻击方面，大量使用了 EA-6B 电子战飞机、E-2C "鹰眼"和 E-3 "望楼"预警机、EC-130H "罗盘呼叫"通信干扰飞机、RC-135 及 U-2 侦察机、E-8C "联合星"系统飞机、EC-130E 心理战飞机、RQ-1A/B "捕食者"及 RQ-4 "全球鹰"无人侦察机，以及电磁脉冲炸弹和地面"预言家"信号情报与电子战系统装备。

据统计，美军在各次战争中投放的精确制导弹药占全部弹药的比例为 1991 年海湾战争时为 8%，1999 年的科索沃战争时为 35%，2001 年阿富汗战争时为 56%，而 2003 年的伊拉克战争时则达到了 70%~80%。例如，2003 年 3 月 27 日在伊拉克战争进行之时，"小鹰"号航母上的 F/A-18、F-14 舰载机向伊拉克西南的共和国卫队投放了 23 枚炸弹，其中 16 枚为 450 公斤重的激光制导炸弹，4 枚为全球定位系统炸弹，只有 3 枚为 450 公斤普通炸弹，信息控制炸弹占到了 87%。

三、信息化战争的作战样式

传统战争的作战样式可以表现为阵地战、运动战、游击战、闪击战、持久战等各种作战样式，但集中到一点，它们都是侧重于以物质力量为中心展开的作战行动。而信息化战争则是以信息的获取权、控制权和使用权为核心进行的争夺，由此，信息化战争的作战样式将更加多种多样。

伊拉克战争电子打击

（一）制信息权争夺战

制信息权争夺战是运用多种手段以夺取一定时空范围内战场信息控制权为目的的作战。信息化战争中，及时掌握制信息权成为作战行动的前提，是战斗力的倍增器。作战中要掌握战场的主动权进而实现行动的自由，首先必须夺取战场的制信息权。因此，制信息权争夺战将是未来信息化战争中的基本作战样式之一。

（二）指挥中枢瘫痪战

指挥中枢瘫痪战是在信息化战争的战场环境中，以指挥决策者为主体，以破坏和瘫痪敌战场认识系统、信息处理系统和指挥控制系统为主要作战目标，综合运用以信息技术为核心的武器装备、作战系统和作战手段，剥夺敌战场信息获取权、控制权和使用权，使敌决策者和指挥机关难以下定决心和进行有效作战指挥。

（三）战争结构破坏战

战争结构破坏战是着眼战争全局，综合运用各种作战方法和手段，从破坏敌维系整体作战能力的系统与联系入手，通过设谋用巧、避实就虚，打击敌方作战协调行动的关节，造成敌方作战力量结构的紊乱和作战行动程序结构的脱节，致使敌方整体作战能力迅速降低，进而集中力量各个击破，达到瓦解、歼灭敌军的目的。

（四）心理系统瓦解战

信息化战争中的作战主要包括三个层次的作战内容：一是以物质摧毁和消灭有生力量为主要内容的物理层面的作战；二是以控制信息基础设施和电磁频谱为主要内容的信息层面的作战；三是以瓦解人的意志和情感为主要内容的心理层面的作战。这三个层面的作战相互制约、相互联系、相辅相成，共同构成信息化战争形态各异的作战样式。心理系统瓦解战是信息化战争中的重要作战样式之一。它是以改变个体和群体心理状态为目标，运用各种形态的信息媒介，从认识、情绪和意志上打击瓦解敌人的一种作战样式。它着眼于对人精神上、心理上的征服，利用人在对抗环境中的心理变化规律，通过大量的信息传递，干扰破坏敌方的决策过程和决策结果，瓦解敌方士气，削弱其抵抗意志，使其作出错误的决定，放弃抵抗、逃避战斗乃至缴械投降，从而不战而胜。

（五）战争潜力削弱战

战争潜力是指在一定时期内，国家或政治集团通过动员能够用于扩充武装力量、满足战争需要的一切物质力量和精神力量的总称。具体地讲，就是经过战时动员能为战争服务或使用的人力、物力、科学技术和精神等诸多因素构成的潜在的军事实力，它寓于国家综合国力之中。由于科学技术的发展及其在军事领域的广泛运用，信息化战争已经活跃于战争舞台，战争潜力的构成发生了很大的变化，科技要素明显突出，战争比以往更加需要高素质的人和高科技的物。战争潜力削弱战就是综合运用硬摧毁与软杀伤的手段，削弱对方为战争服务或使用的人力、物力、科学技术和精神等诸多因素构成的潜在的战争力量，破坏对方将战争潜力转为战争实力的转换机制，动摇对方的战争基础，使对方无法继续进行战争，从而达到迅速战胜对方的目的。

经典战例

美军击毙本·拉登的"海神之矛行动"

第五讲　信息为王　掌握未来——信息化战争的发展趋势

> 现阶段和即将到来的战争形式为核威慑下的信息化战争。
>
> ——钱学森

一、信息化战争的特征

信息化战争中，战争能量从传统的体能、化学能、电能、电磁能、机械能、核能等物理能量转变为智能。智能是信息化战争中的主导能量，它通过对其他物理能量的控制而产生效能。这使得信息化战争具有以往战争形态所不具有的特征。

（一）作战空间超大多维

随着科学技术和武器装备的发展，作战空间逐渐呈现出日益拓展的趋向。由于飞机的问世和航空技术的发展，作战空间发生了第一次革命性变化，由陆、海平面战场发展为陆、海、空三维一体的立体战场；20世纪80年代以来，随着航天技术特别是以计算机技术为核心的信息技术在战争中的应用，战场空间随之发生了新的变化，不仅从陆、海、空三维物理空间扩展到了外层空间，而且一种新的作战空间——信息空间正在悄然形成。信息时代的信息化战争则是在陆地、海洋、空中、太空、电磁、网络、心理等多维空间内进行的一体化作战。陆、海、空、天等有形的物理空间与电磁、网络和心理等无形的信息空间相互交融，共同构成信息化战争全维一体化的立体战场空间。在这种全维一体化的立体战场空间中，太空、电磁、网络和心理空间属于高维空间，而陆地、海洋和大气层空间属于低维空间。

知识链接

高维空间对低维空间具有强烈的制约作用，所以在信息化战争中，敌对双方对于太空和信息等高维空间的争夺将异常激烈，双方都力图通过夺取并保持高维空间控制权，来影响和控制低维空间的作战行动，从而赢得整个战争的主动权，夺取战争的最后胜利。

古今战场空间变化

历史时期	平均战场面积（平方千米/万人）	战场空间（维数）	战场高度（千米）
18世纪以前	1	地面	0
18世纪末—19世纪初	2~20	地面、海上	0
19世纪中叶	5~30	地面、海上	1
20世纪初叶（"一战"前后）	10~50	陆、海、空	3
20世纪中叶第二次世界大战	200~300	陆、海、空	10
1973年第四次中东战争	350~500	陆、海、空、电	30
1991年海湾战争	约4 000	陆、海、空、电、天	36 000
2003年伊拉克战争	约10 000	陆、海、空、天、信息	36 000

（二）作战节奏迅疾快速

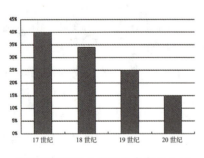

持续时间超过5年的战争所占比例

时间是战争的基本要素。在信息时代的信息化战争中，数字信息技术广泛应用于侦察、通信和指挥控制，实现了军事信息的实时获取、传递、处理和运用，使得信息流动的速度空前加快。在网络化的战场上，发现目标、作出决策、下达命令和实施作战行动等环节几乎是实时同步进行的，因此能够在极短的时间内完成作战行动，作战行动的周期大大缩短。此外，由于广泛使用信息化武器弹药和作战平台实施精确作战，极大地提高了对目标的毁伤效能，能达迅速成作战目的。这样一来，整个战争活动就被压缩在很短的时间内进行。

知识链接

　　一场信息化战争的持续时间可能只有数小时、数天或者数月。随着计算机、电子通信、卫星技术和信息化武器装备的发展，信息化战争的作战节奏和作战速度将比机械化战争大大提高，持续时间明显缩短，呈现出迅疾短促的特征。

著名战争所持续的时间

战争名称	爆发时间	持续时间
以色列偷袭伊拉克核反应堆	1981 年	F-16 编队炸毁反应堆的时间为 2 分钟
美军空袭利比亚	1986 年	单机从航母起飞后作战时间为 12 分钟
"沙漠之狐"行动	1998 年	52 小时
海湾战争	1991 年	42 天
科索沃战争	1999 年	78 天
伊拉克战争	2003 年	40 多天

（三）信息资源价值急剧上升

　　在信息化战争中，信息战上升到了战略的位置，战争的全过程、全空间、全方位都充满了信息战。信息战已成为战争的主要的甚至全部的内容。谁夺得信息战的胜利，谁就可能夺得整个战争得胜利。信息战成为信息化战争的基本作战方式。信息化战争的一个明显特征便是资源信息化。物资、能源和信息是人类赖以生存和发展的宝贵资源。在信息化战争以前的战争中，物资、能源的地位更为突出，是主要的战略资源。但在信息化战争中，信息资源处于首要的位置，成为最重要的战略资源。以信息资源为目标开展的争夺是信息化战争的基本内容。信息主导了物资、能源的整合、运作和能量释放过程。谁占有信息优势，谁就可能占有战场的主动权并进而取得战争的胜利。是否占有优势的信息资源，不仅关系到是否能做到知己知彼、耳聪目明、胸有成竹、军令通常，还关系到能否快速反应、精确有效地突击。

（四）作战行动精确化

　　在信息化战争中，占有信息优势的一方就具备了对当地目标控制的能力。信息技术使网络化、智能化、透明化、精确化成为现实，人们可以相对自

美军 F-117A 隐身战斗机投掷精确制导弹药

由地确定对实现政治、经济目的最有利、最节省资源，又最可能实现的军事目标，采取最匹配的手段，在最关键的时机和空间，进行精确的打击。信息化战争战强调"精确战"，精确战是对敌目标实施精确打击，所造成的附带毁伤很小的一种作战样式。它的主要特点是：第一，在这种作战中使用的武器装备的信息技术含量高；第二，实施这种作战依赖于透明度很高的战场。

知识链接

使用信息技术含量高的武器系统，可在很远的距离，以很高的精度攻击和摧毁敌目标。战场透明后，己方部队可以更快地获取信息，加快"查明情况—下定决心—采取行动"这一周期性活动的进程，更迅速、更准确地抓住战机，从而使作战行动比以前更加精确，更具致命性。

在著名战争中使用精确制导弹药的比例

战争名称	爆发时间	精确制导弹药使用比例
海湾战争	1991 年	8.4%
科索沃战争	1999 年	35%
阿富汗战争	2001 年	56%
伊拉克战争	2003 年	68%

（五）作战要素一体化

战争行动是战争中敌对双方攻防对抗活动的统称。在农业时代的冷兵器战争中，由于使用的是原始的冷兵器，军队的组织结构比较简单，作战力量由步兵、车兵和骑兵等兵种构成，作战行动基本上是交战双方在陆地和海上进行兵对兵、将对将的面对面逐对厮杀。在工业时代的机械化战争中，随着热兵器和热核兵器的发展，军队的组织结构发生了革命性的变化，作战力量由陆军、海军和空军的各兵种部队构成，作战行动表现为诸军兵种在陆、海、空立体战场上独立或协同作战。在信息时代的信息化战争中，信息化武器装备的广泛使用，将促使军队的组织结构在现在的基础上再次革命性的变革，作战指挥、作战力量、作战空间、作战行动和综合保障都将一体化，作战力量将由陆军、海军、空军和天军以及全民信息战力量构成，作战行动将表现为信息化军队和全民信息战力量在陆、海、空、天和信息空间展开的多维一体化的联合作战。

（六）武器装备高度信息化

冷兵器战争的主导兵器是金属武器装备；热兵器战争的主导兵器是以化学能为基础的火枪火炮；机械化战争的主导兵器是飞机、坦克、军舰等机械化武器装备；而信息化战争的主导兵器则是信息化兵器，更准确地说是以信息技术为主导的武器装备。在信息化战争中，对作战手段、作战思想和战争进程发生主导作用的军事技术是信息技术。战场的指挥依赖于以微电子技术、通信技术和计算机技术为核心的指挥控制系统；侦察、监视、战场评估需要各种先进的电子、光学传感设备；突击兵器更离不开各种以信息技术为支撑的精确导引技术。信息化战争上的几乎所有兵器都是信息技术兵器、信息主导的兵器或称之为信息化兵器。曾有人把信息化战争中的兵器比喻成"装载电子信息设备的容器"。

二、信息化战争的发展趋势

现代信息技术和新军事革命的蓬勃发展，必然带来信息化战争的演变和快速推进，这已被信息化战争短短几十年的发展史所证明。

（一）信息力量的竞争将愈演愈烈

随着信息化社会的发展，信息作为战略资源的地位将更高，围绕信息资源获取、信息化军队建设和占领信息优势高地的竞争将愈演愈烈。各国将竞相投入更多的资金进行社会信息化基础设施的建设，竭力保持本国在信息化建设方面的优势。新制式的超宽带信息高速公路将不断推进，网络进攻和网络防御的能力将同步提高，信息技术将愈加主导政治、经济、金融、环境、文化、生活、生产等领域。在军事领域，各国将加大信息化军队建设的力度和速度，不断革新军队的武器装备、军事理论、编制体制、人员培训等，尽量拉大本国与他国军队信息化能力的距离。黑客部队、天军、网军、机器人军团、世界舰队、太空星军、斩首部队、媒体部队、隐身部队、精细手术刀部队、机器昆虫等新型部队将层出不穷，迷你型、全能型、智能型等信息化部队不断创新。各国在信息力量、信息方面的竞争将白热化。

（二）作战方式和战争形态将不断变化

随着信息技术的迅猛发展、新军事变革的深入和政治战略需求的变化，信息化战争将以前所未有的速度催生新的作战方法。战略心理战、网络系统战、全元总体战、太空绞杀战、掏心战、瘫痪战、隐形战、至盲战、点穴战、无人战、精微战、间隙战等作战方式接踵而至。同时，新作战模式相继登场，信息化战争频繁"变脸"，也使其整体战争形态不断调整和演变。战争的规模将趋小，以天、小时和分计算时间的战争可能一再发生；物资、能源的消耗战将逐步让位给物质、能源的控制战；战

没有血肉的战场——
智能化战争（上）

争状态与和平状态的转化，以及军事人员和非军事人员的转换将有新的表现；围绕信息资源展开的争夺战将日趋激烈。信息化战争形态的演变将是迅速和明显的。

（三）人类的战争能力将持续提升

1. 战场感知力持续提升

信息化战争发展以来，由于雷达、声呐、地面传感器、侦察飞机、侦察卫星以及装载在武器平台上的观瞄仪、测距机、告警机、望远镜、夜视仪、火控雷达等大量先进电子侦察监视技术的运用，战场感知能力已经有了很大的提高。但随着信息化战争的发展，战场感知力还会持续提升。一个从声频、电频到光频，从水下、地面到太空的全频谱、全方位、全时空的侦察监视体系，将出现在战场上，各种目标的性状和变化都可能处在严密的监控之中。对于处于信息优势的一方，战场将更加透明。

2. 战场反应速度持续加快

没有血肉的战场——
智能化战争（下）

现代侦察监视技术和指挥控制技术使战场的反应速度明显提高。目前美国预警卫星在对方导弹发射后3~4分钟就能将信息传送到国家指挥中心。火器在跟踪目标、计算射击诸元、气象修正、偏差修正等方面都达到了一体化、电子化、自动化，射击准备时间已缩短到约60秒钟，发射反应时间为5~8秒，如法制"西北风"地空导弹的反应时间为5秒。一个由计算机控制的火炮控制系统，对同时发现的不同方向的30多个目标，只需90多秒钟就能将其全部摧毁，这比15年前的战场反应时间缩短了两个小时。

3. 精确打击能力持续增强

信息技术的应用已使突击兵器的命中概率超过80%，基本实现了"指哪打哪"。导弹和精确制导弹药成为战场攻击武器的主角。"二战"时飞机投掷炸弹的误差近千米，而在伊拉克战争中这种误差已缩小到几米。

4. 作战空间和时间持续延伸

信息技术的运用使战争的时空得到了延伸。目前人类的战场已经扩展到陆、海、空、天以及电磁的空间，作战时间也得到延伸。

5. 战场效能持续提高

信息化战争发展到今天，已经使战争效能成倍地增长。"二战"时，4 000多架次飞机才能摧毁一个铁路枢纽，而现在只需几枚激光制导炸弹就可。越南战争中，美军先以600架次飞机和200多吨普通炸弹攻击越南的一座桥梁，但没有成功。后改用激光制导炸弹，仅出动12架次飞机就炸毁了这座桥梁。未来的信息化战争将是一场你死我活的搏杀。

（四）对经济和科技的依赖性将越来越强

信息化战争对科技实力和经济实力有很大的依赖性。美国 B-2A 隐形战略轰炸机单架飞机的研制费达到了 20 多亿美元；组建一个具有基本信息战能力的航母编队需要 100 多亿美元；一枚巡航导弹值百万美元；一颗"锁眼 -12"卫星的造价达 14 亿美元。42 天的海湾战争中，美军消耗物资种类达 1.7 万余种、3 000 多万吨，花去了 1 100 多亿美元。随着信息化战争的发展，其对经济和科技的依赖程度将会越来越大。信息化武器的研制、生产、维护、使用都离不开科技力量和经济力量的支撑。高素质人才培训、购置昂贵的设备和较长的研制周期，都需要耗费巨资；科研成果产业化的投资比研究开发投资还要高出 5~20 倍；信息技术更新换代快，新武器的替换耗费大量资源。信息技术发展越快，信息化战争的经济科技依赖性就越强。

自 1991 年海湾战争以来，"战斧"式巡航导弹在美国发动的高技术局部战争中被广泛应用

（五）战争的不对称表现日趋多样

在目前发生的信息化战争中，作战双方往往在战争体系、战争力量、战略资源、作战方式、军事理论和战争结局等方面具有多侧面的不对称性。这与信息技术和信息化社会发展的特点有关，也与战争主体在政治、经济、军事、文化、科技、自然等各方面的差距有关。随着信息化战争的发展，信息技术发展的特点将进一步突显。信息技术将向多个领域推进，新信息技术会层出不穷，技术生命将越来越短，技术的军事应用方法将越来越多，信息对抗的途径将越来越多，作战手段将越来越多，各国在信息技术、军事理论、政治文化的发展上的差距和差别不会消失。可以预测，在信息化战争的发展过程中，不对称的战争表现还会存在，并更具多样性。

三、信息化战争与我国国防建设

新的制胜因素的出现，必然给国防建设提出一系列的挑战。这种挑战表现为五方面。一是制胜优势的转型，制信息权成为超越制空权、制海权的新的制高点；二是信息技术优势导致战场全维领域的透明，夜战、电子战、侦察与反侦察成为贯串战争始终的要领；三是"非线性""非对称""前后方界限消失""战略战术概念模糊"等新理念扑面而来，武器装备出现"代差"甚至"隔代差"，"超视距作战""远程精确打击""网络中心战"等全新战法开始出现。四是信息化推动军事组织结构不断创新，指挥机构趋向简捷，陆海空三军的区分趋向模糊；五是人的智能得到极大扩展，信息化提供了前所未有的人类可充分利用的智能空间。纵观百年世纪战争我们可以看到，无论是机械制胜还是信息制胜，说到底都是物化了的人的综合素质的较量。没有高素质的军人，既打不赢机械化战争，更打不赢信息化战争。

面对信息化所带来的这场变革，我们应当看到这既是挑战，更是历史的机遇。我们必须提高认识，更新观念，创新思维，竭尽全力，加速以武器装备和人才队伍为核心的军队信息化建设，以打赢未来的信息化战争，实现伟大祖国的和平统一，实现中华民族的伟大复兴。为此我们一是要提高对信息化战争的全面认识，增强信息制胜的思维意识；二是要打破传统观念，树立新型（信息）制胜观念，确立"综合制胜"的观念；三是要着力铸造"撒手锏"，为打赢创造物质条件；四是要树立新型人才观念，培养应对信息化战争的高素质军事人才。

知识延伸

智能化时代战场的发展趋势

专题五 作战利器　制胜法宝

——信息化装备

内容提要

　　信息化装备是指信息技术含量高，信息技术对武器装备性能的提高及对其使用、操纵、指挥起主导作用，具有信息探测、传输、处理、控制、制导、对抗等功能的作战装备和保障装备。它主要有信息化武器弹药、信息化作战平台、军用智能机器人、单兵数字化装备以及指挥控制系统等。

教学目标

　　了解信息化装备的概念、分类、发展趋势；熟悉世界主要国家信息化装备的发展情况，了解信息化陆战、空战、海战平台，了解信息化杀伤武器种类、发展趋势等，激发学生学习高科技的积极性，为国防科研奠定人才基础。

导言

　　高技术是处于当代科学技术最前沿、对提高生产力、促进社会文明、增强国防实力起先导作用的技术群。当前，高科技信息技术在军事上的应用越来越广泛，发挥的作用也越来越重要，信息技术的崛起和发展正在军事领域引发深刻的变革，使战争正进入崭新的信息时代。20 世纪末和 21 世纪初爆发的几场局部战争证明：谁掌握了制信息权，谁就掌握了现代战争的主动权。因此，高度重视发展信息化装备，已成为当今世界许多国家在 21 世纪的重要国策。我们必须把信息化武器装备的发展置于重要的战略地位，为打赢现代未来信息化条件下的局部战争打下坚实的基础。本专题主要介绍信息化装备的概述、信息化作战平台和信息化杀伤武器等。

第一讲　全域多维　攻防兼备——信息化装备概述

　　武器只有真正地被人掌握了才能有力。

——刘伯承

　　20 世纪后半叶至 21 世纪初，科学技术发展的浪潮，以锐不可当之势冲击着人类的各个方面。一大批逐步形成的高技术群，以空前的规模飞速发展，创造着比以往任何时代都要大得多的精神财富和物质财富。这场新技术来势之迅猛，作用之巨大，争夺之激烈，影响之深远，波及面之广阔，都是以往历次技术革命所不能比拟的。新技术革命的大潮把世界各国推上了一条新的起跑线，特别是信息技术在军事领域的广泛应用，引起军事理论、作战样式和战争形态的根本性变化，催生了以信息化为核心的新军事革命。新军事革命的基础是武器装备的信息化。

一、信息化装备的概念

　　信息化装备是指信息技术含量高，信息技术对武器装备性能的提高及对其使用、操纵、指挥起主导作用，具有信息探测、传输、处理、控制、制导、对抗等功能的作战装备和保障装备。它主要有信息化武器弹药、信息化作战平台、军用智能机器人、单兵数字化装备以及指挥控制系统等。

　　信息化武器装备有多种分类方法。根据武器装备的性质，可分为进攻类信息化武器装备、防御类信息化武器装备和支援类信息化武器装备；根据所处或所使用的空间，可分为地面（含地下）信息化武器装备、海上（下）信息化武器装备、空中信息化武器装备和太空信息化武器装备等；根据机动方式，可分为固定式信息化武器装备和机动式信息化武器装备，其中机动式又可分为车载式、机载式、舰载式和便携式信息化武器装备等；根据武器与信息的关系，可分为信息探测类、信息传输类、信息处理类、信息制导类、信息干扰类和信息攻防类信息化武器装备等；根据武器装备的功能，可分为信息化作战平台、信息化武器弹药、信息化电子系统等；根据杀伤效应，可分为"硬杀伤"类信息化武器装备和"软杀伤"类信息化武器装备，或杀伤性信息化武器装备和非杀伤性信息化武器装备等。

二、信息化装备的种类及发展趋势

信息化装备主要包括综合电子信息系统、信息化弹药、信息化作战平台、单兵数字化装备、计算机网络武器等。信息化武器装备与机械化武器装备的最大区别在于，前者是网络系统中的武器，后者是单个武器平台。发展信息化武器装备既是新军事革命的基本内容，又是建设信息化军队的物质和技术基础。

（一）综合电子信息系统

综合电子信息系统，即指挥、控制、通信、计算机、情报、监视与侦察系统（C^4ISR），又称指挥自动化系统，是所有信息化武器和整个军队的"神经中枢"，是战斗力的"倍增器"。综合电子信息系统和精确打击武器一起构成的探测—打击系统是信息化战争的核心，依靠这种系统可以实现"发现即摧毁"的目标。

随着技术的进步和需求的变化，综合电子信息系统始终处于不断发展和完善之中，其内涵逐步扩展，功能不断增强，系统名称也在不断变化。美国是世界上最早开发和使用综合电子信息系统的国家。经过 50 多年的发展，美国的综合电子信息系统已由最初个别指挥机构分别建立的综合电子信息系统和在各军兵种内部的综合电子信息系统，发展成为三军一体的综合电子信息系统。当前，美国正在试图建立全球一体化的综合电子信息系统。

进入 21 世纪以来，世界各主要国家都把综合电子信息系统建设摆在重要位置，作为发展信息化武器装备体系的"龙头"。从各国的情况看，综合电子信息系统主要有三种发展趋势。一是继续大幅提升信息获取、处理和使用能力。信息传输量将得到大幅度增加，可具有指挥、控制、情报、图像、战勤支援、建模与仿真等功能，情报信息可实时传输和处理。二是实现一体化无缝链接，可实现在全球任何地方获得全方位信息接入和得到信息支援的能力。三是提高生存能力，综合电

俄罗斯先进的国防指挥控制中心

子信息系统是作战打击的主要目标，提高抗干扰和抗毁伤能力，也是未来综合电子信息系统发展的一个趋势。

知识链接

C⁴ISR 是军事术语，意为自动化指挥系统，是指在军事指挥体系中采用以电子计算机为核心的技术与指挥人员相结合，对部队和武器实施指挥与控制的人机系统。它是现代军事指挥系统中，7 个子系统的英语单词的第一个字母的缩写，即 Command（指挥）、Control（控制）、Communication（通信）、Computer（计算机）、Intelligence（情报）、Surveillance（监视）、Reconnaissance（侦察）。20 世纪 50 年代指挥自动化被称为 C^2（指挥与控制）系统。20 世纪 60 年代，随着通信技术的发展，在系统中加上"通信"，形成 C^3（指挥、控制与通信）系统。1977 年，美国首次把"情报"作为指挥自动化不可缺少的因素，并与 C^3 系统相结合，形成 C^3I（指挥、控制、通信与情报）系统。后来，由于计算机在系统中的地位和作用日益增强，指挥自动化又加上"计算机"，变成 C^4I（指挥、控制、通信、计算机和情报）系统。近年来不断发生的局部战争使人们进一步认识到掌握战场态势的重要性，提出"战场感知"的概念，因此 C^4I 系统又进一步演变为包括"监视"与"侦察"的 C^4ISR（指挥、控制、通信、计算机与情报、监视、侦察）系统。

（二）信息化弹药

挂载信息化弹药的法国"阵风"战斗机

信息化弹药，即精确制导弹药，是指依靠自身动力装置推进，能够获取和利用目标所提供的位置信息，并由制导系统控制飞行路线和弹道，命中精度很高的弹药。目前，信息化弹药已经发展成为家族成员众多的大家庭，包括制导炸弹、制导炮弹、制导子母弹、制导地雷、巡航导弹、末制导导弹、反辐射导弹等。

与传统弹药相比，信息化弹药的一个突出特点是，能够获取并利用有效信息来修正弹道，准确命中目标，因而具有极高的战斗效能。信息化弹药的出现，是军事技术发展史上的一次革命，它使弹药从原来的不可控发展到部分可控或完全可控。在西方发达国家，信息化弹药的发展已经历了三代，目前正在向灵巧型、智能型方向发展。灵巧型弹药是一种在火力网外发射、"发射后不管"、自动识别与攻击目标的弹药。智能型弹药是能利用声波、无线电波、可见光、红外线、激光等一切可利用的直接或间接的目标信息，自主选择攻击目标和攻击方式的精确制导弹药。

为适应迅猛发展的世界新军事变革，特别是未来信息化战争中实施精确打击的现实需要，世界各主要国家都在大力发展信息化弹药。据推测，随着科技发展及其在弹药领域的广泛应用，未来的信息化弹药将呈现出如下特点。

1. 精度高

采用新型制导技术的信息化弹药，其命中精度将比现有信息化弹药提高一个数量级，打击效果也将同步提高。

2. 射程远

各种防区外发射的信息化弹药将成为发展重点，一些信息化弹药甚至可能具备洲际作战能力。

3. 隐身化

信息化弹药除采用高速飞行、改变弹道飞行轨迹、实现导弹末端弹道机动等措施提高突防能力外，还将广泛采用隐身技术，实现隐身化。

4. 智能化

信息化弹药将广泛利用人工智能技术，使之真正具备自主搜索、自主选择、自主攻击的能力，成为有部分人工智能的智能化弹药。

指挥控制技术，美军空袭利比亚

（三）信息化作战平台

信息化作战平台，是指安装有大量电子信息设备，如一体化传感器、电子计算机、高性能弹药、自动导航定位设备等，集成了光电技术、新材料技术、新能源技术等众多高新技术，可通过 C^4ISR 系统联结，具有高智能化水平和综合作战能力的武器载体。

20 世纪 70 年代以来，美国等西方军事大国就开始将信息技术广泛应用于新型高性能武器装备的研制，因而出现了种类繁多的信息化作战平台，如美军的 M1 系列主战坦克、M2 系列步兵战车、宙斯盾驱逐舰、F-22 "猛禽" 战斗机、俄罗斯的 T-90 主战坦克、"现代"级导弹巡洋舰、"金雕"战斗机等。这些作战平台安装有多种信息传感设备和通信器材，可与 C^4ISR 系统联网，具有较强的探测、识别、打击、机动、定位和突防等综合能力。

展望未来，信息化作战平台将呈现出如下发展趋势。

1. 高度信息化

未来的信息化作战平台将配有多种通信设备和探测设备，并具有足够的计算机联网能力，能够与上级和友邻互通作战信息，为精确火力打击提供目标信息，为作战行动及时而有效地提供辅助信息。

2. 隐身化

未来几乎所有作战平台，都将或多或少地采用隐身技术。

3. 轻型化和小型化

在信息化战场上，"发现即摧毁"正在成为现实，传统大型或超大型作战平台面临着巨大威胁。更加重视作战平台的机动能力，实现作战平台的轻型化和小型化是一个重要发展趋势。

执行侦察任务的美国无人机

4. 智能化

随着人工智能技术的日益成熟，以智能机器人为代表的无人作战平台系统将在战场上发挥越来越重要的作用，无人战争时代正在加速成为现实。如今，在地面、空中、水下等战场上，人们已经可以看到用于实战的机器人哨兵、机器人工兵、机器人步兵，甚至无人智能坦克、无人智能潜艇等无人化作战平台。

知识链接

GPS 是英文 Global Positioning System（全球定位系统）的简称。GPS 起始于 1958 年美国军方的一个项目，1964 年投入使用。20 世纪 70 年代，美国陆、海、空三军联合研制了新一代卫星定位系统 GPS 。主要目的是为陆、海、空三大领域提供实时、全天候和全球性的导航服务，并用于情报搜集、核爆监测和应急通信等一些军事目的。经过 20 余年的研究实验，耗资 300 亿美元，到 1994 年，全球覆盖率高达 98% 的 24 颗 GPS 卫星星座已布设完成。GPS 系统方案几经改动，最终方案是由 21 颗工作星和 3 颗备用星工作在互成 60 度的 6 条轨道上。GPS 导航系统以全球 24 颗定位人造卫星为基础，向全球各地全天候地提供三维位置、三维速度等信息，它由三部分构成。一是地面控制部分，由主控站、地面天线、监测站及通讯辅助系统组成。二是空间部分，由 24 颗卫星组成，分布在 6 个轨道平面。三是用户装置部分，由 GPS 接收机和卫星天线组成。民用的定位精度可达 10 米内。

（四）单兵数字化装备

单兵数字化装备，又称"单兵一体化防护系统"。目前，美国、俄罗斯、英国、以色列、澳大利亚等很多国家都制订了单兵数字化装备开发计划。从结构和功能上看，美、英、法等国正在研制的单兵数字化装备大同小异，主要由以下五个分系统组成。

1. 一体化头盔分系统

一体化头盔分系统能够为数字化战场上的士兵提供所有视听信息，主要部件包括增强型视频放大装置、周围听力装置、高分辨力头盔显示器、无线电头盔控制装置、防护面具和电源等。

2. 计算机分系统

计算机分系统亦称"单兵 C^3I 分系统"，可为士兵提供通信、预警、定位和防护等服务，起到综合情报管理的作用，主要部件包括夜间枪具瞄准专用的视频强化图像增强器，光电信号转换式平板显示器，全球定位系统，储有文字、图像、数据、战场态势等信息的单兵计算机等。

3. 武器分系统

武器分系统集观察、瞄准、射击于一体，能完成昼夜监视、跟踪、精确射击等多项任务，主要部件包括制式步枪、热成像仪、夜战用激光瞄准仪和远距离听力装置等。

4. 先进军服分系统

先进军服分系统具有防弹、防化学战剂、防火、防热核、防红外监视、防激光等功能，主要部件包括战斗服、防弹衣、手套、新型战斗靴、制冷圆领衫、承载组件等。

5. 微气候空调分系统

微气候空调分系统是独立的温度调节系统，可提高士兵在炎热或严寒战场条件下的作战能力，主要部件包括主动冷却背心、周围空气监视器、过滤器、风扇等。

单兵数字化装备的开发研制被认为是武器系统发展的一个里程碑。目前，西方军事强国正在制定和实施一系列"数字化单兵作战平台"发展规划。可以预料，随着数字化军队和数字化战场建设的逐步完善，未来"数字化"的士兵，将不再是执行作战命令的最小单位和简单的"地面人"，而是有指挥、协调、保障功能的作战单元。从技术角度来看，这可能是实现人和战场脱离，地面无人作战时代的开端。

（五）计算机网络武器

随着军事技术革命的不断深入，在未来武器装备发展中，以信息技术为核心、以信息对抗为目的的计算机网络武器将大量涌现，是夺取和保持"制信息权"的主要手段，并成为未来武器装备体系中一个十分重要的组成部分。计算机网络武器，主要包括计算机网络侦察、计算机网络攻击和计算机网络防护武器装备。

1. 计算机网络侦察武器装备

计算机网络侦察武器装备主要包括网络扫描器、网络窃听器、网络密码破译器、电磁侦测器等。

（1）网络扫描器能广泛收集目标系统的各种信息，包括主机名、IP 地址、所使用的操作系统版本号、提供的网络服务、存在的安全漏洞、用户名和目标网络的拓扑结构等，特别是寻求敌网络系统的安全漏洞或安全弱点，并力求找到安全性最薄弱的敌主机作为网络攻击的突破对象。网络扫描器是当今最常使用、最危险的网络侦察武器，许多网络入侵都是从使用网络扫描器开始的。

（2）网络窃听器是一种能监视网络状态和数据流的软件或工具。网络窃听器一般应部署在网络中的重要位置，如在网关、路由器、防火墙一类的设备或重要网段上。好的网络协议分析软件可以用来分析 OSI 七层模型的每一层的数据包。它既可以用于分析广域网，如 DDN、帧中继、X.25 的数据包，也可以用来分析局域网，如以太网、令牌环网、FDDI 等的数据包；既可以用于分析 TCP/IP 协议，也可以用来分析 IBM 的 SNA、NETBIOS 等协议；既可以用于分析 FTP、TELNET、RLOGIN 等应用层的协议，也可以用来分析 RIP、OSPF 等路由协议。功能更全的网络窃听器不仅能截获网络通信数据包，还能修改数据包。

（3）网络密码破译器是能从敌网络所截获的密文中推断出原来的明文的软件或工具，功能强大的网络密码破译器还能采用删除、更改、增添、重放、伪造等方法向密文中加入假消息。理论上讲，任何密码都是可以破译的。实际中是否需要设法去破译，主要取决于破译的代价是否大于可能获得的结果，破译的时间是否大于结果的有效期，是否能产生足够多的数据供破译使用。

（4）电磁侦测器能对敌方计算机网络系统内各种电子设备所发射或辐射的电磁信号进行搜索、定位、检测、识别、记录和分析，获取对方计算机信息系统内的有关信息和情报。

2. 计算机网络攻击武器装备

计算机网络攻击武器装备主要包括计算机病毒、预设陷阱、微米/纳米机器人、芯片细菌等。

（1）计算机病毒是一种人为编制的有害程序，它能在计算机系统运行过程中把自身精确地或经修改复制到其他计算机程序体内，从而对源程序进行置换和破坏，甚至毁灭整个信息系统中的软件和数据。

（2）预设陷阱是在信息系统中人为地预设一些"陷阱"，以干扰和破坏计算机系统的运行。预设陷阱一般可分为硬件陷阱和软件陷阱两种。其中硬件陷阱主要是芯片捣鬼活动。即蓄意修改、变动、设计或使用集成电路芯片，以达到破坏计算机系统的目的。软件预设陷阱的种类则比较多。较典型的有"特洛伊木马"程序、逻辑炸弹和陷阱门等。

（3）微米／纳米机器人主要用来攻击电子设备的硬件系统。这些微小型机器人系统是微米／纳米技术和微机电系统发展的结果，其形状类似黄蜂或苍蝇，大小比蚂蚁还小，而且能飞、能爬，很难被发现或识别，可以大量"飞入"或"爬入"敌方的信息中心大楼及保密室，通过计算机的接口钻进计算机或网络服务器，偷窃秘密信息或破坏信息系统。

（4）芯片细菌是经过特殊培育的、能毁坏计算机等信息系统硬件的一种微生物，主要是用来攻击计算机硬件。这种细菌能"吃掉"硅芯片，毁坏计算机内的集成电路，进而破坏整个城市、大楼、站点或实验室中的信息系统。

3.计算机网络防护武器装备

计算机网络防护武器装备主要包括网络哨兵、信息加密系统、网络防火墙等。

（1）网络哨兵实质上是一种计算机网络安全监控系统，通常安装于网络服务器或主机之上，主要用于对入侵网络的人员进行威胁预警，提高网络的预警防护能力，并确定网络进攻的范围、目标和性质等。

（2）信息加密系统是指采用自动加密技术，能给文件或电子邮件提供加密和解密一体化功能的系统。用户可通过台式计算机或笔记本电脑在开放式平台系统中传送秘密信息数据，系统自动控制对特定文件的访问等。典型装备有终端密码机、数据库密码机和链路密码机等。

（3）网络防火墙是用来保护计算机网络安全的一种常用手段，它能允许你"同意"的人和数据进入你的网络，同时将你"不同意"的人和数据拒之门外，最大限度地阻止网络中的黑客访问你的网络，防止他们更改、拷贝、破坏你的重要信息。如美国的"响尾蛇"防火墙已能实现通过互联网在机密网络和大众网络之间安全地传送信息，目前在研的增强型防火墙还能探测蓄意闯入用户，并做出反应。"黑洞"防火墙服务于北约"咨询、指挥与控制"局的信息防御需要，可使北约国家，特别是西欧各国能通过互联网进行安全的信息交流。

延伸阅读

美国国防部高级研究计划局

美国国防高级研究计划局（Defense Advanced Research Projects Agency），简称

DARPA，是美国国防部属下的一个行政机构，负责研发用于军事用途的高新科技。成立于1958年，其总部位于弗吉尼亚州阿灵顿县。

DARPA的基本任务是专事于"科技引领未来"，开拓新的国防科研领域，为解决中、远期国家安全问题提供高技术储备，研究分析具有潜在军事价值、风险大的新技术和高技术在军事上应用的可能性；按下达的科研计划的目的和要求，对国防部长批准的跨军种的重大预研项目进行技术管理与指导。该局所管的项目一部分由本部门提出，一部分由国防部长或国防部长办公厅下达，还有一些由高等院校和工业部门提出。该局虽然不是统管三军预研工作的职能机构，但在保持美国军事技术领先地位，牵头组织多军种联合科研计划、安排、协调和管理跨军种科研项目及节省科研力量和科研经费，缩短研究周期等方面效果显著。

50多年来，DARPA已为美军研发成功了大量的先进武器系统，同时为美国积累了雄厚的科技资源储备，并且引领着美国乃至世界军民高技术研发的潮流。如20世纪60年代约战期间，DARPA就开始着手研制无人驾驶飞行器，即无人机。大家现在使用的因特网就是DARPA的前身ARPA所研发：INTERNET（因特网）的前身是ARPANET，是由ARPA（Advanced Rearch Projects Agency）研究开发的。1975年，ARPANET由实验室网络改制成操作性网络，整个网络转交给国防部通信署管理，同时ARPA更名为DARPA（Defence ARPA）。此外，诸如机载激光武器项目、狼群情报系统、高超声速飞行器、X-37空天飞机等项目也都是出自DARPA。

第二讲　强军兴军　胜战基石——信息化作战平台

> 只要存在着战争危险，就要及时以足够的新式军事技术装备更换旧的，而新式军事技术装备又以更新的来更换。
>
> ——[苏联]格鲁季宁

信息化作战平台主要包括坦克、火炮、装甲车辆等陆上作战平台，水面舰艇和潜艇等海上作战平台，战斗机、轰炸机、侦察机、直升机等空中作战平台以及无人作战平台等。

一、信息化陆战平台

陆战武器通常是指陆军实施战斗行动所采用的武器。现代陆战是由机械化步兵、坦克兵、炮兵、空降兵、导弹兵、野战防空兵、陆军航空兵、两栖登陆部队以及支援保障部队共同实施的战斗行动。通常上述诸兵种采用的主要武器均属于陆战武器。

（一）陆战平台的主要种类

现代陆军已经发展成为由机械化步兵、炮兵、装甲兵、陆军航空兵、工程兵、通信兵、防化兵、侦察兵等多兵种组成的合成作战力量。陆战武器装备的种类也越来越复杂，其中主要包括轻武器、火炮、坦克装甲车辆、导弹、直升机等种类。

1. 自行火炮

由于火炮可以在任何地形、全天候地提供猛烈而持久的火力，所以在数百年的发展历史中火炮一直备受青睐，陆军炮兵也成为影响战争进程和结局的极其重要的技术兵种，在传统的地面战争中被称为"战争之神"。现代火炮已经基本实现自行化，在未来信息化战争中，作为地面进攻和防御火力的基本手段仍将占有重要的地位，并继续发挥重要作用。

目前世界上典型的自行火炮系统主要有美国的"帕拉丁"M109A6型155mm自行火炮、俄罗斯2S19 152mm自行火炮、法国"凯撒"155mm轮式自行火炮等。近年来，我国的自行火炮技术发展迅速，已经研制了出口型的PLZ45型155mm自行火炮以及自用型的05A式155mm自行火炮，并且也发展了SH15型155mm轮式自行火炮等。

2. 坦克装甲车辆

装甲车辆是具有装甲防护和机动能力的战斗车辆和保障车辆的统称。战斗车辆主要有主战坦克、步兵战车、装甲侦察车、装甲指挥车、装甲通信车、装甲输送车等。装甲车辆是现代化陆军的重要装备。其中装甲战斗车辆是最主要的装甲车辆，而坦克实际上是装甲车辆中的基本车种。具体来说，坦克就是具有强大直射火力、高度越野机动性和坚强装甲防护力的履带式装甲战车。由于坦克的发展和改进对其他装甲战车有决定性影响，为突出坦克在装甲战车中的重要地位，常常就把装甲车辆又称坦克装甲车辆。

目前世界上先进的坦克主要包括美国的M1A2、俄罗斯的T-90、英国的"挑战者-2"、法国的"勒克莱尔"、德国的"豹"2、中国的99A等，俄罗斯近年来还开发了新一代的T-14主战坦克。

经典武器

T-14坦克是俄罗斯新一代主战坦克，首次正式亮相于2015年莫斯科红场阅兵式上，其双人车组无人炮塔革命性的设计引发了广泛关注。T-14采用了全新的总体布置。这种布置能够更换坦克的独立舱室或战斗模块，提升改进潜力，同时搭配新型装甲也能给乘员提供更好的防护。主要武器采用了一门125毫米2A82滑膛炮，能够发射所有现有的125毫米炮导弹，也能够发射该炮专用的新型炮弹，据称性能可超所有现役坦克炮。T-14同时搭载了新型车载指挥信息系统，借助该系统可使车组对机动、武器和防护系统进行操控。同时，也提升了与友军进行信息交互的能力。

T-14 坦克

3. 直升机

直升机是指依靠发动机带动旋翼产生升力和推进力的一种航空器，是现代陆战的重要武器装备之一。为适应作战需要，人们给直升机安装了机载武器系统，这就形成了武装直升机。它主要用于攻击地面、水面和水下目标，为运输直升机护航，有的还可与敌方直升机进行空战。它具有机动灵活、反应迅速、适于低空、能在运动和悬停状态开火等特点。现代武装直升机通常是指用来突击地面目标的直升机，多配属于陆军航空兵，是陆军航空兵实施直接火力支援的主要航空器。现役典型直升机有美国的S-70/UH-60"黑鹰"、AH-64"阿帕奇"，俄罗斯的米-28、卡-52，法国的SA-365"海豚"，意大利的A-129"猫鼬"等。

经典武器

美国AH-64D"阿帕奇"是一种采用先进制造技术、设备精良、生存能力和综合作战能力强的世界先进武装直升机。该机旋翼直径14.63米，尾桨直径2.77米，机长17.76米，机高3.52米，空重5.092吨，最大起飞重量9.525吨，最大外挂载荷771千克，最大允许速度365千米/小时，最大平飞速度与巡航速度293千米/小时，最大爬升率4.32米/秒，实用升限6400米，悬停高度为有地效4570米、无地效 3505 米，航程 482 千米，最大续航时间 3 小时。AH-64D 直升机旋翼顶部有一部"长弓"毫米波雷达，装备 M230"大毒蛇"链式机关炮一门，最大携弹量 1200 发，正常射速 625 发 / 分，能够击穿目前几乎所有主战坦克的顶装甲和侧装甲，两短翼下能够携带 16 枚"海尔法"反坦克导弹或 4 具"九头蛇"19 管 70 毫米火箭发射巢。此外，AH-64D 直升机还新增了两个外挂点，可带四枚"毒刺"、四枚"西北风"或两枚"响尾蛇"红外空空导弹。在海湾战争中，美军一个武装直升机营一次战斗出动就击毁伊军坦克 84 辆、防空系统 4 个、火炮 8 门、轮式车辆 38 辆。充分证明 AH-64 是当今世界技术最先进、火力最强的武装直升机之一，现在最新的改进型为 AH-64E。

美军 AH-64D"长弓阿帕奇"武装直升机。

（二）陆战平台的发展趋势

未来陆战平台发展趋势主要有以下六方面。

（1）机动能力：动力传动技术注重创新发展，新材料推动平台轻量化技术进步。

（2）打击能力：常规发射技术与新技术研发并行，可调战斗部技术发展活跃。

（3）生存能力：平台主动防护技术是发展重点，材料技术助力生存能力提升，反微 / 小型无人机技术蓬勃发展。

（4）信息能力：网络与电子战攻防技术并举，雷达与通信技术兼顾精度与可靠性，信息融合技术提高指控系统灵活性。

（5）自主能力：积极开展仿生机器人技术研究，加快发展无人系统编队技术，无人车辆发展注重机动能力和救援能力。

（6）人效增强：士兵系统更强调轻量化和网络化，单兵装备的发展重点是智能化。

二、信息化海战平台

海战的主要武器平台是"军舰"。军舰根据作战使命的不同，分为战斗舰艇和勤务舰船两类。战斗舰艇分为水面战斗舰艇和潜艇。水面战斗舰艇，标准排水量在 500 吨以上的，通常称为舰；500 吨以下的，通常称为艇。潜艇，则不论排水量大小，统称为艇。舰艇（包括其他海船）的速度单位通常用"节"表示，用代号"kn"表示。1kn 等于 1n mile/h，也就是每小时行驶 1.852km（千米）。

（一）海战平台的主要种类

1. 航空母舰

航空母舰是以舰载飞机为主要作战武器的大型水面战斗舰艇，主要用于攻击敌舰船、袭击敌海岸设施和陆上目标，夺取作战海区的制空权和制海权，支援登陆、抗登陆作战。航母是海军水面作战力量的核心。拥有航母的海军通常围绕航母进行作战编成。航母一般有重型、中型、轻型三类。配备的舰载航空兵联队拥有战斗机、攻击机、预警机、电子战飞机、反潜飞机等各种飞机。目前世界先进的航空母舰是美国的"福特"级超级航母。

经典武器

"福特"级超级航母全名为杰拉尔德·R.福特级航空母舰，在其第一艘"福特"号正式定名之前，本级航空母舰原本被称为 CVN 21 未来航母计划。福特号航空母舰造价约 130 亿美元，是美国海军有史以来造价最高的一艘舰船。该舰采用了诸多高新技术，主要包括综合电力推进、电磁弹射技术，更先进的 C^4ISR 系统，能更全面地支持美军网络中心战的开展，是美国海空网络战的一个中心节点。它不仅集合有航母本身及编队整个系列的新技术和武器装备，而且还将与空、天、陆军的其他

"福特"级超级航母

新技术、武器装备实现有机"链接"，进而打造更强的战略预警体系和作战网络体系；将广泛采用电脑显示器和掌上电脑等替代人员操作，从而使各种雷达设施、通信系统、指挥控制系统、武器装备之间的信息传输更快捷、作战程序更简便、打击威力更强劲。"福特号"航母是 21 世纪美军海上打击力量的中坚。

2. 驱逐舰

驱逐舰是一种具有多种作战功能的中型水面作战舰艇，是大多数国家海军的主力舰种。驱逐舰的吨位一般为 3000~8000 吨，也有少数排水量超过 1 万吨的驱逐舰。按照用途，驱逐舰分为多用途驱逐舰、防空型驱逐舰和反潜型驱逐舰。目前，世界上较先进的导弹驱逐舰为美国"阿利·伯克"级驱逐舰、英国 45 型驱逐舰和中国的 052D型、055 型导弹驱逐舰。

经典武器

　　美国"朱姆沃尔特"（DDG-1000级）驱逐舰是一型侧重于对陆攻击和对海打击能力的多用途战舰，它还具备一定的水下作战能力，包括反潜作战和建制水雷战能力。该型舰满载排水量14564吨，舰长182.8米，宽24.6米，吃水8.4米。动力系统采用全新的综合电力系统，配备4部燃气轮机、2部功率为36MW的推进用电机，总功率78MW，双轴推进，最大航速30节；舰首部有2座155毫米隐身型先进舰炮系统，配备增程对陆制导炮弹；机库上方装2座57毫米MK-110近防武器系统。

上层建筑前后两舷有4座MK-57舷侧导弹垂直发射装置，共80个发射筒。可装载"标准"-2/3/6舰空导弹、"战斧"巡航导弹、"阿斯洛克"反潜导弹。可搭载两架MH-60R反潜直升机，或是1架直升机和3架RQ-8B"火力侦察兵"无人直升机，另外还搭载有2艘RIB无人艇。电子设备包括SPY-3多功能雷达和VSR广域搜索雷达、舰壳、拖曳阵声呐。

"朱姆沃尔特"驱逐舰

3. 护卫舰

　　护卫舰是另一类主要的战斗舰艇，又被称作巡防舰，较小型的护卫舰也被称为巡逻舰，主要用于为大型舰艇护航、近海警戒、巡逻、护渔等。其排水量从500吨至4000吨不等，其中，500~1500吨的被称为轻型护卫舰，1500~300吨的被称为中型护卫舰，3000吨以上的是大型护卫舰。根据装载的武器的不同，护卫舰又可分为通用型、反潜型和防空型。

4. 两栖舰艇

　　两栖战舰艇是专门用于登陆作战的舰艇的统称。两栖战舰艇的主要任务是输送登陆兵、登陆工具、战斗车辆、武器装备和物资，指挥登陆作战，并可为两栖作战提供火力支援。两栖战舰船包括两栖攻击舰、两栖作战指挥舰、登陆舰、运输舰等。各种登陆舰船都有其专门功能和登陆专用装备，登陆舰船的船型也较为

"美国号"两栖攻击舰

特殊。目前世界上典型的两栖战舰艇有美国的"美国"级两栖攻击舰、法国的"西北风"级两栖攻击舰、中国的071型两栖登陆舰等。其中"美国"号（LHA-6）两栖攻击舰于2014年10月正式服役，满载排水量达到4.5万吨，可容纳1204名船员和1871名士兵，各主要作战能力均处于世界领先水平。

5. 潜艇

攻击型潜艇是在水下进行作战活动的舰艇，有常规动力和核动力之分，主要用于攻击敌大、中型水面舰船和反潜作战，攻击敌陆上重要目标，破坏敌海上运输线，并能执行侦察、布雷、救援和遣送特种人员登陆等任务。配载的武器有巡航导弹、鱼雷、水雷等，有的潜艇还配有防空导弹。目前世界上拥有核潜艇的国家只有美、俄、英、法、中等国家，著名的核潜艇有美国的"俄亥俄"级、"弗吉尼亚"级、俄罗斯的"台风"级、"北风之神"级、英国"前卫"级、法国"凯旋"级等。

经典武器

美国"弗吉尼亚"级核动力攻击潜艇，长149米，宽10.4米，吃水93米，排水量约7800吨，水下最高航行速度34节，额定艇员134名。由艇身、动力装置、艇载武器、艇载电子设备等构成。该级艇采用单壳体形式，艇型呈超细长型，便于施工建造，利于降低费用，利于水面航行，同时也利于在浅水域执行任务时不时地浮出水面与水面战斗群联系。"弗吉尼亚"级核潜艇装备了一座通用电气公司的S9G自然循环压水堆，两台总功率达2984兆瓦的蒸汽轮机；一台辅助推进潜水电机，堆芯寿命30年，能量密度高，安全性好，可避免发生失水事故，燃料无须更换，辐射噪声低，环境影响小。该级艇上装有4具533毫米鱼雷发射管；12具巡航导弹垂直发射管。艇载"战斧"巡航导弹、"鱼叉"反舰导弹、MK48先进自航水雷等共38枚。"弗吉尼亚"级核潜艇拥有先进的艇载电子系统，极大提高了潜艇在"网络中心战"环境下的作战能力。

美军"弗吉尼亚"级攻击核潜艇

（二）海战武器装备的发展趋势

随着高新技术的迅猛发展及其在海战武器装备中的广泛应用，未来相当长时间内，海战武器装备将继续保持强劲势头。突出表现为：网络化程度和联合作战能力将空前提高；对地精确打击和常规威慑能力不断增强；自动化、智能化和无人化水平进一步提高；隐身化和高防护能力更加突出。同时，未来海军装备还将努力提高近海水域的反潜、反水雷能力以及抗饱和攻击和弹道导弹防御能力，以全面增强防护能力。美国海军的每艘主要舰艇上将装备"远程猎雷系统"，以具备建制内反水雷能力；美国海军的区域防空指挥官能力计划和全战区导弹防御系统将使"宙斯盾"巡洋舰具有拦截助推段弹道导弹能力和抗饱和攻击的能力。

三、信息化空战平台

空战武器装备按用途可分为主战装备、电子信息装备和综合保障装备，按兵种结构可分为航空兵装备、地空导弹兵装备、高射炮兵装备、雷达兵装备、电子战装备、空降兵装备等，按担负的作战任务可分为航空武器装备、地面防空武器装备和保障装备。航空武器装备又分为军用飞机、机载武器。地面防空武器装备可分为高射炮、地空导弹和弹炮结合防空武器。保障装备包括指挥信息系统、雷达、通信装备、电子对抗装备、导航装备、航空气象与测绘装备、空降装备、技术与后勤保障装备等。

（一）空战平台的主要种类

1. 轰炸机

隐身伪装技术，美国
B-2 隐身战略轰炸机

轰炸机，是一种专门用于向地面、水面、地下、水下目标投放大量弹药的飞机，它具有突击力强、航程远、载弹量大等特点，是航空兵实施空中突击的主要机种。现代轰炸机装备的武器系统包括机载武器如各种炸弹、航弹、空地导弹、巡航导弹、鱼雷、航空机关炮等，可在敌防空火力圈外实施轰炸突击。机上装备先进的火力控制系统，以保证轰炸机具有全天候轰炸能力和很高的命中精度。轰炸机按遂行任务范围分为战略轰炸机和战术轰炸机。战略轰炸机一般是指用来执行战略任务的中、远程轰炸机，主要用于攻击的是敌方城市和工厂等战略目标，以消灭敌方的作战能力。战术轰炸机一般是指用来执行战术任务的体型较小的轰炸机，主要用于攻击武装部队和辎重。目前世界著名轰炸机包括美国的B1-B、B2-A、B52-H，俄罗斯图-95MS、图-160、图-22M以及中国的轰-6K等。

🔗 经典武器

美国 B-2A 隐身轰炸机是美国空军重型隐身轰炸机。它能从美国本土或前沿基地起飞，无须支援飞机护航的情况下穿透敌复杂防空系统，攻击高价值、强防御、最急迫的目标。其代号为"幽灵"(Spirit)。美国空军共生产 21 架 B-2A，2008 年 2 月 23 日，一架美军 B-2A 战略轰炸机在关岛空军基地内坠毁，目前还有 20 架。B-2A 轰炸机的单价高达 20 亿美元，是世界上迄今为止最昂贵的飞机。B-2A 轰炸机机身长 20.9 米，高 5.1 米，翼展 52.12 米，最大载重 181.44 吨，实用升限 1.524 万米，正常起飞重量 152.635 吨，机组人员 2 名；飞机在不进行空中加油的情况下，作战航程可达 1.2 万千米，空中加油一次则可达 1.8 万千米。每次执行任务的空中飞行时间一般不少于 10 小时，美国空军称其具有"全球到达"和"全球

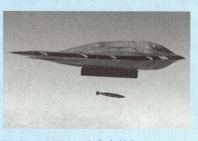

B-2A 隐身轰炸机

摧毁"能力。B-2A 轰炸机无外挂点，有两个机内武器舱，每个武器舱装备有一个旋转发射架和两个炸弹架。B-2A 可以携带 18.16 吨弹药，包括常规弹药、核武器、精确制导弹药。B-2A 可以携带的核武器有：16 枚 B61 钻地核弹，可以打击深埋和加固目标；16 枚 B83 战略自由落体核弹；16 枚 AGM-129 高级巡航导弹；16 枚 AGM-131 "斯拉姆"导弹。

2. 预警机

预警机是空中预警飞机或空中预警与指挥飞机的简称，是用于搜索、监视空中或海上目标，主要指挥引导己方飞机遂行作战任务的飞机。安装在地面或海面的雷达由于受地球曲率的影响，其探测范围极其有限，如果将雷达安装在空中平台上，显然能有效扩大雷达对地面和海面目标特别是低空与超低空飞行目标的探测范围。因此，在第二次世界大战中，美国开始发展预警机，并于 1944 年研制出世界第一架海军用舰载预警机 TBM-3W。战后，美国、英国、苏联等国相继研制出多种预警机。在 1982 年英阿马岛战争中，英国舰队没有装备预警机，不能发现远距离的低空飞机，因此，5 月 4 日阿根廷的两架攻击机携带"飞鱼"导弹低空飞行，击沉了英国"谢菲尔德"号驱逐舰。同年的 6 月，在以色列与叙利亚的戈兰高地之战中，以色列空军在 E-2C 预警机的指挥下，动用 90 架飞机，在两天的时间内，击落了叙利亚 79 架飞机，摧毁了 19 个导弹营，以方仅损失少量飞机。这两场战斗结局的对比有力地证明了现代作战中预警机的重要作用。目前世界上的预警机主要有美国的 E-3A、E-2C，俄罗斯的 A50，以色列的"费尔康"，中国的

我国空警-500 预警机

空警 -2000、空警 -200 和空警 -500 预警机等。

3.战斗机

　　战斗机主要用于夺取制空权，多用于执行空战任务，兼有一定的对地攻击打击能力。战斗机配备的武器以空空导弹为主，航空机关炮为辅，并装备有先进的综合火力与飞行控制系统。机载火控雷达具有远距离探测目标的能力；在电子干扰条件下，还应配备光电搜索跟踪系统；火力系统同时还承担着对空空导弹的制导任务；夜间作战的战斗机还装有红外夜视导航、瞄准设备。战斗机一直是各国空军重点装备的机种，其性能水平和作战方式是不断演变的。随着航空技术的不断发展，现代战斗机已经发展到第四代，能执行制空作战、防空截击、纵深遮断和近距空中支援等多种任务。

经典武器

　　F-22A "猛禽" 战斗机是美国空军在 20 世纪 90 年代研制的全面采用高新技术成果的新一代战斗机，也是世界上第一款 "第五代战斗机"，是名副其实的信息化主战平台，是未来 20~30 年内美空军的主战机种。美空军对 F-22A 提出的要求是：低可探测性，高机动性和敏捷性，超音速巡航，较大的有效载荷，具有飞越所有战区的足够航程。与第三代战斗机相比，F-22A 飞机最具里程碑意义的技术特性是：采用全隐身与气动综合布局，持续的超音速巡航能力，过失速机动，短距起降，先进的机载综合航空电子系统设备和武器系统等。它担负的作战任务包括：夺取制空权，向美军作战提供空中优势；在战区空域有效实施精确打击；防空火力压制和封锁、纵深遮断；近距空中支援。在美国空军进行的模拟空中战演习中，F-22A 曾取得击落 14 架 F-15C 而本身的损失为零的惊人战果。

　　F-22A 机长 18.9 米，机高 5.08 米，翼展 13.56 米，机翼面积 78 平方米，尾展 5.74 米，水平尾展 8.84 米，轮距 3.23 米；装备两台 F119-PW-100 涡扇发动机，推力 155 千牛；内部燃油 8.323 吨；净起飞重量 14.365 吨，最大起飞重量 27.216 吨；最大飞行马赫数 1.8，超音速巡航马赫数 1.5；最大使用过载 9G；最大攻角 60 度；作战半径 2170 千米，实用升限 1.8 万米。F-22A 采用大量钛合金与复合材

F-22 "猛禽" 是美军一型单座双发高隐身性第五代战斗机。

料制造，是使用这两类材料最多的机型。其中钛合金约 36%，热定型复合材料约 24%，铝合金约 16%，钢约 6%，其机身蒙皮全都是高强度、耐高温的 BMI 复合材

料。主起落架使用合金钢制造。武器舱门与起落架舱门使用热塑复合材料。据称，由于采用隐身外形设计技术和隐身材料技术，F-22A 的雷达反射截面积约为 0.1 平方米，生存能力比目前的常规飞机提高 18 倍，作战效能是 F-15 战斗机的 3 倍、F-16 的 10 倍。

4. 侦察机

侦察机是专门用于从空中获取情报的军用飞机，是现代战争中主要侦察工具之一。侦察机上装有各种侦察设备，如航空照相机、雷达、摄像机、红外、电子侦察设备等。有的还装有实时情报处理设备与传递装置。部分侦察机上还装有武器，用于自卫和进行攻击。侦察机可进行目视侦察、成像侦察和电子侦察。其中，成像侦察是侦察机实施侦察的重要方法，包括可见光照相、红外照相与成像、雷达成像、微波成像、电视成像等。为提高生存能力，侦察机上还装有电子干扰系统。侦察机按遂行任务范围可分为战略侦察机和战术侦察机。战略侦察机是为战略决策而搜集敌方的战略情报的专用飞机。其特点是飞行高度高、航程远，能从高空深入敌方领空对军事目标、核设施、

导弹基地等重要目标实施战略侦察。战术侦察机是对战场和战区目标实施侦察的飞机，多利用战斗机加装侦察设备而成。其主要任务是对敌纵深 300~500 千米范围内的兵力布置、火力配置、地形地貌以及对敌攻击效果等进行侦察，获取战役战术情报，以协助战役指挥员了解敌情和制订作战计划。典型的侦察机有美国的 U-2 高空高速侦察机、SR-71 "黑鸟"战略侦察机（已退役），俄罗斯的米格 -25R 侦察机等。

美国 U-2S 高空高速侦察机

（二）空战武器装备的发展趋势

新概念武器 "主宰者"无人机打击系统

未来空战武器装备发展将不断增大信息技术含量，提高战术技术性能；形成以现役武器装备改进型为主体、以一定量的新型装备为骨干进行合理搭配的格局；主战装备、电子信息装备和支援保障装备协调发展，形成装备体系；依托先进技术，重点研制新一代隐身化、高机动、多功能、智能化、无人化和综合化的作战平台。无人机由于具有风险小、运用方式灵活、不危及驾驶员生命、续航时间长等优点，在军事领域已得到了广泛的应用。尤其是近些年来，随着电子技术、发动机技术、人工智能技术和材料技术等的快速发展，无人机正由传统的以侦察为主的单用途无人机向以集侦察、通

信，攻击和空战为一体的多用途无人机发展，成为空战平台的未来发展的重要选择。

延伸阅读

首艘国产航母"山东舰"正式入列

第三讲　科技融合　战力倍增——综合电子信息系统

综合电子信息系统是为优化资源配置、提高作战能力，按一体化和综合集成原则而构建的多重使命多种功能的军事电子信息系统，是夺取信息优势和制信息权的主要装备。

一、指挥控制系统

（一）指挥控制系统概述

指挥控制系统是综合运用以计算机为核心的技术装备，实现作战信息的获取、传输、处理的自动化，保障各级指挥机构对所属部队和武器实施科学高效指挥控制与管理，具有指挥控制、情报侦察、预警探测、通信、信息对抗、安全保密以及有关信息保障功能的各类信息系统的总称。从本质上看，指挥信息系统其实就是以计算机为网络核心，具有指挥控制、侦察情报、预警探测、通信、安全保密、信息对抗等功能的军事信息系统，即美国习惯上讲的 C^4IISR 系统。

知识链接

C^4ISR，即指挥（Command）、控制（Control）、通信（Communication）、计算（Compute）、情报（Intelligence）、监视（Survcillance）和侦察（Reconnaissance）。它是以网络为纽带，以各型电子设备为基干，集成指挥、控制、通信、计算、侦察、监视、情报等多种功能，为诸军兵种提供作战决策和行动指令的专用信息系统。

C^4ISR 先后经历了 $C^2 \rightarrow C^3I \rightarrow C^4I \rightarrow C^4ISR$ 等发展阶段。20 世纪末 C^4ISR 系统与"打击"全面互联，发展成为 C^4IKSR 系统。可以预见，随着信息技术的发展，指挥控制系统将更趋完善。

指挥控制系统主要由以下六个分系统组成：一是信息收集分系统，该分系统由配置在地面、海上、空中、外层空间的各种侦察设备组成，如侦察卫星、侦察飞机、雷达、声呐、遥感器等。二是信息传输分系统，该分系统主要由传递信息的各种信道、交换设备和通信终端等组成。三是信息处理分系统，该分系统由电子计算机及其输入输出设备和计算机软件组成。四是信息显示分系统，该分系统主要由各类显示设备，如大屏幕显示器、投影仪、显示板等组成。五是决策监控分系统，该分系统主要用于辅助指挥人员作出决策、下达命令、实施指挥。六是执行分系统，该分系统既可以是执行命令的部队的指挥信息系统，也可以是自动执行指令的装置，如导弹的制导装置、火炮的火控装置等。

（二）美国全球军事指挥控制系统（WWMCCS）

美国全球军事指挥控制系统建于 1962 年 10 月，拥有为指挥与控制美国军队提供作战技术和行政保障所需的设施装备、通信手段、程序与人员。它在 20 多个地点设置了 30 多个计算机系统，具有"注视动向、拟制对策、选择方案动用部队、估计损失、重编部队和采取必要行动结束战斗"的能力。

美国全球军事指挥控制系统的首要任务，是保障国家最高指挥当局的活动，其主要组成部分是国家军事指挥系统。国家军事指挥系统为总统和国防部提供各种警报与情报，据此进行决策、分配任务和下达指令。国家军事指挥系统也为参谋长联席会议提供保障。其次，要保障各联合司令部、特种司令部的指挥与控制系统，还要保障国防部所属单位与本系统有关的管理信息系统。

美国全球军事指挥控制系统的行动数据处理系统有以下四大功能：一是资源和实力的监控：配合战备状态和部署等掌握各种当前信息，如飞机、机场、弹药、建筑工程、通信、电子战、电子侦察、设施、医疗、导弹、核武器、人员、油料、海港、舰船、给养、运输、部队、战争储备物资及武器系统等信息。二是常规战争计划的制订和实施：配合制订联合计划，进行动员和部署部队，包括草报计划，草拟行动方案，拟订实施方案，执行计划，监控部队调动，保障部队行动，以及调整部署。三是战术预警和攻击效果估计、空间防御：配合进行报警和损失估计，以及制订实施、终止和调整空间防御计划。四是核战争计划的制订和实施：配合制定、实施终止和调整战略作战计划和战术计划。这个分系统可供国家军事指挥中心、国家预备军事指挥中心、战略空军司令部、美军欧洲总部、美军太平洋总部、美军大西洋总部、美军中央总部和国防情报局使用。

（三）指挥控制系统发展趋势

以美国、俄罗斯为代表的世界各军事强国，其军事指挥信息系统经过50多年的发展、完善，具备了较高的自动化程度，并表现出更为迅猛的发展势头。在新军事思想和作战理论指导下，美俄等军事强国的军事指挥信息系统的发展呈现出如下较为明显的趋势。

1.加快系统一体化建设，实现三军联合作战

美军认为，未来的作战是在自动化系统的统一指挥控制下实施的系统对系统、体系对体系的全面对抗，因此只有军事指挥信息系统本身构成了一个完备而严密的整体，才能快速、灵活、高效地组织协调各种作战力量，以形成整体作战优势。为此，美军进一步调整了军事指挥信息系统建设的组织领导体制，加强了统一规划、统一标准和统一管理，通过系统硬件和软件的标准化，逐步解决各系统之间的兼容性问题，使各级各类在地理上分散的指挥机构和业务部门，甚至相关的民用系统，能够紧密地连接在一起，从而大大提高作战指挥的及时性和有效性，最终实现各军兵种指挥信息系统之间的网络互联、信息互通和用户互操作，以及陆、海、空、天、电一体化的联合作战行动。

2.采用多种先进技术，提高系统综合对抗能力

由于军事指挥信息系统在现代作战中发挥着中枢神经的作用，已不可避免地成为各种软杀伤和硬摧毁的首选目标。信息化程度较高的美军对指挥信息系统的依赖程度更大，他们强烈地意识到，一旦某些关键的节点被干扰或破坏，整个系统受到的影响会更大，后果可能会不堪设想。因此，美军在大力开发电子战装备、反辐射导弹等进攻性信息武器的同时，也想方设法采取措施确保己方的军事指挥信息系统不受侵害。俄军认为未来战争以及洲际核冲突中，军事指挥信息系统在战争初期就会遭受多次攻击，因此非常注重提高系统的生存能力，并主张通过隐蔽、分散、加固，机动，冗余备份和通信保密等手段提高系统的生存能力。预计今后美俄军队将更加重视研制开发雷达对抗，通信对抗，计算机网络对抗和情报密码对抗等电子对抗新技术，积极发展光纤通信、极高频卫星通信和自适应高频通信等抗干扰能力强，保密性能好、机动灵活的信息传输手段，并采取加固、隐身、机动、分散配置、滤波和屏蔽等防护措施提高军事指挥信息系统的抗毁抗扰能力。

3.加强与作战系统交联，各层次系统协调发展

近些年来的局部战争已使人们充分地认识到，缺乏军事指挥信息系统的支援，拥有再

先进的武器装备也将一事无成。为此，美俄将在大力推进战略级指挥信息系统的同时更加积极发展战术指挥信息系统，并努力实现与作战武器系统的有效交联，以提高作战武器系统的作战效能和攻击精度。这种发展趋势表现为两个方面，一是战术指挥信息系统向作战单元和火力单元延伸；二是主战武器依托指挥信息系统向信息化平台扩展，最终实现指挥控制系统与作战武器系统的综合化和一体化。例如，作战单元或主战装备的信息设备将构成一个小的指挥信息系统，可随时进行侦察探测、目标识别，定位导航等信息处理活动，并通过通信设备加入上级指挥控制中心乃至全球军事指挥信息系统上，及时接收各种作战命令和控制指令，发送各种战场信息和执行结果。

4. 扩展系统作用空间，增强空间开发利用

空间是未来高技术战争的制高点，控制和利用空间已成为 21 世纪美军指挥信息系统发展的重点。在卫星通信方面，美军将继续部署和完善军事战略、战术和中继通信系统，用于指挥控制战略和战术部队，转发来自卫星和其他信息源的情报信息。在预警和侦察卫星方面，继续研制和部署新一代红外遥感系统、光学成像系统、雷达探测系统等，不断增加系统功能以及监视的范围和精度，提高战术预警和攻击评估能力。俄军认为，建立和保持太空优势是未来战争的一个发展趋势，空间、空中、地面已成为不可分割的整体，因此，必须加强太空的攻防能力。最近，俄军又提出研制"往返式航天系统"，可实施战略与战术空间侦察，也可实施太空战，以高精度武器装备打击敌地面目标。此外，针对美国的战区导弹防御计划，俄正积极发展"非战略导弹防御综合系统"。可以预言，未来空间军事指挥信息系统的发展速度将更加迅猛，数量和质量也将大幅度提高。

战例应用

1991 年海湾战争爆发时，伊拉克的防空力量并不弱。伊拉克空军有 4 万多人，作战飞机 560 余架（包括 30 架先进的米格 -29 和 94 架"幻影"战斗机），2 个防空导弹旅，地空导弹发射装置约 730 部，防空导弹约 3700 枚；各种高炮 4000 多门，防空武器比较齐全，有些还相当先进。但多国部队在发起大规模空袭前，首先实施高强度的综合电子战，瘫痪了伊军 C^3I 系统，使其作战指挥系统成了"瞎子""聋子"和"哑巴"。结果，伊军根本未能组织起有效的防空作战。多国部队以很小的代价赢得了胜利，出动飞机 11.4 万架次，只损失固定翼飞机 47 架，真正战损仅 39 架，战损率为 0.34%，远低于 3%~5% 的平均战损率。伊军的教训说明指挥信息系统对军队战斗力起到倍增或倍减的作用。

二、预警系统

（一）预警系统概述

预警系统是搜索、发现、测量和识别构成军事威胁的空中飞行器，作出空情分析和对策，向指挥部门报告空情，向民防部门发出空袭警报，并向防空作战部队下达作战命令的大型电子系统。它是防空系统的组成部分，主要由探测系统（如雷达、光学和红外设备等）、通信系统和各级作战指挥控制中心组成。

知 识 链 接

第二次世界大战后，美国于 20 世纪 50 年代在北美建立了三条雷达预警线：美国加拿大边界的松树线，加拿大中部的"中加线"和北极圈内从阿拉斯加经加拿大到冰岛西岸的"远程预警线"。"中加线"已经拆除，余下的这两条预警线各有数十部雷达。60 年代初期，美国建成了"弹道导弹预警系统"（BMEWS），它可为美国本土提供 15 分钟的预警时间。

（二）预警系统分类

预警指挥系统按其任务的性质，可分为飞机预警指挥系统、弹道导弹预警指挥系统和卫星预警指挥系统。它们各有自己的探测系统、通信系统及作战指挥控制中心。这些预警指挥系统的最高级指挥控制中心可以合在一起，以利统一指挥。

飞机预警指挥系统防御大气层内来袭的飞机和巡航导弹。在这种系统中，探测目标的主要手段是雷达，而雷达的探测范围受到地球曲率的限制。为尽可能早地发现目标，雷达应尽可能向前部署。

弹道导弹预警指挥系统防御陆上和潜艇发射的弹道导弹。弹道导弹进攻的特点是射程远、速度快、数量多（多发导弹同时发射，而多弹头分导式弹道导弹可带 3~10 颗弹头，攻击不同的目标）。伴随真弹头而来的还有许多假弹头、诱饵和无线电干扰机等。所有这些突防措施都给防御系统带来极大的困难，人们还不能对弹道导弹进行有效的防御。

卫星预警指挥系统防御外层空间直接或间接有威胁的航天器。敌方的军事通信卫星、侦察卫星、预警卫星和军事导航卫星等已构成潜在威胁。

（三）预警系统发展趋势

为了发现新的飞行器，需要不断地掌握原有空间飞行器的轨道、性质和国别，也就是要对空间飞行器进行编目。如发现编目表以外的目标，则须进行详细观测和识别，以便采取对策。卫星预警指挥系统一方面利用弹道导弹预警指挥系统中的超远程多功能相控阵雷达对空间目标进行探测，另一方面还须在陆地和舰船上建立专用的雷达、光学和辐射探测站，实现对全球外层空间目标的探测和跟踪，测得的数据传送到指挥控制中心进行处理。

随着各种威胁目标的迅速发展，防空预警指挥系统的发展趋势主要是应用系统工程的理论和方法进行总体最优设计；进一步提高系统探测低空目标和"隐身"目标的能力；抗干扰和判断攻击的能力；生存能力和可靠性；统一指挥和控制；实现自动化。

🔗 战 例 应 用

E-3 空中预警系统由波音 -707 飞机改装面成，机上装备的几十种电子设备组成通信、导航、雷达、识别、数据处理以及显示与控制 6 个分系统。其数据处理分系统的关键部件是 CC-I 型计算机，该机有两个处理器，每个处理器的运算速度都比较快，且拥有 71 万字节 / 秒的输入 / 输出效率。该分系统可用于控制空中与地面各种防御武器，为支援空域作战提供数据库存储与检索。其数据显示和控制分系统包括数据显示控制台 9 个多功能控制台辅助显示器、计算机与电传打字机等。E-3 空中预警与控制飞机能探测到 400 公里处的低空目标和 600 公里处的高空目标，并能从上百个目标中分辨出最具威胁的目标实施跟踪监视。

1991 年海湾危机爆发后，美国空军向海湾战区派出了 10 架 E-3 空中预警与控制飞机，7 架部署在沙特阿拉伯，3 架部署在土耳其。E-3 空中预警与控制飞机在派往海湾战区之前，都进行了紧急的改进工作，包括加装和更换了部分硬件设备，但主要是软件方面的改进，特别是补充和更新了有关海湾战区内的地理环境、敌情威胁情况等数据资料。该预警系统准确地发现了伊拉克发射的 800 余枚飞毛腿导弹，为美军飞机赢得了 2 分钟的反应时间，确保了在战争中美军飞机无一被击落的纪录。

三、导航系统

（一）卫星导航系统概述

卫星导航系统，也称为全球导航卫星系统，是能在地球表面或近地空间的任何地点为用户提供全天候的三维坐标和速度以及时间信息的空基无线电导航定位系统。常见系统有 GPS、BDS、GLONASS 和 GALILEO 四大卫星导航系统。最早出现的是美国的 GPS（Global Positioning System），现阶段技术最完善的也是 GPS 系统。

随着近年来 BDS、GLONASS 系统在亚太地区的全面服务开启，尤其是 BDS 系统在民用领域发展越来越快。卫星导航系统已经在航空、航海、通信、人员跟踪、消费娱乐、测绘、授时、车辆监控管理和汽车导航与信息服务等方面广泛使用，而且总的发展趋势是为实时应用提供高精度服务。

（二）美国全球定位系统

美国的全球定位系统（GPS）是当代导航定位类信息系统的代表，它是由美国陆、海、空三军共同使用的卫星空间无线电导航定位系统，向美国和盟国军队提供陆上、海上和空中的准确、连续、全天候、通用坐标、三维空间的全球定位和导航信息以及时间基准信息。该系统全面部署完成投入使用后，其卫星可向接收者提供地球上任何一点的精确度可达 16 米的位置数据，某些地点的精确度可达 10 米以内；测速精度优于 0.1 米 / 秒，授时精度优于 1 微秒。导航卫星提供的信息可用于目标精确定位、航线计划和武器发射，对飞机、火炮舰艇、坦克和其他机动平台及武器发射系统都适用。

全球定位系统包括 21 颗在轨卫星，另有 3 颗在轨的备用卫星。卫星将在 6 个不同的平面上沿地球轨道运行，平均高度为 17700 公里。该系统主控制站设在美国科罗拉多州的福尔肯空军站，负责监控卫星。另有 5 个监控站通过宽频带卫星通信系统对卫星进行跟踪，5 个监控站的信息由主控制站处理，并通过上行天线与卫星连接。

（三）中国北斗卫星导航系统

北斗卫星导航系统是中国自行研制的全球卫星定位与通信系统，系统由空间端、地面端和用户端组成，可在全球范围内全天候、全天时为各类用户提供高精度、高可靠定位、导航、授时服务，并具有短报文通信能力，已经初步具备区域导航、定位和授时能力，定位精度优于 20 米。

北斗导航系统（COMPASS）将主要用于国家经济建设，为中国的交通运输、气象、石油、海洋、森林防火、灾害预报、通信、公安以及其他特殊行业提供高效的导航定位服务。同时北斗卫星导航系统必将承担我军作战指挥的使命。

中国北斗导航系统（COMPASS）空间端计划由 5 颗静止轨道卫星和 30 颗非静止轨道卫星组成，提供两种服务方式，即开放服务和授权服务。北斗卫星将逐步扩展为全球卫星导航系。中国将陆续发射系列北斗导航卫星，逐步扩展为全球卫星导航系统。北斗导航卫星系统是世界上第一个区域性卫星导航系统，可全天候、全天时提供卫星导航信息。与其他全球性的导航系统相比，它能够在很快的时间内建成，用较少的经费建成并集中服务于核心区域，是十分符合我国国情的一个卫星导航系统。

战例应用

印度洋上空"赫拉克勒斯"行动

2001 年 11 月 21 日，戴高乐号被派往印度洋参与由美国主导，众多北约国家参与的"持久自由"作战行动，12 月 1 日舰队起航，12 月 18 日，抵达阿拉伯海指定海域，与美国和意大利的航母汇合后，开始实施对阿富汗的作战行动。2002 年 1 月 8 日至 3 月 31 日，在阿富汗上空参与了多次军事行动，5 月 5 日至 23 日，在印度洋进行了为期 3 个星期的阿富汗作战行动，代号"印度洋上空赫拉克勒斯行动"。

2011 年 3 月 19 日，以戴高乐号航母为旗舰的 473 特混舰队出征利比亚，行动代号"哈马丹风行动"，空中打击力量为戴高乐号上的阵风战斗机，现代化改进的超级军旗攻击机等。3 月 20 日出发，3 月 22 日到达指定部署海域。3 月 23 日开始至 3 月 31 日，与北约各国海军联合行动，进行了轰炸。

第四讲　亮点纷呈　方兴未艾——信息化杀伤武器

随着军事技术不断发展，武器因素的重要性在上升，如果武器装备上存在代差，仗就很难打了。恩格斯说："暴力的胜利是以武器的生产为基础的。"列宁讲："用人群抵挡大炮，用左轮手枪防守街垒，是愚蠢的。"

——习近平

战争的首要目的是消灭敌人、保存自己。信息本身不具有杀伤敌人的能力，为更加高效地实现消灭敌人的目标，需要发展各类信息化杀伤武器，主要包括各种精确制导武器，以及正在发展中的新概念武器等。

一、精确制导武器

精确制导武器，是指采用精确制导技术，直接命中概率在 50% 以上的武器。精确制导技术是在复杂的战场环境中，利用目标的特征信号，发现、识别和跟踪目标，并将武器直接引导至目标实施有效打击的技术。直接命中是相对于爆炸破片对目标的间接命中而言的，一般是指武器战斗部与目标有效部位的直接接触命中。

精确制导武器，可分为导弹和精确制导弹药两大类。导弹与精确制导弹药的主要区别，在于前者依靠自身的动力系统和导引控制系统飞向目标，后者自身无动力装置，需借助火炮、飞机投掷，也没有全程制导装置，仅有在飞行末段起作用的寻的装置或传感器。

🔗 知 识 链 接

1972 年初，美军出动 12 架战斗机，使用激光制导炸弹，毫发未损，就将越南河内附近的战略枢纽清化铁路公路两用桥摧毁了。在此之前，美军先后出动 600 多架次飞机，投放普通炸弹 5000 余吨，不仅未能炸毁这座大桥，反而被击落 18 架飞机，击伤 39 架。当年 5 月，美空军又出动数架战斗机，将另一座"眼中钉"杜美大桥摧毁。这次作战行动引起了各国军界的高度关注，一场空袭作战的革命悄然到来。

导弹，是指依靠自身的动力装置推进，由制导系统导引，控制其飞行路线并导向目标的武器。导弹是精确制导武器中研究最早、类别最多、生产和装备量最大的一类。导弹可从多种角度分类。

按导弹发射点和目标位置，可分为地地导弹、地空导弹、岸舰导弹、潜地导弹、空地导弹、空空导弹和空舰导弹等。

按作战任务，可分为战略导弹和战术导弹。战略导弹，是用于完成战略任务的导弹。通常使用核战斗部，由国家最高统帅部直接掌握，用于摧毁敌方纵深重要战略目标。战术导弹，是用于完成战术任务的导弹。主要用于打击敌方战役、战术纵深的战役、战术目标。亦可用于直接支援地面部队作战。

按导弹射程，可分为近程导弹（射程在 1000 千米以内）、中程导弹（射程在 1000~3000 千米）、远程导弹（射程在 3000~

战略弹道导弹发射

8000 千米）及洲际导弹（射程在 8000 千米以上）。

按导弹的弹道特征，可分为飞航式导弹（如"战斧"巡航导弹）和弹道式导弹。

按攻击的目标，可分为反坦克导弹、反舰导弹、反雷达（反辐射）导弹、反卫星导弹、反导导弹等。但精确制导武器发展趋势之一是通用化、多功能化，因此这种分类方法仍有一定局限性。

（二）精确制导弹药

精确制导弹药也称为灵巧弹药，根据不同的作用原理可分为末制导弹药和末敏弹药两类。

1. 末制导弹药

末制导弹药有寻的器和控制系统，在其弹道末段能根据目标和弹药本身的位置自行修正或改变弹道，直至命中目标。主要有制导炮弹、制导炸弹、制导雷等。

制导炮弹是用地面火炮发射，弹丸带有制导装置的炮弹的总称。它能够在火炮的最大射程内以很高的单发命中概率攻击目标，主要有激光制导炮弹、毫米波制导炮弹和红外寻的制导炮弹等。

制导炸弹也叫灵巧炸弹，是指有制导装置和空气动力操纵面的航空炸弹。主要有激光制导炸弹和电视制导炸弹。制导炸弹是航空炸弹的新发展，通常是在制式航空炸弹上加装制导装置和气动力装置，靠飞机投弹时给予的初速滑翔飞行，其制导系统同一般空对地导弹的导引头相似，有的甚至就是直接移植而来的。精确制导技术使航空弹药"长了大脑"，一定程度上已具有"发射后不用管""同时攻击多个目标""指哪打哪"和能在数十、数百乃至上千千米之外全天候攻击任何目标的能力。精确制导的航空炸弹圆概率误差为 0~3 米，命中概率是第二次世界大战时普通航弹的 25~50 倍，弹药的消耗量降低到原来的 1/10~1/50，效费比提高 25~50 倍。

2. 末敏弹药

末敏弹药不能自动跟踪目标，也不能改变飞行弹道，只能在被撒布的范围内利用其自身的探测器（寻的器）探测和攻击目标。

末敏弹药通常由一些子弹药组成。子弹药被抛撒后，立即用其自身携带的探测器开始在小范围内探测目标，发现目标后，即可沿探测器瞄准的方向发射弹丸，对目标进行攻击，既有较大的毁伤面积，又有较高的命中精度。它是子母弹技术、爆炸成型弹丸技术和先进的传感器技术相结合的产物。末敏弹药探测范围较窄，一般仅为末制导弹药探测范围的 1/10 左右。

延伸阅读

精确制导武器在战争中的使用

　　1973 年 10 月第四次中东战争期间，埃及和以色列展开了一场第二次世界大战后规模最大的坦克战，交战双方使用精确制导武器约 20 种。开战头 3 天，以军在西奈半岛损失坦克约 300 辆，其中被反坦克导弹击毁的约占 77%。1982 年英阿马岛战争中，英军用空空导弹击落阿军飞机 66 架，占阿军全部被击落飞机的 83%。在 1991 年海湾战争中，精确制导武器更是大显身手，充当了战场的主角。多国部队使用了大约 20 种精确制导武器，如"战斧"巡航导弹、"爱国者"防空导弹、"斯拉姆"空对地导弹、"哈姆"反辐射导弹、"海尔法"反坦克导弹、"响尾蛇"和"麻雀"空空导弹及激光制导炸弹等，显示出超常的作战能力。虽然投入的精确制导武器数量仅占全部弹药消耗量的 7% ~ 8%，却占到了伊拉克被摧毁重要目标的 80% 以上。美军在海湾战争以后的历次战争中，使用精确制导武器的数量占全部弹药总量的比例不断上升，到 2003 年伊拉克战争时，这个比例已经达到 68%。

投掷精确制导武器

二、新概念武器

　　新概念武器是指与传统武器相比，在基本原理、杀伤破坏机理和作战方式上都有本质区别，是尚处于研制或探索之中的一类新型武器。新概念武器的出现和陆续实用化，必将对未来的军事理论、作战方式、军队体制编制等产生一系列革命性的影响。

（一）激光武器

　　激光武器是利用激光的能量直接摧毁目标或使其失去战斗力的定向能武器。根据激光功率大小和用途的不同，激光武器可分为激光干扰与致盲武器、战术激光武器、战区激光武器和战略激光武器。激光干扰与致盲武器是低能激光武器，在武器装备的分类中属光电对抗装备。后三者为高能激光武器，也就是通常意义上的激光武器。高能激光武器又叫强激光武器或激光炮。高能激光武器的杀伤破坏效应，主要是烧蚀效应、激波效应、辐射效应。

　　微光干扰与致盲武器采用中、小功率器件，平均功率在万瓦级以下，但脉冲峰值功率可达 10 万至百万瓦级；战术防空激光武器的平均功率需 10 万瓦以上，射程在 10 千米左右；战区防御激光武器的平均功率需百万瓦以上，有效射程大于 100 千米；战略反导激光武器功率需 107 万~108 万瓦，射程在数百公里到数千公里之间；战略反卫星激光武器的作用距离一般为 200 千米，最高平均功率需达到几百万瓦。

激光武器具有许多独特的性能。一是反应迅速，光速以近每秒 30 万千米传输，打击战术目标不需要计算射击提前量，瞬发即中。二是可在电子战环境中工作，激光传输，不受外界电磁波的干扰，目标难以利用电磁干扰手段避开激光武器的射击。三是转移火力快，激光束发射时无后坐力，可连续射击，能在很短时间内转移射击方向，是拦截多目标的理想武器。四是作战效费比高，化学激光武器仅耗费燃料，每次发射费用为数千美元，远低于防空导弹的费用。

激光武器的研制始于 20 世纪 60 年代末。经过 30 多年的发展，美、俄、英、德、法、以色列等国在激光武器研制方面均已取得长足进步。目前，强激光武器以发展高能氟化尔化学激光武器技术和高能氧碘化学激光武器技术为主，现已形成战术、战区和战略多层次防空、反导及反卫星激光武器技术体系。战术激光武器技术基本成熟，已研制出武器样机。战区防御机载激光武器关键技术已突破，激光器单模块功率已达 30 万瓦，光束主动跟踪系统已经能锁定住 30~50 千米远处飞行速度为 1000 米 / 秒的助推段导弹。美空军正在大力推进大型机载激光器（ABL）计划，美陆军拟发展小型无人机载固体激光器方案。美国"阿尔法"激光器现已将输出功率提高到 500 万瓦。天基激光武器所需要的所有关键技术都通过了验证，并成功地进行了兆瓦级高功率激光器与光束控制、瞄准子系统的地面集成综合试验。其他国家也在大力发展强激光武器技术，俄罗斯的战术防空激光武器已具备实现武器化的技术能力，其天基激光武器系统的核心部件也正在接近百万瓦级的武器化技术指标。

美国机载激光武器系统示意图

当前各国正在发展的第一代强激光武器体积和重量大，机动性和灵活性比较差。下一代强激光武器技术将向二极管泵浦固体激光武器技术、激光二极管相控阵列技术和自由电子激光武器技术等方向发展，器件将实现小型化，可实现在战斗机等小平台上使用。

（二）粒子束武器

粒子束武器是以电子、质子、离子或中性粒子为弹丸，通过高能加速器将其加速到接近光速，聚集成密集的束流射向目标，以束流的动能或其他效能杀伤破坏目标的定向能武器。粒子束武器具有快速、高能、灵活、干净、全天候使用等特点。射击不用提前量，千分之一秒就能改变射向，在极短的时间内从容地对付多批目标，是打击空间飞行器、洲际导弹和其他高速运动点状目标的理想武器。

高能粒子束主要有三种破坏作用：一是使目标物质结构材料汽化或融化；二是提前引爆目标中的引爆炸药或破坏目标中的热核材料；三是使目标的电路被破坏、电子装置失灵。根据研究结果，粒子束武器在现代战争中的应用主要是识别和拦截洲际导弹。这是因为，洲际导弹在飞行中段除了释放弹头之外，还释放出大量的诱饵假弹头，只有中性粒子才能有效地对真假弹头进行识别，由此可见，粒子束武器是识别和拦截洲际导弹的最佳选择。

粒子束武器的技术原理，是用高能加速器将粒子加速到接近光速，并用磁场把它们聚集成密集的束流，直接或去掉电荷后射向目标，靠束流的动能或其他效应使目标失效。当然，作为完整的粒子束武器只有粒子加速器是不够的，它还应包括能源、目标识别和跟踪、粒子束瞄准定位、拦截结果鉴定和指挥控制等分系统。粒子束武器的原理尽管不复杂，但要实现战斗力它还有一系列关键技术需要解决。

（三）电磁武器

电磁炮是利用运动电荷或载流导体在磁场中切割磁力线，产生的电磁力（洛仑兹力）来加速弹丸，是完全依赖电能和电磁力加速弹丸的一种超高速发射装置。电磁炮主要分为电磁线圈炮、电磁轨道炮两类。电磁线圈炮是利用感应耦合的固定线圈产生的磁场与弹丸线圈上的感应电流相互作用产生的电磁力，推动弹丸加速；电磁轨道炮（EMG）是利用流经导电轨道和滑动电枢的强电流与其所产生的磁场作用的电磁力驱动弹丸。目前国外发展的电磁炮主要是轨道炮，其炮口初速远大于其他类型的电磁发射器，理论上可达几十千米/秒。

与常规火炮相比，电磁炮炮口初速大、质轻型小、隐蔽性好、射击速率高、可控性好。电磁炮独特的优点，使其在未来战场的广泛领域中拥有重要的应用价值。在防空防天与反导方面，电磁炮可广泛用于反飞机、反巡航导弹、反弹道导弹甚至反卫星作战。在反装甲方面，电磁炮将成为攻击各种新型装甲的有效途径，炮口动能15兆焦以

中国在电磁炮研发领域已经走在了美国的前面

上的电磁炮可以击毁常规火炮难以击毁的装甲目标。此外，在反舰、航天发射等方面也具有非常广泛的应用前景。2004 年 7 月，美国成功进行了 1/8 尺寸样炮的海上发射试验，演示验证了电磁发射器以超声速发射炮弹的过程。进入 21 世纪后，电磁炮得到加速发展。2006 年 10 月，美国海军水面作战中心达尔格伦分部使用一门炮口动能 8MJ 的电磁轨道炮发射了一枚重达 3.2 千克的炮弹。2008 年 1 月 31 日，美国海军用一门炮口动能 10.64MJ 的电磁轨道炮将炮弹加速到 2520 千米 / 秒的高速。2010 年 12 月 10 日，对美国海军而言是具有历史意义的一天，BAE 基于同一设计方案的 33MJ 电磁轨道炮工程样机在美国海军水面作战中心达尔格伦分部打出了第一发炮弹。这门炮口动能达 33MJ 的大炮可将 3.2 千克重的炮弹加速到 2.4 千米 / 秒（7.5 马赫）的高速。其理论射程可达 110 海里。大家兴奋地将这门炮成为"极速杀手"。按照美国的原定目标，他们将在 2016 年进行射程超过 160 千米（约 100 海里）的电磁轨道炮上舰测试。在完成 32MJ 工程样炮全部试验后，下一步就要研制用于"朱姆沃尔特"级驱逐舰（DDG-1000）的电磁炮。这门炮的炮口初速达 2500 米 / 秒、射程超过 400 千米。近年来，随着我国科技的突飞猛进，我国的电磁炮技术也得到了快速发展，并且开始进行一系列相关的实验。但到目前为止，碍于技术和成本问题，电磁炮仍然没有达到实用化的水平。

（四）环境武器

环境武器是指通过利用或改变自然环境状态所产生的巨大能量来打击目标的武器。战争总是在一定的环境中进行的，随着科学技术的发展，在未来的战争中，交战军队将有能力借助先进技术更大程度地利用自然环境中潜在的巨大能量呼风唤雨，让人工灾难降临到敌人头上。目前，环境武器主要分以下三种类型。

1. 气象型武器

气象型武器即利用云和大气中微粒的不稳定性，人为地制造出洪爆、干旱、闪电、冰雹和大雾；利用大气中的不稳定性人工引起飓风、龙卷风以及台风等自然灾害，进而对人和生物等造成危害。

2. 地震作用型武器

地壳中隐藏的热应力分布不均，具有极强的不稳定性。因此通过人为激发可以诱发"人造地震"。实验证明，当量为 100 万吨 TNT 的核爆炸可能引发里氏 6.9 级地震。

3. 生态型武器

生态型武器即通过向敌方地区撒播能阻止地球表面热量散发的化学物质，使敌国的大地变成干燥的沙漠，导致生态环境变化；还可以把大量的溴或氯释放到敌方上空，破坏氧层，使之形成"空洞"，让大量的紫外线辐射到敌国地面。

延伸阅读

亮相珠海航展的国产精确制导武器

2018 年 11 月 6 日—11 日，第十二届中国国际航空航天博览会在广东省珠海国际航展中心隆重举办。本届航展室内展览面积超过 10 万平方米，室外展览面积近 40 万平方米，参展的国内外各型飞机 146 架；地面装备动态演示区面积由上届的 7 万平方米扩大至近 11 万平方米。共有来自 43 个国家和地区的 770 家厂商参展；专业观众近 15 万人次，普通观众约 30 万人次；举办各类会议、论坛、活动等共 190 场；签订了逾 569 个项目价值超过 212 亿美元的各种合同、协议及合作意向，成交了 239 架各种型号的飞机。

本届珠海航展大规模展出了多款国产精确打击弹药，即包括弹丸整体，也有战斗部之类的局部细节。在所展示的精确打击弹药展品中，主要分为三大类：一是反坦克导弹，二是空面制导导弹，三是大口径炮弹。在反坦克导弹方面，主要有红箭系列和蓝箭系列；空面制导导弹方面，主要有 100 千克空面导弹、250 千克制导化炸弹等；大口径炮弹方面，主要有国产 GP155 型 155 毫米激光末制导炮弹、GP155B 型 155 毫米卫星制导炮弹、GP155G 型 155 毫米末敏弹、GP122 型系列制导炮弹等。航展展出的新型导弹包括 HQ-16BE 舰空导弹、"天雷"-3 超声速空地导弹、CM-401 反舰导弹、YJ-9E 反舰导弹、TL-20 小直径制导炸弹等，这些新型导弹产品成系列化发展，不但在作战性能方面有所提升，而且有些型号比如 HQ-16BE 舰空导弹、CM-401 反舰导弹等都是外贸型号。这些新型国产精确打击弹药的集群出现，充分说明我国在常规武器系统的研制方面，逐渐将研制重心由武器本身偏重于弹药研制，从而通过提升弹药的作战性能来大幅度提高常规武器的打击威力。

珠海航展上的国产精确制导武器

　　此外，本届珠海航展还集中展出了三款国产新型激光武器，分别是 LW30 型激光武器、"车载激光拦截系统""轻型车载激光扫雷排爆系统"。其中 LW30 型激光武器属于近程精确拦截武器，具有机动性强、杀伤精度高、低附带损伤等特点，可对光电制导设备、无人机、航模等进行打击和杀伤；"车载激光拦截系统"的武器平台则在平常隐藏在卡车箱内，战时才打开箱体露出发射器，用来拦截低空飞行的无人机等"低慢小"目标；"轻型车载激光扫雷排爆系统"则主要是用作扫雷排爆，它可在较远距离上通过大功率激光长时间照射目标，以积累高温的方式来破坏地雷或爆炸物。

专题六

军人本色　令行禁止

——队列训练

内容提要

《中国人民解放军队列条令》是为了规范中国人民解放军的队列动作、队列队形和队列指挥，保持整齐划一和严格正规的队列生活而制定的。该条令是中国军人队列生活的准则和队列训练的基本依据。全体军人必须严格执行该条令，加强队列训练，培养良好的军姿、严整的军容、过硬的作风、严格的纪律性和协调一致的动作，巩固和提高部队的战斗力。

教学目标

掌握共同条令的主要内容，掌握分队队列动作的主要内容，培养学生令行禁止的军人作风。

导言

在日常生活中，同学们经常会在车站、机场、广场以及其他场合看到军人，他们无论是单独或者集体出行，无论是执行任务还是回家探亲，都是军容严整、纪律严明、穿着得体、英姿挺拔。他们会主动给别人让座，帮助身边的人，只要身边有军人在，人们似乎就有一种天然的安全感。我们能不能也成为这样的人呢！

第一讲　律令如山　风雨不动——共同条令教育

我是中国人民解放军军人，我宣誓：服从中国共产党的领导，全心全意为人民服务，服从命令，严守纪律，英勇战斗，不怕牺牲，忠于职守，努力工作，苦练杀敌本领，坚决完成任务，在任何情况下，绝不背叛祖国，绝不叛离军队。

——军人誓词

军队的《内务条令》《纪律条令》《队列条令》被称为"三大条令"，也统称为共同条令。新修订的中国人民解放军共同条令，于2018年5月1日起施行。

战士进行定臂训练

一、内务条令

（一）《内务条令》的主要内容

2018年5月1日起实施的《内务条令》是规定中国人民解放军军人基本职责、军队内部关系和日常生活制度的军事法规，是军队实行行政管理的主要依据。该条令共15章，325条，10条附录，其主要内容可归纳为以下四个方面。

1.总则

总则主要阐述了制定本条令的目的和依据，明确了军队的性质及其内务建设的思想、基本任务、目标、标准、原则、要求以及各级首长和机关在军队内务中的责任和义务。总则是条令的总纲，其内容对本条令的制定有指导作用。

2. 军人的职责及内部关系

军人的职责及内部关系主要讲述了士兵职责、军官职责、首长职责、各级主管的职责以及军人之间的相互关系。这部分内容主要明确任务的分配，增强军人的责任感和使命感，对于保证军人政治上平等，确保军队的内部团结，具有重要的作用。

3. 军人的日常规范

（1）行政会议。这里讲的会议是以连队为基本单位，在服役期间所要参加的会议，主要有班务会、排务会、连务会和军人大会。各种会议的时间、任务和内容是不同的。

（2）军容风纪。军人必须严格按照规定着装，保持军容严整。本部分主要针对军人的着装、仪容和举止作出了详细的规定。

军容严整

（3）作息和请销假制度。军队通常保持 8 小时操课和 8 小时睡眠，并详细规定起床、早操、洗漱、开饭、业余活动、点名和就寝时间。

（4）礼节要求。尊干爱兵是我军的一贯原则，条令在礼节方面也有严格的规定。士兵要尊重干部，服从领导和管理；干部要以身作则，公道正派，对士兵不仅要严格管理，还要关心士兵的生活、安全和健康。

（5）对外交往和安全工作。军人在对外交往中必须遵纪守法，坚决维护国家和军队的利益，不得与地方人员进行不正当、不必要的交往。在交往过程中要注意遵守军队的保密条例。安全工作是军队工作的重中之重，从上级到下级必须把安全工作放在首位，注意解决实际问题，增强安全工作的科学性和有效性。

4. 国旗、军旗、军徽的使用和国歌、军歌的奏唱

这部分包括国旗、军旗、军徽使用的目的、时机、程序和要求，国歌、军歌奏唱的时机、场合和要求。这部分内容对于增强军人的国家意识和爱国主义精神具有重要作用。总之，《内务条令》是关于军人职责及其相互关系、军容礼节、生活制度和管理规则的法规，是部队行政管理工作的基本依据和军队生活的准则。

(二)《内务条令》的作用

内务条令除与军队其他法规一样具有重要的保障作用、规范作用、教育作用和强制作用以外，还具有以下两个方面更为突出的重要作用：一是加强军队正规化建设的基本依据；二是坚持人民军队性质的有力保证。

二、纪律条令

《纪律条令》是规定军队纪律的条令，是军人的行为准则和军队维护纪律、实施奖惩的基本依据。它有极大的权威性和约束力。它是维护部队高度稳定和集中统一、巩固和提高战斗力的强有力武器，是保障我军其他条令、条例、规章制度贯彻落实的一个保障性法规，对于依法治军和军队正规化建设具有十分重要的。

(一)《纪律条令》的主要内容

1. 中国人民解放军纪律的基本内容

（1）执行中国共产党的路线、方针、政策。

（2）遵守国家的宪法、法律、法规。

（3）执行军队的条令、条例和规章制度。

（4）执行上级的命令和指示。

（5）执行三大纪律、八项注意（三大纪律：一切行动听指挥，不拿群众一针一线，一切缴获要归公。八项注意：说话和气，买卖公平、借东西要还，损坏东西要赔，不打人骂人，不损坏庄稼，不调戏妇女，不虐待俘虏）。

2. 中国人民解放军纪律的基本要求

中国人民解放军的纪律要求每个军人必须做到：

听从指挥，令行禁止。

严守岗位，履行职责。

尊干爱兵，团结友爱。

军容严整，举止端正。

提高警惕，保守秘密。

爱护武器装备和公物。

廉洁奉公，不牟私利。

拥政爱民，保护群众利益。

遵守社会公德，讲究文明礼貌。

缴获归公，不虐待俘虏。

3. 军人遵守和维护纪律的职责

遵守和维护纪律，主要依靠经常性的理想、道德和纪律教育，依靠经常性的严格管理，依靠各级首长的模范作用和群众监督，使官兵养成高度的组织性、纪律性。奖励和处分是维护纪律的重要手段，军人在任何情况下都必须严格遵守和自觉维护纪律。本人违反纪律被他人制止时，应当立即改正；发现其他军人违反纪律时，应当主动规劝和制止；发现他人有违法行为时，应当挺身而出，采取合法手段坚决制止。

4. 奖励与处分

（1）奖励的目的和原则。奖励的目的在于维护纪律，鼓励先进，调动官兵的积极性、创造性，发扬爱国主义、共产主义和革命英雄主义精神，保证作战、训练和其他各项任务的完成。奖励应当坚持：严格标准，按绩施奖；发扬民主，贯彻群众路线；以精神奖励为主，物质奖励为辅。

（2）奖励项目。对个人的奖励项目包括：嘉奖、三等功、二等功、一等功、荣誉称号。规定的奖励项目，依次以嘉奖为最低奖励，荣誉称号为最高奖励。

（3）处分的目的和原则。处分的目的在于严明纪律，教育违纪者和部队，加强集中统一，巩固和提高部队战斗力。处分应当坚持下列原则：依据事实，惩戒恰当；惩前毖后，治病救人；纪律面前人人平等。

（4）处分的项目。对士兵的处分项目有警告、严重警告、记过、记大过、降职或者降衔（衔级工资档次），撤职或者取消士官资格，除名（开除军籍）。规定的处分项目，依次以警告为最低处分，开除军籍为最高处分。

5. 奖励与处分

控告与申诉是每一个军人应有的民主权利，其目的在于充分发挥群众的监督作用，保护军人的合法权益，维护军队严格的纪律。军人对违法违纪者有权提出控告；认为给自己的处分不当或者合法权益受到侵害，有权提出申诉。控告与申诉应当以事实为依据。

控告与申诉通常按级提出，有时也可越级提出。越级控告和申诉时，一般应当以书面形式提出。军人控告军队以外的人员，可以将情况告知军队的政治机关，政治机关应当及时了解情况，必要时予以协助。被控告者有申辩的权利，但不得阻碍控告者提出控告，更不得以任何借口打击报复。对打击报复者应当给予处分。

（二）《纪律条令》的作用

《纪律条令》的内容和其在军事法律体系中的重要地位，决定了它在我军建设和完成各项任务中都具有重要作用。首先，纪律条令是我军维护纪律、实施奖惩的基本依据。其次，纪律条令是维护军队高度集中统一的武器。再次，纪律条令是加强我军"三化"建设的重要保障。

三、队列条令

《队列条令》是规范全军队列动作、队列队形、队列指挥的军事法规，是全军官兵必须共同遵守的行为规范。新中国成立以来，我军先后颁布了9次《队列条令》。在军队的建设发展中，《队列条令》有着十分重要的地位和作用。

（一）队列的概念、性质和作用

队列，自古有之。可以说，自从产生了军队就有了队列。队列有广义和狭义之分，从广义上讲，泛指排成行列的队伍；从狭义上讲，特指军队进行集体活动时按一定的顺序列队的组织形式。在军队的训练、工作和生活中，队列是必不可少的。队列伴随着军队的发展而发展。

（二）《队列条令》的主要内容

2018年5月1日颁布实施的《队列条令》主要规范了全体军人和部（分）队队列活动的有关内容，共10章、89条、4个附录。第一章总则：包括制定本条令的目的、适用范围、作用与意义、首长机关的责任、队列纪律；第二章队列指挥：包括队列指挥的位置、队列指挥的方法、队列指挥的要求；第三章队列队形：包括列队基本队形，队列的间距，班、排、连、营、旅各级的队形要求；第四章单个军人的队列动作：包括单个军人的立正、稍息、步伐变换、敬礼、脱帽、宣誓等；第五章分队部队的队列动作：包括集合、离散，报数，行进、停止，敬礼，班、排、连的置枪、取枪等；第六章分队乘坐交通工具：包括乘坐运输车、客车、火车、舰（船）艇、飞机等；第七章国旗的掌持、升降和军旗的掌持、授予与迎送；第八章阅兵：包括阅兵的权限、阅兵的形式、阅兵的程序、师以上部队阅兵及海上阅兵、空中阅兵等；第九章仪式：包括升旗仪式、凯旋仪式、组建仪式、晋升（授予）军衔仪式、军人退役仪式等；第十章附则：包括武警部队适用、列队动作调整授权、特别规定适用、实施时间和附录。

严肃整齐的队列

其中，队列动作、队列队形和队列指挥是《队列条令（试行）》基本内容，也是军人、分队和部队队列活动的三个基本要素。

中国人民解放军三军仪仗队

第二讲　军威雄壮　阵容齐整——分队队列动作

> 一致是强有力的，而纷争易于被征服。
>
> ——伊索

队列的基本队形为横队、纵队、并列纵队。需要时可调整为其他队形。队列人员之间的间隔（两肘之间）约 10 厘米，距离（前一名脚跟至后一名脚尖）约 75 厘米。需要时，可调整队列人员之间的间隔和距离。

一、队形

（一）班的队形

班的基本队形，分为横队和纵队。需要时，可成二列横队或二路纵队。步兵班通常按班长、正副机枪射手、步枪手或冲锋枪手、正副火箭筒射手、副班长的顺序列队。必要时可按身高列队。

"辽宁舰"女兵整齐列队

（二）排的队形

排的基本队形分为横队和纵队。排横队，由各班的班横队依次向后排列组成。排纵队，由各班的班纵队依次向右并列组成。横队时，排长在第一列基准兵右侧；纵队时，排长在队列前中央。

（三）连的队形

连的基本队形，分为横队、纵队和并列纵队。连横队，由各排的排横队依次向左并列组成。连纵队，由各排的排纵队依次向后排列组成。连并列纵队，由各排的排纵队依次向左并列组成。连部和炊事班组成相应的队行，位于本连队队尾。

二、集合、离散

（一）集合

集合是使单个军人、分队、部队按照规范队形聚集起来的一种队列动作。

集合时，指挥员应当先发出预告或者信号，如"全连（或 × 排）注意"，然后，站在预定队形的中央前，面向预定队形成立正姿势，下达"成××队——集合"的口令。所属人员听到预告或信号，原地面向指挥员成立正姿势；听到口令，跑步到指定位置面向指挥员集合（在指挥员后侧的人员，应当从指挥员右侧绕过），自行对正、看齐，成立正姿势。

1. 班集合

口令：成班横队（二列横队）——集合。

要领：基准兵迅速跑到班长左前方适当位置，成立正姿势；其他士兵以基准兵为准，依次向左排列，自行看齐。

成班二列横队时，单数士兵在前，双数士兵在后。

口令：成班纵队（二路纵队）——集合。

要领：基准兵迅速到班长前适当位置，成立正姿势；其他士兵以基准兵为准，依次向后排列，自行对正。

成二路纵队时，单数士兵在左，双数士兵在右。

2. 排集合

口令：成排横队——集合。

要领：基准班在指挥员前方适当位置，成班横队迅速站好；其他班成班横队，以基准班为准，依次向后排列，自行对正、看齐。

口令：成排纵队——集合。

要领：基准班在指挥员右前方适当位置，成班纵队迅速站好；其他班成班纵队，以基准班为准，依次向右排列，自行对正、看齐。

3. 连集合

口令：成连横队——集合。

要领：队列内的连指挥员或者基准排，在指挥员左前方适当位置，成横队迅速站好；各排和连部成横队，以连指挥员或者基准排为准，依次向左排列，自行对正、看齐。

口令：成连纵队——集合。

要领：队列内的连指挥员或者基准排，在指挥员前方适当位置，成纵队迅速站好；各排和连部成纵队，以连指挥员或者基准排为准，依次向后排列，自行对正、看齐。

口令：成连并列纵队——集合。

要领：队列内的连指挥员或者基准排，在指挥员左前方适当位置，成纵队迅速站好；各排和连部成纵队，以连指挥员或者基准排为准，依次向左排列，自行对正、看齐。

（二）离散

离散是使队列的单个军人、分队、部队各自离开原队列位置的一种队列动作。

离开口令：各营（连、排、班）带开（带回）。

要领：队列中的各营（连、排、班）指挥员带领本队迅速离开原来队列位置。

解散口令：解散。

要领：队列人员迅速离开原队列位置。

三、整齐、报数

（一）整齐

整齐，是使列队人员按照规定的间隔、距离，保持行、列齐整的一种队列动作。整齐分为向右／左看齐和向中看齐。

口令：向右／左看——齐。

要领：基准兵不动，其他士兵向右／左转头（持枪、炮时，听到预令，迅速将枪、炮稍提起，看齐后自行放下），眼睛看右／左邻士兵腮部，前4名能通视基准兵，自第5名起，以能通视到本人以右／左第3人为度。后列人员，先向前对正，后向右／左看齐。听到"向前看"的口令，迅速将头转正，恢复立正姿势。

三军仪仗队进行分队队列训练

口令：以×××同志为准，向中看——齐。

要领：当指挥员指定以×××同志为准（或以第×名同志为准）时，基准兵答"到"，同时左手握拳高举，大臂前伸与肩略平，小臂垂直举起。听到"向中看——齐"的口令后。其他士兵按照向右／左看齐的要领实施。听到"向前看"的口令后，基准兵迅速将手放下，其他士兵迅速将头转正，回复立定姿势。

一路纵队看齐时，可以下达"向前——对正"的口令。

（二）报数

口令：报数。

要领：横队从右至左（纵队由前向后）依次以短促洪亮的声音转头（纵队向左转头）报数，最后一名不转头。数列横队时，后列最后一名报"满伍"或"缺×名"。连集合时，由指挥员下达"各排报数"的口令，各排长在队列内向指挥员报告人数，如"第×排到齐"或"第×排实到××名"。必要时也可以统一报数。

连实施统一报数时各排不留间隔，要补齐，成临时编组的横队队形。

四、出列、入列

单个军人或分队出、入列通常用跑步（5步以内用齐步，1步用正步），或者按照指挥员指定的步法执行；然后，进到指挥员右前侧适当位置或者指定位置，面向指挥员成立正姿势。

（一）单个军人出列、入列

出列口令：×××（或第×名），出列。

要领：出列军人听到呼点自己的姓名或序号应当答"到"，听到"出列"的口令后，应当答"是"。

位于第一列（左路）的军人，按照本条上述规定，取捷径出列。

位于中列（路）的军人，向后（左）转，待后列（左路）同序号的军人向右后退1步（左后退1步）让出缺口后，按照本条的上述规定从队尾（纵队时从左侧）出列；位于"缺口"位置的军人，待出列军人出列后，即复原位。

位于最后一列（右路）的军人出列，先退1步（右跨1步），然后，按照本条有关规定从队尾出列。

入列口令：入列。

要领：听到"入列"口令后，应答"是"，然后按照出列的相反程序入列。

（二）班、排出列、入列

口令：第×班（排），出列（入列）。

要领：听到"第×班（排），出列（入列）"的口令后，由出（入）列班（排）的指挥员答"到"或"是"，并用口令指挥本班（排）按有关规定，以纵队形式从队尾出（入）列。

五、行进、停止

横队和并列纵队行进以右翼为基准，纵队行进时以左翼为基准（一路纵队时以先头为基准）。

行进口令：×步——走。

要领：听到口令，基准兵向正前方前进，其他士兵向基准翼标齐，保持规定的间隔、距离行进。纵队行进时，排、连通常成三路纵队，也可以成一、二路纵队。

行进中，可用"一二一""一二三四"或唱队列歌曲，以保持步伐整齐和振奋士气。

停止口令：立——定。

要领：听到口令，按立定的要领实施，分队的动作要整齐一致。停止后，听到"稍息"的口令后。先自行对正、看齐，再稍息。

六、队形变换

队形变换是一种队形变为另一种队形的队列动作。

（一）横队和纵队互换

横队变纵队：

停止间口令：向右——转。

行进间口令：向右转——走。

纵队变横队：

停止间口令：向左——转。

行进间口令：向左转——走。

要领：停止间，按照单个军人向右／左转的要领实施。行进间，按照单个军人向右／左转走的要领实施。分队动作要整齐一致。队形变换后，排以上指挥员应当进到规定的队列位置。

（二）停止间的班横队和班二列横队、班纵队和班二路纵队互换

1. 班横队变班二列横队

口令：成班二列横队——走。

要领：变换前，先报数。听到口令，双数士兵左脚后退一步，右脚（不靠拢左脚）向右跨1步，左脚向右脚靠拢，站到单数士兵之后，自行对正、看齐。

2. 班二列横队变班横队

口令：间隔1步，向左离开。成班横队——走。

要领：听到"间隔1步，向左离开"的口令，取好间距，听到"成班横队——走"的口令，双数的士兵左脚左跨1步，右脚（不靠拢左脚）向前1步，左脚向右脚靠拢，站到单数士兵左侧，自行看齐。

3. 班纵队变班二路纵队

口令：成班二路纵队——走。

要领：变换前，先报数。听到口令，双数士兵右脚右跨1步，左脚（不靠拢右脚）向前1步，右脚向左脚靠拢，站到单数士兵右侧，自行对正、看齐。

4. 班二路纵队变班纵队

口令：距离两步，向后离开。成班纵队——走。

要领：听到"距离两步，向后离开"的口令，取好距离，听到"成班纵队——走"的口令，双数士兵右脚后退1步，左脚（不靠拢右脚）站到单数士兵之后，自行对正。

（三）连纵队和连并列纵队互换

1. 连纵队变连并列纵队

停止间口令：成连并列纵队，齐步——走。

行进间口令：成连并列纵队——走。

要领：连指挥员或基准排踏步，其他排和连部逐次进到连指挥员或基准排左侧踏步并取齐，然后听口令前进或停止。

2. 连并列纵队变连纵队

停止间口令：成连纵队齐步——走。

行进间口令：成连纵队——走。

要领：连指挥员或基准排照直前进，其他排和连部停止间和行进间均踏步，待连指挥员或基准排离开原位后，各排按照排长、连部和炊事班按照司务长的口令依次跟进。

七、方向变换

方向变换是改变队列面对的方向的一种队列动作。

（一）横队和并列纵队的方向变换

停止间口令：左/右转弯，齐（跑）步——走，或者左/右后转弯，齐（跑）步——走。

行进间口令：左/右转弯——走，或左/右后转弯——走。

要领：一列横队方向变换时，轴翼士兵踏步，并逐步向左/右转动；外翼第一名士兵用大步行进并同相邻士兵动作协调，逐步变换方向（愈接近轴翼者，其步幅愈小），其他士兵用眼睛的余光向外翼取齐，并保持规定的间隔和排面整齐，转到90度或180度时踏步并取齐，听口令前进或者停止。

数列横队和并列纵队方向变换时，第一列轴翼士兵停止间用踏步、行进间用小步，外翼士兵用大步行进，保持排面整齐，边行进边变换方向，转到90度或者180度后，听口令前进或停止；后继各列按上述要领，保持间隔、距离，取捷径进到前一列转弯处，转向新方向前进。

（二）纵队方向变换

停止间口令：左/右转弯，齐（跑）步——走，或者左/右后转弯，齐（跑）步——走；向后——转，齐（跑）步——走（按照横队和并列纵队向后转走的方法实施）。

行进间口令：左／右转弯——走，或者左／右后转弯——走。

要领：一路纵队方向变换，基准兵在左／右转时，按单个军人行进间转法（停止间，左转弯走时，左脚先向前1步）的要领实施，在左／右后转弯时，用小步边行进边变换方向，转到90度或180度后，照直前进；其他士兵逐次进行到基准兵的转弯处，转向新方向跟进。

数路纵队方向变换时，按照数列横队和并列纵队方向变换的要领实施。

延伸阅读

卡塔尔阅兵采用中国式操典

2017年12月18日，卡塔尔首都多哈举行盛大阅兵式，庆祝卡塔尔国庆节。此次阅兵式除了规模比往年宏大外，还有一点不同，那就是阅兵式中的14个徒步方队，全部以中国式队列和中国式正步来接受检阅。

我军仪仗队官兵训练卡塔尔士兵

当天的阅兵式在多哈海滨大道举行。卡塔尔埃米尔塔米姆等国家政要，各国驻卡塔尔外交使节，当地民众和外国友人等共同出席了仪式。

随着18声礼炮鸣响，阅兵式正式开始。卡塔尔副首相兼国防事务国务大臣哈立德·阿提亚首先致辞。随后，卡塔尔陆海空三军、埃米尔卫队以及防空兵、通信兵、特种部队、军乐团等方阵依次入场接受检阅。军队方阵之后，卡塔尔内政部和民防部下属的武装警察部队、公安、消防等方阵，以及当地青少年组成的方阵也依次亮相。最后，卡塔尔空军以伞兵空降的方式，结束了为时一个多小时的阅兵式。

中国式正步亮相卡塔尔

当天阅兵式上，卡塔尔军方14个徒步方队的5000余名官兵，全部是以中国式队列和中国式正步接受检阅。在阅兵式开始之前，他们接受了来自中国人民解放军三军仪仗队教官团的队列集训。由于历史原因，卡塔尔在国庆阅兵式中曾长期使用英式操典。

当天的阅兵式圆满成功，中国式阅兵队列和整齐划一的中国式正步得到了卡塔尔各方的赞许。阅兵式结束后，卡塔尔副首相兼国防事务国务大臣哈立德·阿提亚接见了来自中国人民解放军三军仪仗队的教官团，高度赞扬了他们的工作成绩和训练成果，并表示，卡塔尔愿继续加深同中国的合作。

第三讲　知识能力　优势互补——现地教学

一、走进军营

走进军营活动，学生不仅能磨炼意志，还能了解部队严格的管理，亲身感受到战士们生活的简朴、训练的热情、思想的坚定、作风的顽强。在参观之后能够充分体验到军人纪律的严明，以及内务整理的熟练与规范，增强自立自信自强的生活意识。

1.活动地点

某部队。

2.活动内容

（1）看一看：战士整队、出操、训练表演。

（2）训一训：战士对学生进行队列训练。

（3）摸一摸：各种枪械武器装备、器材。

（4）练一练：叠被子。

（5）比一比：拔河比赛、掷弹比赛。

（6）拼一拼：进行文化评奖和颁奖。

3.活动目标

（1）了解军人紧张而有序的生活，体会人民卫士工作的艰辛，感受生活的安定来之不易，激发学生热爱军队之情。

（2）体验军队严格的纪律，严谨的工作作风、优良的生活作风，以提高学生纪律意识、团队意识，培养良好的行为习惯。

（3）了解有关军事、国防的知识。

（4）使学生们学有榜样，奋发向上，形成心有祖国、心有集体、心有他人的思想感情。

（5）对学生们进行爱国主义教育，培养初步的社会责任感。

4.活动准备

（1）联系好部队。

（2）对学生进行安全教育和礼貌教育。

（3）活动主题背景等物品。

5.活动过程

（1）看一看：解放军的表演。

在开幕仪式上，队员们看解放军精彩的表演，体验军人过硬的军事本领和雷厉风行的军人作风。

（2）训一训：接受队列训练。

把班级分成4个小组，每一组有1位教官对队员进行严格的训练。体验军人一招一式都是平时刻苦训练而来的。

（3）摸一摸：各种枪械武器。

听教官介绍枪械，认识手枪、步枪、冲锋枪等武器。让学生初步了解到了一些有关军事、国防的知识。

（4）练一练：叠被子。

参观解放军营房；战士讲解并示范叠被子；队员们练习叠被子。教育学生在日常生活中要多锻炼自己的自理能力。

（5）比一比：老师们分各个小组的队列进行拔河和掷弹小比赛。

（6）品一品：进行文化评奖和颁奖。

通过这次"走进军营"实践活动，丰富学生课外生活，强化军民共建、团结协作的精神，要求学生要把部队的好传统好作风带回去，以更积极的精神状态勤奋努力学习。

6.活动注意事项

（1）活动前一天，老师必须上一堂外出活动的安全和文明礼仪教育课。

（2）部队是神圣的。在部队不能发定位。

（3）参加活动的学生必须遵守纪律，听从指挥，不得擅自行动。进入军营要注意言行文明，不得高声喧哗。在徒步行进过程中保持队形，严禁追逐打闹。

二、学唱军营歌曲

军营歌曲，即军歌，是反映部队官兵战争时期的战斗生活、和平时期的训练生活，反映官兵精神面貌、激发战斗精神的军队生活歌曲或队列歌曲。我军军歌诞生于战争时期，丰富发展于和平建设时期，承载和反映了我军辉煌的革命历史、光荣的优良传统和优秀的军事文化，不但为广大官兵所喜爱，也受到全国人民的喜爱。

军训是大学新生的第一课，是落实立德树人根本任务和提高大学生综合素质的重要途径。在大学生军训期间，组织大学生学唱军歌，不但能够激发训练热情，而且有益于大学生受到军事文化的熏陶。组织形式如下。

1. 创设情景

聆听《解放军进行曲》。

2. 导入

（1）聆听《咱当兵的人》、欣赏图片。
（2）说说这首歌曲反映什么内容，它的情绪、节奏怎样。
（3）揭示课题:《军旅之歌》。

3. 展开

（1）聆听《军中姐妹》，说说军旅歌曲的共同特点。
（2）聆听《新四军军歌》《军港之夜》，说说军旅歌曲的种类。
（3）聆听《一二三四歌》《潇洒女兵》《我的老班长》，感受不同类型的军旅歌曲。

4. 体验

（1）聆听《说句心里话》。
①说说这是一首什么类型的军旅歌曲。
②说说的情绪、节奏、速度特点。
（2）学唱《说句心里话》。
①聆听找出歌曲演唱的难点。
②轻声哼唱歌曲旋律。
③齐唱歌曲，教师指导。
④有感情地演唱。

三、走进爱国主义教育基地

爱国主义历来是动员和鼓舞中国人民团结奋斗的一面旗帜，是全国各族人民共同的精神支柱。加强爱国主义教育，继承和发扬爱国主义传统，对于振奋民族精神、增强民族凝聚力具有重要的现实意义。为强化学生的爱国主义教育工作，充分发挥爱国主义教育基地的作用，制定活动方案如下。

（一）指导思想

以习近平新时代中国特色社会主义思想为指导，坚持有利于促进社会主义现代化建设，有利于促进改革开放，有利于维护国家和民族声誉、尊严、团结和利益，有利于促进祖国统一的事业的原则，充分发挥爱国主义教育基地的功能和作用，有效地开展爱国主义教育活动。

（二）教育目的

振奋民族精神，增强民族凝聚力，树立民族自尊心和自豪感，巩固和发展最广泛的爱国统一战线，把学生的爱国热情引导和凝聚到建设有中国特色的社会主义伟大事业上来，引导和凝聚到为祖国统一、繁荣和富强上来，使学生做有理想、有道德、有文化、有纪律的社会主义事业的建设者和接班人。

（三）教育内容

（1）进行中华民族悠久历史的教育，使学生了解中华民族自强不息、百折不挠的发展历程，了解我国种族人民对人类文明的卓越贡献，了解我国历史上重大事件和著名人物，了解中华民族反对侵略和压迫、争取民族独立和解放的精神和业绩。

（2）进行中华民族优秀传统文化教育。使学生了解中华民族传统文化不仅包括哲学、社会科学、文学艺术、科学技术的成就，而且蕴含着高尚的民族精神、世族气节和优良道德；不仅孕育了无数杰出的政治家、思想家、文艺家、科学家、教育家和军事家，而且留下了丰富的文物史迹、经典著作。

（3）进行中国国情的教育。使学生了解我国经济、政治、军事、外交及社会、文化、人口、资源和历史与现状，了解我国现代化建设的目标、步骤和前景。

（4）进行社会主义民族和法治教育。使学生了解我国的政治制度、经济制度和其他各项制度，增强国家观念和法治观念。

（5）进行国防教育和国家安全教育。增强学生的国防意识和国家安全意识，提高维护国家主权和领土完整的自觉性。教育学生同一切出卖国家安全、分裂祖国的言行进行坚决的斗争。

（6）进行民族团结教育。使学生了解中华民族是一个多民族的大家庭，了解各族人民为维护团结和祖国统一做出的不懈努力和历史贡献。

（7）进行"和平统一、一国两制"方针的教育。使学生了解党和政府在祖国统一问题上的基本立场和方针政策，了解祖国统一工作的进展情况和重点。

（四）教育形式

（1）渗透教育。要善挖掘教育资源中的爱国主义教育因素，进行生动形象的爱国主义教育，使爱国主义精神"润物细无声"地渗入大学生的心田。

（2）寓教于乐。要根据大学生的特点，把爱国主义教育同各种文化、娱乐及体育活动结合起来，一出戏剧、一支歌曲、一部小说、一部电影往往都会对大学生产生不可低估的潜移默化的教育作用。

（3）分层教育。要根据大学生不同的年龄层次，生理、心理的发展水平和思想状况分不同层次开展活动，实施教育，按照由浅入深、由低到高、循序渐进的规律进行教育，使大学生随着知识水平、思维能力、社会经验、自我意识的发展而逐步发展。

（4）实践教育。要引导大学生在参加改造自然、改造社会的实践活动中，改造他们的主观世界，在实践活动中使爱国主义精神进一步升华，由感情和思想变成行动和成果。

（5）大型活动。对大学生进行爱国主义教育要渗透到平时的学习和生活中，组织大型的爱国主义教育活动也是一种行之有效的教育形式。

（五）活动设计

（1）结合重大节日、纪念日，开展参观、纪念和社会公益活动。

① "清明节"开展缅怀革命英烈活动。

② "五四" "七一" "八一" "十一"和"抗日战争胜利纪念日"开展纪念。

③结合"学雷锋活动日"开展社会公益活动。

（2）设计特定的教育主题，开展社会实践、社会调查活动。

（3）开展爱国主义教育征文、主题演讲、专题讲座、知识竞赛活动。

（4）结合民族传统节日，开展"各民族人民是一家"民族团结教育活动。

（5）结合"世界环境日"等节日、开展热爱大自然、保护生态社会环保公益活动。

（6）开展收集中国历史的著名爱国者、民族英雄、革命先烈、杰出人物的事迹和名言活动。

（7）开展爱国主义故事会活动。

（8）利用各种文化活动，开展以爱国主义为主题的文艺汇演、美术、书法作品展览、图片展览活动。

（9）组织大学生观看爱国主义教育影视作品，开展影评活动。

（10）开展以爱国主义为主题的读书活动。

延伸阅读

为了不能忘却的纪念

抗日战争胜利纪念日：1945年9月2日，日本代表在无条件投降书上签字，中、美、英、苏等9国代表相继签字。2014年2月27日，第十二届全国人大常委会第七次会议经表决通过全国人大常委会关于确定中国人民抗日战争胜利纪念日的决定，确定每年 9 月 3 日为中国人民抗日战争胜利纪念日。

南京大屠杀死难者国家公祭日：1937 年 12 月 13 日，侵华日军在中国南京开始对中国同胞实施长达 40 多天惨绝人寰的大屠杀，30 多万人惨遭杀戮，制造了震惊中外的南京大屠杀惨案。南京大屠杀是日本军国主义在南京犯下的大规模屠杀、强奸以及纵火、抢劫等战争罪行与反人类罪行。2014 年 2 月 25 日，十二届全国人大常委会第七次会议审议全国人

南京大屠杀死难者国家公祭仪式

大常委会第七次会议，正式设立每年 12 月 13 日为南京大屠杀死难者国家公祭日。2014 年 12 月 13 日，首个南京大屠杀死难者国家公祭日在南京举行。

烈士纪念日：在烈士纪念日当天举行隆重的公祭仪式，是为了纪念我国"近代以来，为了反对内外敌人，争取民族独立和人民自由幸福，为了国家繁荣富强"而献出自己宝贵生命的英雄们的。2014 年 8 月 25 日，十二届全国人大常委会第十次会议听取国务院关于提请审议《关于设立烈士纪念日的决定（草案）》的议案。草案规定，每年 9 月 30 日为国家烈士纪念日。

专题七

召之即来　来之能战
——射击与战术训练

内容提要

　　战争的首要目的是保存自己，消灭敌人。要想赢得战争的胜利就必须苦练杀敌本领，熟练运用手中武器。在这里我们将学到射击的基本原理、轻武器的战斗性能，了解班组攻防的基本动作和战术原则，培养出良好的战斗素养。

教学目标

　　掌握轻武器射击的基本原理、常用轻武器的战斗性能；了解班组攻防的基本动作和战术原则，培养学生良好的军事素质和战斗素养。

导言

抗美援朝战争中涌现出一位带有传奇色彩的狙击英雄——张桃芳，他从 1953 年 1 月 29 日开始当狙击手到 5 月 25 日止，除去集训、开会等活动外，实际射击时间 32 天，耗弹 442 发，毙敌 214 名。这是志愿军狙击手单人战绩的最高纪录，他因此被誉为"狙神"。同年，张桃芳荣记特等功并被授予"二级狙击英雄"荣誉称号。这个专题就让我们揭开射击和战术的神秘面纱。

第一讲 百发百中 战之必胜——轻武器射击

保存自己，消灭敌人。

——毛泽东

一、轻武器介绍

轻武器，亦称轻兵器（Small arms），通常指由单兵或班（组）携行战斗的武器的统称。它包括各种枪械，单兵地面杀伤武器、便携式反坦克武器和单兵防空导弹等。其基本作战用途是在近距离内杀伤活动目标，毁伤轻型装甲目标、低空飞行目标，破坏敌方设施和军事器材。轻武器的主体是枪械，一个国家的枪械（尤其是步枪）发展水平，可以看作其轻武器发展水平的标志。

轻武器按武器的口径，可分为大口径武器和小口径武器；按武器的自动方式，可分为半自动武器和全自动武器；按武器的用途，可分为手枪、步枪、冲锋枪、机枪、火箭筒和榴弹发射器等。下面主要介绍 56 式半自动步枪、56 式冲锋枪和 AK-47 突击步枪。

（一）56 式半自动步枪

56 式半自动步枪是苏联 SKS 半自动卡宾枪的仿制品。

56 式半自动步枪是步枪手在近战中消灭敌人有生力量的主要武器，主要用于对 400 米距离以内的单个目标实施射击，精度较好。该枪使用 7.62 毫米子弹，弹仓（内装 10 发）送弹，每扣动扳机一次，发射一发子弹，不能打连发。当弹仓的最后一发子弹发射出去时，滑机退回至后面挂机。该武器在 100 米距离上，使用 56 式普通弹，可射穿 6 毫米厚的钢板、15 厘米厚的砖墙、30 厘米厚的土层或 40 厘米厚的木板。

56 式半自动步枪的特点有以下 5 个方面。

（1）杀伤力强。56 式半自动步枪的瞄准基线长 480 毫米，与 56 式冲锋枪的 378 毫米相比高 27%，同时该枪枪管比 56 式冲锋枪的长 105 毫米，弹头初速相应提高了 25m/s，达到 735m/s，并且弹道更加低伸，因此射击精度更加优良。

（2）产量大。在此之前，还没有哪种武器能够因过时而停产，相当长一段时间后又重新投入大批量生产的。国内最早生产该枪的厂家为 296 厂。后来，随着生产技术的逐步提高，我国实现了该枪的完全国产化，生产厂家也逐渐增多，除了 296 等大厂外，许多三线厂家也相继加入了生产行列。据统计，到停产为止，中国生产的 56 式半自动步枪仅机匣标记就多达 80 余种，足见其产量之大。

（3）适用性广。在倡导"全民性游击战争"的时代大背景下，56 式半自动步枪却因为适合中国国情而得到了广泛应用。

（4）生产便捷。常有民兵先于正规军装备 56 式半自动步枪的情况发生，但他们装备的多是三线小厂和临时转产该枪的军工厂生产的。

（5）射击精度高。20 世纪 60 年代闻名全军的"神枪手四连"有百名以上神枪手，其中特等射手占一半以上，理发员、卫生员、给养员都是特等射手，炊事员也全都达到神枪手标准。

（二）56 式冲锋枪

56 式冲锋枪由十大部件组成，其各部名称及用途同 56 式半自动步枪。

56 式冲锋枪的自动原理：扣扳机后，击锤打击击针，撞击子弹底火，点燃发射药，产生火药气体，推送弹头沿膛线向前运动；弹头一经过导气孔，部分火药气体通过导气孔，涌入导气箍，冲击活塞推动枪机后，压缩复进簧完成开锁、抛壳，并使击锤成待发状态。枪机退到最后方时，由于复进簧的伸张使枪机向前运动，推动下一发子弹入膛，完成闭锁。此时如保险机定在连发位置上，扳击未松开，击发阻铁不能卡住击锤成待发，击锤再次打击击针，形成连发；如果保险机定在单发位置上，击锤被单发阻铁卡住不能向前。若再次发射时，必须松开扳机，再扣扳机。

56 式冲锋枪对单个目标在 300 米距离内实施点射，在 400 米距离内实施单发射效果最好，必要时也可实施连发射，射弹飞行到 1500 米处仍有杀伤力。该枪使用 7.62 毫米子弹，弹匣（内装 30 发）送弹，子弹射完后不挂机。其侵彻力同 56 式半自动步枪。

（三）AK-47 突击步枪

AK-47 突击步枪，在我国曾被称为冲锋枪（仿制的 1956 年式突击步枪也曾长时间被称为 56 式冲锋枪）。于 1947 年定型，1949 年装备部队。苏军摩托化步兵部队、空军和海军的警卫、勤务人员使用木制或塑料制固定枪托型，伞兵、坦克乘员和特种分队使用折叠金属枪托型。AK-47 的动作可靠，勤务性好；坚实耐用，故障率低，无论是在高温还是低温条件下，射击性能都很好，尤其在风沙泥水中使用时性能可靠；结构简单，分解容易。但是连发射击时枪口上跳严重，影响精度，而且重量比较大。AK-47 是装备范围相当广泛的步枪，除苏军外，世界上还有 30 多个国家的军队中装备使用，有的还进行了仿制或特许生产。苏军所装备的 AK-47 于 50 年代末由其改进型 AKM 所取代。

AK-47 的枪管与机匣螺接在一起，膛线部分长 369 毫米，枪管镀铬；弹匣用钢制成；AK-47 的击发机构为击锤回转式，发射机构直接控制击锤，实现单发和连发射击；发射机构主要由机框、不到位保险、阻铁、扳机、快慢机、单发杠杆、击锤、不到位保险阻铁等组成。

AK-47 的表尺射程为 800 米，有效射程为 400 米，但实际上 300 米以外都打不准了，连发精度更是低，已经不能满足现代军队的要求了，这是 AK-47 的一个缺点。枪机框后坐时撞击机匣底是其连发精度低的原因之一，而且还很容易震松瞄准具。

延伸阅读

AK-47 系列步枪

AK-47 系列步枪名闻天下是在 20 世纪 60 年代的越南战争，它和其中国的仿制品大规模地武装越南正规军和游击队。这种自动武器在丛林环境中深受士兵信赖。苏联将 AK-47 系列步枪及其及制造技术输出到世界各地。由于 AK-47 及其改进型令人惊诧的可靠性，结构简单，坚实耐用，物美价廉，使用灵活方便，许多第三世界国家甚至西方国家的军队或者反政府武装都广泛使用该系列步枪。某些地区冲突的各方也都非常乐意使用 AK-47。另外，世界上有许多国家进行了仿制或特许生产，其中包括德国、捷克斯洛伐克，前南斯拉夫、匈牙利、中国（中国仿制型称为 56 式冲锋枪）、波兰、罗马尼亚、保加利亚、埃及、古巴、朝鲜等。进入 21 世纪，它仍旧在生产。AK-47 的设计思路也影响了以色列、芬兰、中国等多个国家的步兵轻武器设计，如以色列加利尔突击步枪、中国的 81 式自动步枪。AK-47 系列步枪是使用最广泛的步枪武器之一。其广泛程度在轻武器历史上可能只有毛瑟步枪和柯尔特左轮手枪可以相比。而卡拉什尼科夫则因为 AK 系列步枪在世界范围内的广泛使用也被誉为"世界枪王"。从 1950 年代到 1980 年代，它是苏联军队和华沙条约组织国家军队的制式装备。1980 年代在 5.54 毫米口径型 AK-47 系列装备苏联军队后，AK-47 系列从苏军装备中退出。

米哈伊尔·季莫费耶维奇·卡拉什尼科夫（1919 年 11 月 10 日—2013 年 12 月 23 日）是苏俄著名的枪械设计师，以设计"AK-47 突击步枪"而闻名

AK-47 于 1947 年定型，1949 年装备苏联部队，是世界上历来累积产量最多的枪械

二、轻武器保养

要保养好武器装备必须做到"两勤四不"，即勤检查、勤擦拭，不碰摔、不生锈、不损坏、不丢失。

（一）检查

（1）检查武器外部是否有污垢、锈痕和碰伤，尤其是准星和表尺是否弯曲和松动。

（2）检查枪膛内是否有污垢、生锈和损伤。

（3）检查各机件运行是否灵活，有无锈痕和损坏，要特别检查击针。

（4）检查附品是否齐全完好，子弹有无锈蚀、凹陷、裂缝和松动。

（二）擦拭

正常情况下，每周至少擦拭一次。实弹射击后应用油布将武器认真擦拭干净并上油，在以后的三四天内应每天擦拭一次，训练、演习后，应用干布和油布进行擦拭。擦拭后，可将武器放在通风干燥处晾干，严禁火烤和暴晒。

三、射击原理

（一）后坐对命中的影响

发射药燃烧时，产生的气体同时作用于各个方向，作用于膛壁周围的压力为膛壁所抵消；向前作用于弹头后部的压力推送弹头前进；向后作用于弹壳底部的压力经过枪机传给整个武器，使武器向后运动，形成后坐。武器的后坐与弹头的运动是同时开始的。在弹头脱离枪口的瞬间，大量的火药燃气随弹头后部从膛内向外喷出，形成反作用力，使武器后坐更加明显。

后坐对单发（连发首发）射击的影响极小。因为弹头在膛内运动的时间极短，并且枪比弹头重得多，弹头在脱离枪口以前，枪的后坐只有 1 毫米多，而且是正直向后运动的，加之衣服和肌肉的缓冲，射手是感觉不出来的。射手感觉到的后坐，主要是人体缓冲枪身已获得的速度引起的，此时弹头已脱离枪口，因此，后坐对单发（连发首发）射击的命中影响极小。后坐对连发射击的命中有一定的影响。因为连发射击后，第一发子弹发射后，由于枪的明显后坐变动了原来的瞄准线，所以对第二发以后的射弹命中有一定的影响。但只要射手握枪要领撑握得好，遵循连发武器射击时的后坐规律，就能减小后坐对连发命中的影响。

（二）弹道的要素与实用意义

弹头运动中，其重心所经过的路线叫弹道。

弹头脱离枪口后，如果没有重力和空气阻力的作用，它将保持其获得的速度，沿着发射线无止境地匀速飞行。实际上，弹头脱离枪口在空气中飞行时，同时受到重力和空气阻力的作用，使弹道不能成为一条直线。

由于上述两个原因，弹头在空气中飞行时一方面受到重力的作用，逐渐下降；另一方面受到空气阻力的作用，越飞越慢，因此形成一条不均等的弧线，升弧较长较直，降弧较短较曲。

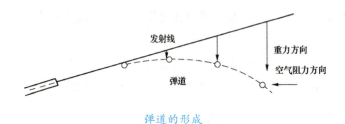

弹道的形成

1. 弹道要素

起点：火身口中心点（外弹道开始点）。

火身口水平面：通过起点的水平面。

射线：发射前火身轴线的延长线。

射角：射线与火身口水平面所夹的角。

发射线：发射瞬间火身轴线的延长线。

发射角：发射线与火身口水平面所夹的角。

弹道最高点：火身口水平面上弹道最高的一点。

升弧：由起点到弹道最高点的弹道。

降弧：由弹道最高点到落点的弹道。

弹道高：弹道上任何一点到火身口水平面的垂直距离。

最大弹道高：弹道最高点到火身口水平面的垂直距离。

射程：起点到落点的水平距离。

落角：落点的弹道切线与火身口水平面的夹角。

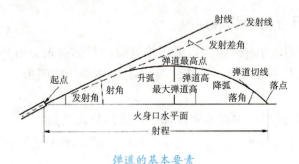

弹道的基本要素

2. 弹道的实用意义

（1）危险界

危险界分为表尺危险界和实地危险界。

表尺危险界：瞄准线上弹道高没有超过目标高的部分，称为表尺危险界。

实地危险界：在实际地形上弹道高没有超过目标高的部分，称为实地危险界，决定其大小的条件有以下3个方面。

① 弹道低伸程度：对同一地形上的同一目标射击时，弹道越低伸，实地危险界就越大；反之就越小。

② 目标高低：用同一武器对同一地形上的不同目标射击，目标越高，实地危险界就越大；反之越小。

③ 目标所在位置的地貌：目标所在位置的地貌与弹道形状越相一致，实地危险界就越大；反之就越小。

（2）遮蔽界和死角

从弹头不能射穿的遮蔽物顶端到弹着点的一段距离，叫遮蔽界。目标在遮蔽界不能被杀伤的一段距离叫死角。决定遮蔽界和死角大小的条件有以下3个方面。

① 遮蔽物的高低：同一目标，同一弹道，遮蔽物越高，遮蔽界和死角就越大；反之就越小。

② 落角的大小：同一遮蔽物，同一目标，落角越小，遮蔽界和死角就越大；反之就越小。

③ 目标高低：同一遮蔽物，同一弹道，目标越高，死角越小；反之就越大。

（3）危险界、遮蔽界和死角的实用意义

懂得了危险界、遮蔽界和死角，在战斗中就能更好地隐蔽身体，发挥火力，灵活地运用地形地物，隐蔽地运动、集结和转移，以避开或尽量减少敌军火力的伤害。在组织火力配系时就能正确地选择射击位置和组织火力，千方百计地增大危险界和减少射击地带内的遮蔽界和死角，并善于运用弯曲弹道和各种武器的侧射、斜射火力消灭隐蔽在遮蔽界和死角内的敌人。

（三）选定表尺分划和瞄准点

由于重力和空气阻力的作用，如果用枪管瞄向目标射击，射弹就会打低或打近。为了命中目标，必须将枪口抬高，使火身轴线和瞄准线之间形成一定的夹角，即瞄准角。

瞄准角的大小是根据射弹在不同距离上的降落量来确定的。距离越远，所需要的瞄准角也就越大；距离越近，降落量越小，所需要的瞄准角也就越小。瞄准具就是根据这一原理设计成的。

可见，瞄准具的作用就是在对一定距离上的目标射击时，赋予武器相应的瞄准角和射向。射击时，只要按照目标的距离装定表尺分划，瞄准射击，就能命中目标。

1.瞄准要素

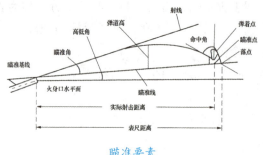

瞄准要素

瞄准基线：缺口的上沿中央到准星尖的直线。

瞄准线：视线通过缺口上沿中央和准星尖的延长线。

瞄准点：瞄准线所指向的一点。

瞄准角：射线与瞄准线的夹角。

高低角：瞄准线与火身口水平面的夹角（目标高于火身口水平面时，高低角为"+"；目标低于火身口水平面时，高低角为"-"）。

瞄准线上弹道高：弹道上的任何一点到瞄准线的垂直距离。

落点：弹道降弧与瞄准线的交点。

弹着点：弹道与目标表面或地面的交点。

命中角：弹着点的弹道切线与目标表面或地面所夹的角。命中角通常以小于90度的角计算。

表尺距离：起点到落点的距离。

实际射击距离：起点到弹着点的距离。

2. 如何选定表尺分划与瞄准点

为了使射弹更准确地命中目标，射击时，射手应根据目标距离、大小和武器的弹道高，正确地选定表尺分划和瞄准点。

（1）定实距离表尺分划，瞄目标中央

目标距离为百米整数时，可根据目标的距离装定相应的表尺分划，瞄准点选在目标中央。例如，自动步枪在对100米距离的人进行胸靶射击时，定表尺"1"，瞄准目标中央，即可命中目标中央。

（2）定大于或小于实距离表尺分划，适当降低或提高瞄准点

目标距离不是百米整数时，通常选定大于实距离表尺分划，根据武器和该距离上的弹道高，相应降低瞄准点射击。例如，冲锋枪在250米距离上对人胸目标射击时，定表尺"3"，在250米处的弹道高为19厘米，这时，瞄准目标下沿中央射击，即可命中目标中央。

也可选定小于实距离的表尺分划，根据武器在该距离上的负弹道高，相应提高瞄准点射击。

（3）定常用表尺分划，小目标瞄下沿，大目标瞄中央

战斗中，对300米距离以内的目标射击时，通常定常用表尺（表尺"3"）分划，小目标瞄下沿，大目标瞄中央射击，即可命中。例如，自动步枪常用表尺在对300米以内人胸目标（高50厘米）射击时，瞄目标下沿，则整个瞄准线上最大弹道高为33厘米，没有超过目标高，那么只要目标在300米距离内，都会被杀伤。

在战场上，目标出现突然，大小暴露不一且距离不断变化，用此种方法，对300米以内的目标不需要变更表尺分划即可实施射击。这样可以争取时间，提高战斗射速，增大射击效果。因此，此种方法在实战中有着重要的实用意义，是战斗中常用的一种方法。

（四）外界条件对射击的影响及修正

1. 风对射击的影响及修正

风是一种具有速度和方向的气流，它能改变射弹的飞行方向和距离。在各种外界条件下，风对射弹的飞行影响最大。因此，必须准确地判定风向和风力，根据风对射弹的影响进行修正，以保证射弹准确命中目标。

（1）风向和风力的判定

按照风吹的方向和射击方向所形成的角度，风可分为横风、斜风和纵风。

横风：从左或右与射向成 90 度来的风。

斜风：与射向成锐角的风。射击时，通常以与射向成 45 度角的风计算。风与射向成 60 度角时，可按横风计算；小于 30 度角时可按纵风计算。

纵风：从后或前与射向平行吹来的风。顺射向吹来的风为顺风；逆射向吹来的风为逆风。

 知 识 链 接

在气象上把风划分为 12 个等级，在军事上为了便于区分和应用，按风力的大小划分为强风、和风和弱风三种。风力的大小，可用测风仪测出，也可根据人的感觉和常见物体被风吹动的情况来判定。

风力判定表

风力			人的感觉	常见物体现象				
区分	级别	速度		草	树	旗帜	烟	海面渔船
弱风	二级	2~3 米／秒	面部和手稍感到有风	微动	灌木丛、细树枝、树叶微动，并沙沙作响	微动并稍离开旗杆	微被吹动	有小波，船身摇动
和风	三级至四级	4~7 米／秒	明显地感到有风，吹过耳边时呜呜作响，面对风时可睁开眼睛	被吹弯	灌木摆动、树上的细枝被吹弯、树叶剧烈地摆动	展开飘动	被吹斜成 45 度	有清浪，船身摇动明显，船帆斜向一侧
强风	五级至六级	8~12 米／秒	迎风站立或行走，明显地感到有阻力，尘土飞扬，面对风感到睁眼困难	倒在地面	树干摆动，粗枝被吹弯	飘成水平状态，并哗哗作响	被吹斜，呈水平状态，并被吹散	有大浪，浪顶的白色泡沫很多，船身常被风吹离浪顶

为了便于记忆，对风力的判定，以和风为基准，可以归纳成如下口诀：迎风能睁眼，耳听呼声响，炊烟成斜角，草弯树枝摇，海面起轻浪，旗帜迎风飘，强风比它大，弱风比它小。

（2）风对射弹的影响及修正

横（斜）风能对弹头的侧面施以压力，使射弹偏向一侧，产生方向偏差（斜风还能使射弹产生距离偏差，因偏差很小，故不考虑）。风力越大，距离越大，偏差也就越大。风从左吹来，射弹偏右；风从右吹来，射弹偏左。

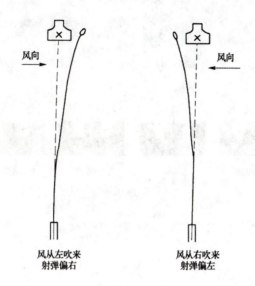

横风对射弹的影响

知识链接

各种枪射击时，为了使射弹能准确地命中目标，必须根据射弹受风力影响的偏差量，将瞄准点向风吹来的方向修正。修正时，以横方向的和风修正量为准，强风加一倍，弱风减一半。斜方向的强（或弱）风，应按横方向的强（或弱）风修正量减一半。修正量从预期命中点算起，偏差多少，就修正多少。

横风修正表

修正量 距离（米）枪种	冲锋枪、半自动步枪、班用轻机枪	
	修正距离（米）	人体
200	0.14	1/4
300	0.36	1/2
400	0.72	1*1/2
500	1.2	2*1/2
600	1.8	3*1/2

为了便于记忆，上表中修正量（人体）可归纳为：距离200米，修1/4人体，表尺"3""4""5"减去2.5，强风加一倍，弱斜风各减半。

为了运用方便，根据不同距离上的修正量，将在横风条件下，对400米内目标射击时的瞄准景况归纳如下口诀：一百不用修，二百瞄耳线，三百瞄边沿，四百边接边。

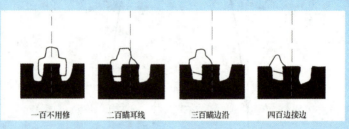

一百不用修　　二百瞄耳线　　三百瞄边沿　　四百边接边

横风的修正情况

2. 光对射击的影响及克服办法

（1）阳光对瞄准的影响

在阳光下瞄准时，由于阳光照射作用，缺口部分产生虚光，形成三层缺口：虚光部分、真实部分、黑实部分。如不注意辨清真实缺口的位置，就容易产生误差，使射弹产生偏差。

虚光部分
真实缺口
黑实部分

缺口部分产生虚光形成三层缺口

若用虚光瞄准，射弹就偏向阳光照来的方向。阳光从右上方照来时，缺口的左边和上沿产生虚光，用虚光部分瞄准，准星实际上偏右高。因此，射弹偏右上。阳光从左上方来，用虚光部分瞄准，射弹则偏左上。

用虚光瞄准时的影响

若用黑实部分瞄准，射弹就偏向阳光照来的相反方向。阳光从右上方照来，用黑实部分瞄准实际上偏左低，因此射弹偏左下。阳光从左上方照来时，射弹则偏右下。

用黑实部分瞄准时的影响

在阳光照射下，缺口和准星尖同时产生虚光时，若用虚光部分瞄准，射弹偏低；若用黑实部分瞄准，射弹偏高。

（2）克服方法

可在不同方向的阳光照射下，采取遮光瞄准不遮光检查，或者不遮光瞄准遮光检查的方法，反复进行瞄准练习，确实辨清真实缺口的位置和正确瞄准的景况。

平正准星与缺口要细致，但瞄准时间不宜过长，以免眼花而产生误差。

平时要注意保护好瞄准具，不使其因磨亮而反光。

军事武器

国产 56 式半自动步枪

第二讲　机动灵活　学以致用——战术基础

战略上藐视敌人，战术上重视敌人。

——毛泽东

一、战术基础动作

（一）卧倒、起立

1. 卧倒

口令："卧倒"。

要领：左脚向右脚尖前迈出一大步，左腿弯曲，上体前倾，两眼注视前方，左手顺左脚方向伸出，掌心向下，手指稍向右，以左膝、左手、左肘的顺序着地，迅速卧倒，左小臂横贴地面上，右手腕压在左手腕上；两手握拢，手心向下，两腿伸直，两脚分开与肩同宽，脚尖向外。也可以右脚向前一大步，左手撑地迅速卧倒。

携枪卧倒时，右手提枪并握背带，其余要领同徒手；卧倒后，右手将枪轻贴身体右侧，枪面向右，枪管放在左手臂上。

2. 起立

口令："起立"。

要领：转身向右，两眼注视前方，左腿自然微弯，左小臂稍向里合，以左手、左膝、左脚的支撑力，将身体支起，同时右脚向前迈出一大步，左脚再迈出一步，右脚靠拢左脚，成立正姿势。

（二）直身、屈身前进

1. 直身前进

直身前进是在距敌较远，地形隐蔽，敌观察、射击不到时采用的运动方法。

口令："向××——直身前进"。

要领：目视前方，右手持枪，大步或快步前进。

2. 屈身前进

屈身前进是在遮蔽物略低于人体时采用的运动方法。

口令："向××——屈身前进"。

要领：目视前方，右手持枪，上体前倾，头部不要高出遮蔽物，两腿弯曲（屈身程度视遮蔽物高低而定），大步或快步前进。

（三）跃进、滚进、匍匐前进

1. 跃进

跃进是在敌火力下迅速通过开阔地时采用的运动方法。跃进时，要做到跃起快、前进快、卧倒快。跃进前，应先视察前方地形，选择好前进路线和暂停位置，而后，迅速突然地前进。

口令："向××——跃进"。

要领：如卧姿跃起时，可先向左（右）移（滚）动，以迷惑敌人，在收枪的同时屈左腿于右腿下，右手提枪，以左手、左膝、左脚的支撑力将身体支起，同时出右脚前进。前进时，右手持枪，目视敌方，屈身快跑。跃进的距离和速度应根据敌火力和地形而定，通常每次跃进的距离为 15 ~ 30 米。当进到暂停位置或遭敌猛烈射击时，应迅速隐蔽或卧倒。

2. 滚进

滚进是在卧姿时，为避开敌人观察、射击而左右移动或通过棱线时采用的运动方法。

口令："滚进"。

要领：将枪关上保险，左手握枪标尺上方，右手握枪颈附近或两手上握护木，枪面向右，顺置于胸、腹前抱紧，两臂尽量里合，两脚腕交叉或紧紧并拢，全身用力向移动方向滚进。

3. 匍匐前进

匍匐前进是在通过敌步兵火力封锁较短的地段或利用较低的遮蔽物前进时采用的运动方法。根据遮蔽物的高低分为低姿匍匐、高姿匍匐、侧身匍匐和高姿侧身匍匐 4 种。

（1）低姿匍匐，是在遮蔽物高约 40 厘米时采用的运动方法。

口令："向××——低姿匍匐前进"。

要领：腹部贴于地面，屈回右腿，伸出左手，用右脚内侧的蹬力和左手的扒力使身体前移。在移动的同时，屈回左腿，伸出右手，用同样的方法交替使身体前进。携枪时，右手掌心向上，枪面向右，虎口卡住机柄，并握住背带，枪身紧靠右臂内侧。也可右手虎口向上，握枪的上背带环处，食指卡住枪管，将枪置于右小臂上。

解放军战士进行战术训练

（2）高姿匍匐，是在遮蔽物高约 60 厘米时所采用的运动方法。

口令："向××——高姿匍匐前进"。

要领：用两小臂和两膝支撑身体前进。携枪方法同低姿匍匐。

（3）侧身匍匐，是在遮蔽物高约 60 厘米时所采用的运动方法。

口令："向××——侧身匍匐前进"。

要领：身体左侧及左小臂着地，左小臂向前倾斜支撑上体，左腿弯曲，右腿收回，右腿靠近臀部着地，右手握枪，靠左臂的支撑力和右脚跟的蹬力使身体前移。

（4）高姿侧身匍匐，是在遮蔽物高 80~100 厘米时所采用的运动方法。

口令："向 ××——高姿侧身匍匐前进"。

要领：左手和左小腿外侧着地，右手提枪，以左手的支撑力和右脚的蹬力使身体前移。

二、地形的利用

利用地形是战士的基本战斗动作，是单兵战术的基础，也是保存自己、消灭敌人的最直接的行为。在利用地形时，应该做到"三便于、三不要、一避开"，即：便于观察、射击和隐蔽身体，便于接近、利用与离开，便于防敌地面和空中火力的杀伤；不要妨碍班（组）长指挥邻兵的动作和火器射击，不要几个人拥挤在一起，以免增大伤亡，不要在一地停留过久；尽量避开独立、明显、易燃、易塌的物体和难于通行的地段。

利用地形地物的方法有以下四种。

（1）堤坎、田埂的利用。横向的利用背敌斜面或残缺部位；纵向的通常利用弯曲部或顶端一侧，依其高度取适当姿势。堤坎高于人时，应挖踏脚孔或阶梯。

（2）土（弹）坑、沟渠的利用。通常利用其前沿，纵向沟渠利用弯曲部。根据敌情和坑的大小、深度，以跳、滚、匍匐等方法进入，并取得适当姿势。

（3）树木的利用。通常利用其右后侧，根据树木的粗细取适当的姿势。树干粗（直径 50 厘米以上），可取各种姿势；树干细，通常采取卧姿。若取立姿时，应尽量将身体左侧、左大臂（或左小臂）、左膝紧靠树木，右脚稍向后蹬。

（4）墙壁、墙脚、门窗的利用。按其高度取适当姿势。矮墙可利用顶端或残缺部，墙高于人体时，可将脚垫高或挖射孔。墙角通常利用右侧，左小臂紧靠墙角，取适当姿势。门通常利用左侧。窗可利用左（右）下角。

三、敌火力下运动

在敌火力下运动时，应按班（组）长的口令，充分利用我军火力掩护和烟雾迷茫的效果，乘敌火力减弱、中断、转移等有利时机，采取不同的姿势和方法，迅速隐蔽地运动。运动前，应根据敌情、任务和地形，选择好前进的路线和暂停位置运动中，应不断观察敌情、地形和班（组）长的指挥，灵活地变换运动姿势。保持前进方向和与友邻战友及支援火器的协同动作。发现目标时，应按照班（组）长的口令或自行射击，将其消灭。要做到运动、火力、防护三者紧密结合，尽量减少或避免横向运动。通过各种地形的动作如下。

（1）通过开阔地。距敌较远时，通常应持枪快速通过。距敌较近，敌火封锁较严时，应乘敌火中断、减弱、转移和我火力压制等有利时机跃进通过。

（2）通过道路。通常应选择拐弯处、涵洞、行树等隐蔽地点迅速通过。若敌火力威胁不大，可不停顿地快跑通过；敌火力封锁较严时，应先隐蔽接近，周密观察道路的情况和敌火力射击规律，而后突然跃起，快速通过。

（3）通过高地。应利用高地两侧运动，尽量避免从顶端通过。

（4）通过街道。应沿街道两侧隐蔽地逐段前进，接近拐弯处之前，应先察看对面街区，再迅速进入拐弯处，观察好下一段的情况后再继续前进。如果需要横穿街道时，应先观察左右和对面街区的情况，然后迅速通过。

（5）遭敌机轰炸、扫射时的动作。当敌机轰炸时，应按照上级命令就地卧倒或快速前进。同时利用地形隐蔽，待炸弹爆炸后继续前进，也可利用敌机投弹间隙迅速前进。

（6）遭敌核、化学、生物武器袭击时的动作。接到敌核武器袭击警报时，应根据命令，迅速隐蔽或继续快速前进，随时做好防护准备；当发现核爆炸闪光时应迅速防护。冲击波一过，视情况穿戴防护器材，迅速前进。接到化学袭击警报或遭敌化学袭击时，应立即穿戴防护器材或利用就便器材进行防护。当敌施放生物战剂气溶胶时，应戴简单防护口罩和自制防护眼镜、风镜等，做好对呼吸道、面部和眼睛的保护。

通过染毒地带

（7）遭敌火力封锁时的动作。当遭敌步、机枪火力封锁时，应利用地形隐蔽，抓住敌火中断、减弱、转移等有利时机迅速前进。也可采用迷惑、欺骗和不规律的行动，转移敌方视线，突然隐蔽地前进，或以火力消灭敌人后再前进。

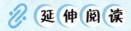 延伸阅读

解放军经典的"三三制"战术

专题八

生存之道　自救秘籍

——防卫技能与战时防护训练

内容提要

　　尽管现代战争是高技术信息化战争，但格斗仍然有自卫和制敌的重要作用。同时，练习格斗对培养军人的心理素质和敢打敢拼、坚忍不拔、勇敢顽强的战斗作风，具有重要意义。此外，随着同学们走出课堂、走出校园，开展形式多样的活动，意外事故时有发生，如不及时救护，有时甚至可能危及生命。这时如果具备一些简单实用的救护知识和技能就可以挽救生命、减轻伤害。本专题主要介绍格斗基础、战伤救护基本知识、防空袭的方式方法，以及在面对核、化、生武器巨大的杀伤破坏威力时如何进行防护。

教学目标

　　了解格斗的基本姿势，掌握基础的格斗技巧和方法；了解战伤救护的一般原理，掌握创伤处理的基本方法；懂得意外伤害的急救措施；在突发疾病的处理上掌握正确的方式方法；掌握心肺复苏的现场抢救技巧；掌握人民防空的基本知识、技能以及核生化防护的基本知识，激发学生的爱国热情，增强学生的综合国防素质。

导言

见义勇为是每个公民都应该有的美德，但要想既能制止犯罪又能保护好自己，最好的办法是掌握一些必备的格斗技术，一旦危险来临，才能从容应对。在日常生活中，我们有些小毛病时，一般都不去医院，而是直接吃几片药就好了，既节省时间又能及时治病，不耽误工作和学习。但是，这样做的前提是什么？是我们需要具有一定的医学常识，能够对现场救护做出正确的判断和用药，否则，就不能贸然用药。同时，开展人防知识教育，了解战时防护知识，有利于学生学习军事高科技知识，增强国防观念，开阔视野，改善知识结构，活跃思维。本专题，我们就介绍一下格斗基础、战伤救护以及战时防护的基本知识。

第一讲　自卫防身　一招制敌——格斗基础

> 明敕星驰封宝剑，辞君一夜取楼兰。
>
> ——（唐）王昌龄

格斗是由几十个拳打、脚踢、摔打、夺刀等格斗、散打基本动作组成，动作简单、实用，易于开展。一招一式，攻防分明，单个动作练习，能体现出较强的实用价值；整套练习，能体现出我军的格斗特色。练习格斗时，全身各部位均能得到比较全面的活动，能较好地锻炼上下肢肌肉的爆发力，提高身体各关节的灵活性和柔韧性，能有效地锻炼快速反应能力。此外，格斗主要是针对近身搏斗中常出现的情况，以及不同的攻防实用特点和攻防规律而编，有自卫和制敌作用。因此，练习格斗对培养军人的心理素质和敢打敢拼、坚忍不拔、勇敢顽强的战斗作风，具有重要意义。

一、格斗预备姿势

在立正基础上，身体侧向右的同时左脚向前上一步，脚尖微向里，全脚掌着地，微屈膝；右脚尖稍向外，前脚掌蹬地，微屈膝。左臂前伸微屈，肘大于90度，拳与鼻同高，拳心斜向下；右臂屈肘约90度，右拳置于左胸前，拳心斜向下，右肘自然下垂，微收腹，上体稍前倾，重心在两腿之间。头要正，闭嘴，下颌微收，目视前方，余光环视对方全身。

格斗预备姿势

二、格斗步法

（1）前进步：在预备姿势基础上，左脚向前上步，右脚前掌蹬地随即跟上一步，还原预备姿势。

要求：左脚上步时不要离地过高；右脚蹬地要有力，迅速跟上。

（2）后退步：在预备姿势基础上，右脚向后退一步，左脚前置地随即后退步，还原预备姿势。

要求：退右脚和退左脚要连贯、迅速，离地不要过高。

前进步和后退步

（3）左跨步：在预备姿势基础上，左脚向左跨一步，紧接右脚左跨步，还原预备姿势。

要求：跨步时要连贯、迅速，脚离地不要过高。

（4）右跨步：在预备姿势基础上，右脚向右跨一步，紧接左脚向右跨步，还原预备姿势。

要求：跨步时要连贯、迅速，离地不要过高。

左跨步和右跨步

（5）前蹬步：在预备姿势基础上，左大腿抬平屈膝、勾脚尖。

伸小腿，脚跟用力前蹬，随后左脚向前落地，右脚迅速向前跟上，还原预备姿势。

要求：前蹬时，着力点为脚跟，支撑腿可屈膝，保持平衡。

（6）后跃步：在预备姿势基础上，两脚用力前蹬地后，起左脚接着起右脚腾空，然后左脚向后落地，紧接右脚落地，还原预备姿势。

要求：腾空高度要适宜，左、右脚落地要连续，重心要稳。

前蹬步和后跃步

（7）应用步：在预备姿势基础上，根据进攻或防守的需要，灵活变动，寻找与对方最合适的距离，使自己处于最有利的位置，身体维持平衡，始终保持预备姿势。

要求：动作迅速、灵活、自如。

三、格斗拳法

（1）探拳：在预备姿势基础上，左小臂略内旋稍前伸约10厘米，拳心向下，并迅速回收，还原预备姿势。

要求：动作自然、协调、迅速。

用途：诱骗对方暴露空门，扰乱对方视线，使对方心理紧张，创造有利条件，出其不意而攻之。

（2）左直拳：在预备姿势基础上，左脚稍向前移的同时，左臂内旋，左拳用力前冲，掌心向下。右拳在原位置，上体微右转，目视前方。击拳后还原预备姿势。

要求：出左拳比上左脚稍前，冲拳要突然有力。

用途：主要击面或胸部。

探拳和左直拳

（3）右直拳：在预备姿势基础上，上左脚紧接右脚跟上的同时身体稍左转，右臂内旋猛力向前冲出，拳心向下，左拳自然收于胸前。两腿微屈，重心稍前移，目视前方。击拳后还原预备姿势。

要求：冲拳时重心要稳，头和上体不要偏斜。右直拳是重拳，力量大，一般配合探拳或直拳使用。

用途：同左直拳。

（4）左摆拳：在预备姿势基础上，大小臂抬平，微屈肘，左拳内旋拳眼向下，借助身体扭动力量，由左向右弧形摆击，力达拳面。右拳护于胸前，目视前方。摆击后还原预备姿势。

要求：摆拳的弧度不宜过大，拳击的部位不要超过自身头部正中线，身体扭动与摆击要协调，重心要稳。

用途：主要击打太阳穴。

（5）右摆拳：在预备姿势基础上，右拳内旋，拳眼向下，随上体稍向左转，右拳借助身体扭动力量，由右向左弧形摆击，力达拳面；大小臂抬平，肘关节外展，收左拳护于胸前，日视前方。摆击后还原预备姿势。

要求：摆拳可和前进步结合，拳走动中上左脚，摆拳弧度不要过大，拳击的部位不要超过自身头部正中线，重心要稳。

用途：同左摆拳。

右直拳、左摆拳、右摆拳

（6）左下勾拳：在预备姿势基础上，左脚稍前移的同时左拳外旋，拳心向内上，肘关节向下稍回收，屈肘，上体稍右转的同时左拳由下向前上击出，力达拳面，拳与胸同高。右拳护于胸前，目视前方。击拳后还原预备姿势。

（7）右下勾拳：在预备姿势基础上，左脚前移，右脚后蹬的同时使拳外旋，拳心向内上，肘关节向下稍回收，屈肘，上体左转的同时右拳由下向前上击出，力达拳面，拳与胸同高。左拳护于右胸前，目视前方。击拳后还原预备姿势。

左下勾拳和右下勾拳

（8）左平勾拳：在预备姿势基础上，左臂肘关节外展，大、小臂与肩同高，屈肘约90度，拳心向下，上体右转同时左拳由左向右击出，力达拳面。右拳护于胸前，目视前方。击拳后还原预备姿势。

要求：勾拳弧形不要太大，击拳的部位不要超过自身头部的正中线。充分利用腰腿的力量。

用途：击头部或太阳穴。

（9）右平勾拳：在预备姿势的基础上，右臂肘关节外展，大、小臂约与肩高，屈肘约90度，拳心向下，上体左转，同时右拳由右向左击出，力达拳面；左拳护于胸前，目视前方。击拳后还原预备姿势。

要求、用途：与左平勾拳相同。

左平勾拳和右平勾拳

四、格斗腿法

（1）弹腿：在预备姿势的基础上，左大腿抬平屈膝，脚尖向下绷直，随即向正前方弹出，力达脚面，上体姿势基本不变。弹踢后迅速还原预备姿势。弹右腿要领与弹左腿一致。

要求：弹腿要快速有力，上体不要后仰。

用途：弹踢对方裆部。

（2）侧踹腿：在预备姿势基础上，石脚尖向右，上体右转。左大腿抬平屈膝，膝向右侧，勾脚尖里扣，左腿向前或前下猛踹并迅速回收，力达脚跟，目视对方。踹腿时两臂护身。踹腿后左脚落地，还原预备姿势。

踹右腿时，左脚尖向外，上体左转，右腿动作同左踹腿。

要求：踹腿时上体可自然侧倾，重心要稳，猛踹快收。

用途：主要攻击对方肋部。

弹腿和侧踹腿

（3）左勾踢腿：在预备姿势基础上，右脚尖向外，上体右转，抬左腿屈膝，脚尖内勾，由后向右前猛力勾踢，力达脚腕内侧，目视前方。勾踢后左脚回收，还原预备姿势。

要求：重心要稳，两臂护于胸前。

用途：勾踢对方脚跟或小腿。

（4）右勾踢腿：在预备姿势基础上，左脚尖向外，上体左转，抬右腿屈膝，脚尖内勾，由后向左前猛力勾踢，力达脚腕内侧，目视前方。勾踢后还原预备姿势。

要求、用途：同左勾踢腿。

左勾踢腿和右勾踢腿

（5）正蹬腿：在预备姿势基础上，重心后移，右（左）腿支撑体重，左（右）腿抬平屈膝，勾脚尖向前蹬出，力达脚跟，目视前方。蹬腿后还原预备姿势。

要求：猛蹬快收，重心要稳。

用途：蹬腹部。

（6）侧蹬腿：在预备姿势基础上，右（左）脚尖向外，右（左）腿支撑体重。上体稍向右（左）倾斜，左（右）大小腿抬平屈膝，膝盖向前，勾脚尖向左（右）蹬出，力达脚跟，目视左（右）方。蹬腿后还原预备姿势。

要求：同正蹬腿。

用途：蹬肋部、腹部。

正蹬腿和侧蹬腿

五、格斗防法

（1）左拨防：在预备姿势的基础上左拳变掌，由左前向右侧前下拨击，手的部位不要超过自身头部正中线，力达手掌，目视对方。拨击后还原预备姿势。

要求：快速、准确。

用途：主要防对方右直拳、右摆拳。

（2）右拨防：在预备姿势基础上，右拳变掌，由右前向左侧前下拨击，手的部位不要超过头部正中线，力达手掌，目视对方。拨击后还原预备姿势。

要求：同左拨防。

用途：主要防对方左直拳、左摆拳。

左拨防和右拨防

（3）左格挡防：在预备姿势基础上，左小臂向前上格挡，肘尖向左前，拳心向前下，目视前方。格挡后还原预备姿势。

要求：格挡时小臂略高于头。

用途：主要防直拳。

（4）右格挡防：在预备姿势基础上，右小臂向前上格挡，肘尖向右前，拳心向前下，目视前方。格挡后还原预备姿势。

要求、用途：同左格挡防。

（5）左格防：在预备姿势基础上；左小臂内旋向左前格，肘尖向左下，拳心向前下，目视前方。左格后还原预备姿势。

要求：左格不要过大。

用途：主要防对方摆拳、平勾拳。

左格挡防、右格挡防、左格防

（6）右格防：在预备姿势基础上，右小臂内旋向右前格，肘尖向右下，拳心向前下，目视前方。右格后还原预备姿势。

要求、用途：同左格防。

（7）左下格防：在预备姿势基础上，左小臂用力向下稍向左格，力达左小臂内侧，拳心向内下，目视前方。下格后还原预备姿势。

要求：下格要快速、有力。

用途：防对方右下勾拳。

（8）右下格防：在预备姿势基础上，右小臂用力向下稍向右格，力达右小臂内侧，拳心向内下，目视前方。下格后还原预备姿势。

要求：同左下格防。

用途：防对方左下勾拳。

右格防、左下格防、右下格防

（9）左闪身防：在预备姿势基础上，左脚向左稍前上步，半屈膝，上体左下闪。右小臂向右前上格挡，左拳击对方腰或腹部，目视对方。闪身后还原预备姿势。

要求：闪身与格挡要协调一致。

用途：防对方直拳或右摆拳。

（10）右闪身防：在预备姿势基础上，右脚向右稍前上步，半屈膝，上体右下闪，左小臂向左前上格挡，右拳击对方腰或腹部，目视对方。闪身后还原预备姿势。

要求：同左闪身防。

用途：防对方直拳或左摆拳。

左闪身防和右闪身防

（11）左晃头防：在预备姿势基础上，头向左晃动，目视对方。晃头后还原预备姿势。

要求：判断准确，晃动不要过大，身体保持平衡。

用途：防直拳。

（12）右晃头防：在预备姿势基础上，头向右晃动，目视对方。晃动后还原预备姿势。

要求、用途：同左晃头防。

左晃头防和右晃头防

经 典 战 例

志愿军经典捕俘行动

第二讲 救死扶伤 恢复战力——战伤救护

可怜万里关山道，年年战骨多秋草。

——（唐）张籍

一、战伤救护的意义

战伤救护是战时为减少伤亡，迅速恢复战斗力，以保持战争实力而必须采取的一项重要措施。进行战伤救护的基本原则是：加强敌情观念和灭菌观念，要迅速、准确、及时地抢救伤员。在救护中要先抢后救，先重后轻，先近后远。要做到不用手接触伤口，不用碘酒涂擦伤口，不随便用水冲洗伤口（化学烧伤和磷弹伤例外），不随便取出伤口内的异物，不准塞回突出的脏器，不轻易放弃和停止抢救时机。

二、战伤分类

（1）贯通伤：子弹、弹片、刺刀将人体组织击穿、刺穿，伤口有入口和出口。

（2）盲管伤：子弹或弹片进入人体，只有入口而无出口。

（3）擦伤：子弹或弹片擦过人体的体表，伤区呈沟状或仅有体表擦破者。

（4）穿透伤和非穿透伤：子弹、弹片穿透体腔及其保护膜（脑膜、胸膜、腹膜及关节囊），与外界相通者，叫穿透伤；反之叫非穿透伤。

按受伤部位还可分为头部伤（包括颅脑伤与颌面伤）、颈部伤、胸部伤、腹部伤、骨盆伤、脊柱脊髓伤、上肢与下肢伤。

三、战伤救护的四项技术

（一）止血

1. 出血的种类与特征

血液从伤口向外流出称外出血。皮肤没有伤口，血液由破裂的血管流入组织、脏器、体腔等称为内出血。出血有动脉出血：呈现喷射状，血色鲜红，生命危险大。静脉出血：呈缓慢流出，血色暗红，生命危险小。毛细血管出血：呈片状渗出，血色鲜红，生命危险性较小。

2. 止血的方法

止血的目的是为了防止因流血过多而休克或死亡。毛细血管和静脉出血时，加压包扎即可。下面主要介绍动脉出血的几种止血法：

（1）指压止血法：适用于较大的动脉血管出血。它是一种暂时的紧急止血方法。用手压迫伤口的近心端，使动脉被压在骨面，以达到迅速止血的目的。然后再换止血带，而小动脉出血指压后可改用压迫包扎。

（2）填塞加压包扎止血法：较大伤口可先用纱布块或急救包填塞，再用棉花团、纱布卷、毛巾、手帕折成垫子，或用石块、小木片等放在出血部位的纱布外面，然后用三角巾或绷带加压包扎即可。这种方法简便易行，是战作救护中常用的方法之一。

（3）加垫屈肢压迫止血法：适用于四肢无骨折和关节伤时的救护。如上臂出血，可用一定硬度、大小合适的垫子放在腋窝，上臂贴紧胸侧，用三角巾、绷带和皮带等固定在胸部。如小腿前臂出血，可分别在腘窝（即腿弯）、腘窝外加垫屈肢固定。

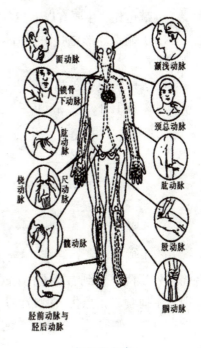

指压止血法

填塞加压包扎止血法

加垫屈肢压迫止血法

（4）止血带止血法：适用于四肢较大动脉出血。如股动脉、肱动脉出血。使用时止血带的松紧要适宜，以伤口不出血为度。过紧易伤害神经，过松又达不到目的。

止血带止血法

（二）包扎

包扎是为了保护伤口，减少感染，固定敷料，加压止血。对包扎的要求是动作准确、迅速、轻巧敏捷，松紧适宜，牢固严密。

1. 绷带包扎法

绷带包扎法主要有以下三种方法。

（1）绷带环形包扎法：适用于颈部、腕部、额部等处。其方法是：每圈完全重叠环绕数周。

（2）螺旋反折包扎法：主要用于前臂、小腿。其方法是：先用环形法固定台端作单纯的斜旋上升，每圈反折一次。

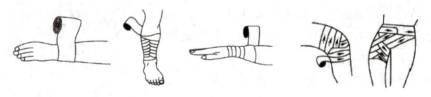

绷带环形包扎法　　　　　　　　螺旋反折包扎法

（3）绷带帽式包扎法：适用于头部。其方法是：自右耳上开始，经额、右耳上面枕骨外粗隆下回到右耳上的始点，重复一周固定。二次绕到额中央时，将绷带反折，用右手拇食二指捺住，绷带经过头顶中央而到枕骨外粗隆下面，由助手按住此点，绷带在巾带两侧回反，每周压盖前周 1/2，直到完全包盖头部，然后绕行两周固定。

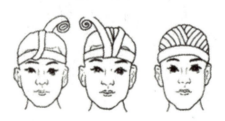

绷带帽式包扎法

历史人物

白求恩

白求恩

　　亨利·诺尔曼·白求恩（1890—1939），医学博士，加拿大医师、医疗创新者、人道主义者。他的胸外科医术在加拿大、英国和美国医学界享有盛名。1938年3月31日，率领一个由加拿大人和美国人组成的医疗队来到中国延安，白求恩见到毛泽东同志以后，第一件事就是郑重地递交党证，然后详细说明他的工作计划，请求派他到前线去。他说："我不是为生活享受而来的！需要照顾的是伤员，不是我自己！"在晋察冀边区抗日前线，他同八路军士兵、乡村老百姓一样，穿草鞋和粗布衣裳，吃玉米棒子和山药蛋。有个翻译劝他说："你是军区卫生顾问，贡献比我们大得多，吃好点，保证身体健康，也不算特殊。"白求恩却说："贡献也不是银行里的存折，贡献大就应当向人民伸手要更多的利息。我是个共产主义战士，怎能向党、向人民要求特殊呢？"白求恩本着"一切为伤员着想"的原则，废寝忘食地工作，从不顾及个人安危。为了能及时抢救伤员，他总是把救护所设在离前线较近的地方。在战斗中，白求恩常常连续为伤员动手术，几十个小时不能合眼。在河间、齐会战斗中，白求恩的手术室就设在离前线几里地的一座小庙里。日寇的炸弹落在小庙后院，炸塌了庙墙，但白求恩岿然不动，连续工作了69个小时，直到为115名伤员施行手术后才转移。为了挽救伤员的生命，白求恩曾几次献血，最后甚至贡献出了自己的生命。1939年10月下旬，在涞源县抢救伤员时左手中指被手术刀割破，后给一个外科传染病伤员做手术时受感染，仍不顾伤痛，坚决要求去战地救护。他说："你们不要拿我当古董，要拿我当一挺机关枪使用。"随即跟医疗队到了前线。终因伤势恶化逝世。

2. 三角巾包扎法

　　三角巾包扎法操作简单，易于掌握，包扎迅速，应用灵活。可包扎面部、肩部、腋窝、胸背、腹股沟等部位。

　　（1）头部包扎法：头部包扎法是先在三角巾顶角和低部中央打一结，形似风帽。把顶头结放于前额，底边结放于脑后下方，包住头部。

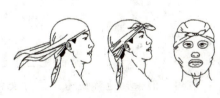

三角巾头部包扎法

两角向面部拉紧，向外反折3~4横指宽，包绕下颌，拉至脑后打结固定。

（2）胸背部双巾包扎法：用三角巾斜边围绕一周，顶角与底角在一侧腰部打结，再用一三角巾照样在对面包绕打结，然后打起两三角巾的另一底角，各翻过肩头与相对的底边打结。操作要领是两顶角的位置要相反，底角与另一三角巾的底边打结。

三角巾胸背部双巾包扎法

（3）三角巾腹部包扎法：三角巾顶角朝下，底边横放腹部，拉紧底欠至腰部打结，顶角经会阴部拉至后方，同底角余头打结，或将一周，与顶头打结，另一底角围绕与底边打结。

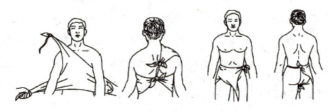

三角巾腹部包扎法

历史人物

提灯女神——南丁格尔

南丁格尔

弗罗伦斯·南丁格尔（1820—1910），英国护士和统计学家，出生于意大利一个来自英国上流社会的家庭。19世纪50年代，英国、法国、土耳其和俄国进行了克里米亚战争，英国的战地战士死亡率高达42%。南丁格尔主动申请，自愿担任战地护士。她率领38名护士抵达前线，在战地医院服务。她竭尽全力排除各种困难，为伤员解决必需的生活用品和食品，对他们进行认真的护理。仅仅半年左右的时间伤病员的死亡率就下降到2%。每个夜晚，她都手执风灯巡视，伤病员们亲切地称她为"提灯女神"。战争结束后，南丁格尔回到英国，被人们推崇为民族英雄。1860年，南丁格尔用政府奖励的4 000多英镑创建了世界上第一所正规的护士学校。随后，她又创办了助产士及经济贫困的医院护士培训班，被人们誉为现代护理教育的奠基人。1901 年，南丁格尔因操劳过度，双目失明。1907 年，南丁格尔获得英王授予的功绩勋章，成为英国历史上第一个接受这一最高荣誉的妇女，其后还发起组织国际红十字会。1908 年 3 月 16 日，南丁格尔被授予伦敦城自由奖。南丁格尔终身未嫁，1910 年 8 月 13 日，南丁格尔在睡眠中溘然长逝，享年 90 岁。

3. 包扎的注意事项

（1）伤口和覆盖伤口的敷料块严禁与其他脏物接触，以免造成伤口感染。

（2）包扎时压迫重心应在伤处。

（3）包扎时的松紧度要适宜，过紧会影响血液循环，过松又易脱落或移动。

（4）包扎动作要轻巧，防止碰撞伤口，以免加重伤口的疼痛和出血。

（三）固定

　　骨折是战伤中常见的外伤之一。骨折后如得不到及时与正确的固定，不仅会因为剧烈疼痛而引起休克，而且会影响伤肢功能的恢复。严重时，可因刺破血管、切断神经而造成严重后果。骨折可分为开放性骨折与闭合性骨折两种。凡骨折断端刺破人体皮肤与外界相通的称为开放性骨折。骨折断端未刺破人体皮肤，不与外界相通的称为闭合性骨折。

1. 骨折的特征

（1）疼痛剧烈，在骨折处有明显的压痛。

（2）功能受限，不能活动。

（3）局部肿胀。

（4）完全骨折时，因断端移位而发生肢体畸形（常表现缩短或伸长、弯、屈曲、旋转、错位、重叠），并在断端移动时可听到摩擦音。

2. 骨折固定的原则

（1）如伤口出血时，应先止血，然后包扎固定。如有休克首先或与止血同时进行抗休克急救。

（2）就地固定。要注意功能位置，切勿整复，更不许任意挪动伤员和伤肢。为了暴露伤口可剪开衣服。如伤肢畸形，不宜固定时，可依伤肢长轴方向，稍加调整，但动作要轻。

（3）固定时要先加垫后固定，先固定骨折的两端，后固定上下关节。固定的材料与伤肢长短适宜，固定的松紧要适度。四肢固定时，要留出指（趾）尖，以便观察血液循环情况。

（4）骨折固定后应设标志，迅速后送。

3.骨折固定的方法

（1）前臂、上臂骨折固定法

有夹板固定法。前臂：夹板放置骨折前臂外侧，骨折突出部分要加垫，然后固定腕肘两关节（胸部8字形固定），用三角巾将前臂屈曲悬于胸前，再用三角巾将伤肢固定于伤员胸廓。上臂：夹板放置骨折上臂外侧，骨折突出部分要加垫，然后固定肘、肩两关节，用三角巾将上臂屈曲悬于胸前，再以三角巾将伤肢固定于伤员胸廓。

有夹板前臂、上臂骨折固定法　　　　无夹板前臂、上臂骨折固定法

无夹板前臂、上臂三角巾固定法。前臂：先用三角巾将伤肢悬挂胸前，后用三角巾将伤肢固定于胸廓。上臂：先用三角巾将伤肢固定于胸廓，再用三角巾将伤肢悬挂胸前。

（2）锁骨骨折固定法。

丁字夹板固定法：丁字夹板放置背后肩胛骨上，骨折处垫上棉垫，然后用三角巾绕肩两周结在板上，夹板端用三角巾固定好。

三角巾无夹板固定法：挺胸，双肩向后，两侧腋下放置棉垫，用两块三角巾分别绕肩两周打结，然后将三角结在一起，前臂屈曲用三角巾固定于胸前。

小腿骨折固定法：将夹板放置于骨折小腿外侧，骨折突出部分要加垫，然后固定伤口上下两端和膝、踝两关节（8字形固定踝关节），夹板顶端再固定。

锁骨骨折丁字夹板固定法　　　锁骨骨折三角巾无夹板固定法　　　　小腿骨折固定法

大腿骨折固定法：将夹板放置于骨折大腿外侧，骨折突出部分要加垫，然后固定伤口上、下两端和踝、膝关节，最后固定腰、髂、踝部。

脊椎骨折固定法：伤员仰卧木板上，用绷带将伤员胸、腹、髂、膝、踝部固定于木板上。

颈椎骨折固定法：伤员仰卧在木板上，颈下、肩部两侧要加垫，头部两侧用棉垫固定防止左右摇晃，然后用绷带（三角巾）将额、下巴尖、胸固定于木板上。

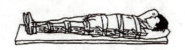 

大腿骨折固定法　　　　　脊椎骨折固定法　　　　颈椎骨折固定法

（四）搬运

（1）徒手搬运：单人搬运可采取扶、抱、背等方法进行搬运。双人搬运可采取椅式、拉车式、平托式方法搬运。

（2）担架搬运：先把担架放在伤员的伤侧，然后两个救护人员在伤员健侧跪下一腿，解开伤员的衣领后，第一人右手平托伤员的肩和头部，左手捧着伤员的下肢，把伤员轻轻地放在担架上。伤员在担架上的体位，除贯通伤外，要健侧着担架。伤员躺好后，要用衣物等软东西，把空隙垫好，以免摇荡。担架行进时，伤员头部要向后，以便后面的人随时观察伤情。伤情恶化时，要停下来急救。抬担架时要尽可能保持平稳。搬运脊椎骨骨折伤员，必须用木板做担架，不能用普通的帆布担架。冬季要防冻保暖，夏季要防暑遮荫。

  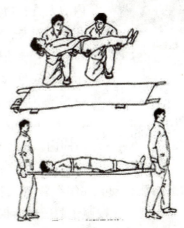

单人和双人徒手搬运　　　　　　　　担架搬运

延伸阅读

心肺复苏基本知识

第三讲　应急应战　联防联控——防空袭的方式方法

> 善守者藏于九地之下，善攻者动于九天之上，故能自保而全胜也。
>
> ——《孙子兵法》

人民防空简称人防。人民防空是指国家根据国防需要，动员和组织人民群众采取防护措施，以防范和减轻空袭危害的活动。

一、疏散防护

中国人民防空标志由文字和图案两部分构成，经国务院、中央军委批准，自 1999 年 5 月 1 日起启用

疏散防护，通常是指在战争爆发前后，把城市或者重要目标内的人员、物资等有计划地转移到安全区，以达到减少人员伤亡和经济损失、保存战争潜力的目的。

（1）早期疏散：在国家预测并侦察到战争将要爆发至国家宣布进入战争状态之前的时间内，按照国家或战区发布的动员令，组织城市居民、物资、工厂、设施等按计划分批进行的疏散。

（2）临战疏散：在国家宣布战争状态后至战争爆发之前这段时间内，按计划组织以城市居民为主的疏散。

（3）紧急疏散：首次空袭前 24 小时内或在空袭的间隙中实施的撤退隐蔽行动。在组织紧急疏散时，应根据城市的地形条件、人口数量和密度、工事布局等情况，按照统筹兼顾、保障重点的原则进行全面安排，有重点地分配使用人防工事，组织各种保障，科学确定疏散工作的程序，协调好各方面的关系，运用好专业力量，迅速将计划疏散的人员疏散到预定的地区和工事内。

二、防空警报

防空警报分为预先警报、空袭警报和解除警报三种。预先警报鸣 36 秒，停 24 秒，反复 3 遍为一个周期，时间为 3 分钟；空袭警报鸣 6 秒，停 6 秒，反复 15 遍，时间为 3 分钟；解除警报连续长鸣 3 分钟。

防空警报器

（一）听到防空警报后的行动

民防避难所标识

（1）立即切断电流，关闭煤气，熄灭炉火，关闭门窗，携带事先已准备好的个人防护必备物品离开住房，奔向人防工程掩蔽。

（2）就近进入人防工程隐蔽。来不及进入人防工程的人员，要离开房屋，佩戴个人防护器材，利用地形地貌就近疏散隐蔽。

（3）配合做好灭火、救护、清理废墟等消除空袭后果工作。要了解解除警报后人员行动的注意事项，如哪条路不能行走，哪类食物、饮水不能食用等，并做好再次防空行动的准备。

（二）个人防护必备物品

个人防护必备物品主要有以下几类。

（1）证件类：身份证、学生证、工作证、信用证、保险单、现金等。

（2）饮食类：优先携带婴儿食品，带好食物和必需的简单餐具、少量的饮水及饮水净化剂和饮水消毒剂（两天用量）。

（3）服装类：个人的衣服和简易呼吸道和皮肤防护用品。

（4）工具类：防护眼镜、多用工具刀等。

（5）照明类：手电筒、蜡烛、火柴、电池等。

（6）毛巾、纱布、卫生纸和塑料袋之类清洁用品。

（7）药品类：急救药品、急救包、抗生素、食盐、消毒剂、防蚊虫药剂、个人特需药品以及碘化钾抗辐射药品等。

（8）卧具类：棉被或毯子。

（9）求生类：人防手册、求生指南、家人联络方法及收音机等。

（10）其他类。

上述物品要放入合适的包内，家里每个成员的东西要分开放，体积不超过肩宽，重量不超过 20 公斤。为了空出双手，使动作更方便，应尽量采用双肩背方式。

（三）人防工程隐蔽意事项

（1）在得到转入战时状态的预警号令后，要保持沉着镇静，服从城市人防指挥部的统一指挥，迅速而有秩序地做好防护准备。

（2）准备好进入人防工程隐蔽携带的物品：包括密闭存放不易腐烂的食品和饮用水、个人常用药品、手电筒、可用作个人防毒的器材和个人生活必需品以及证件等。切忌携带有味、易燃易爆物品。带入工程的包裹体积不能过大，要便于进出工程。

（3）要懂得各种防空警报信号及其相应的行动内容，熟悉自己待蔽工程的位置、通往工程最短的路线，以及人防工程白天、黑夜的识别标志。

（4）听到空袭警报后，要以最快的速度进入附近的人防工程。进入人防工程时，要保持镇静，服从人防工作人员的组织指挥，切忌在工程口部造成人员混乱和拥挤，以影响进入工程的速度。

（5）在人防工程内严禁使用明火，不吸烟，少饮水，不随地大小便，饮食残余物、垃圾要集中密闭存放。

（6）待蔽时要安静坐、卧，少活动，不打闹，保持体力，减少工程内氧气消耗。不要乱动工程内的各种设备。

（7）当工程局部发生坍塌、漏毒等意外情况时，待蔽人员要利用简易防护器材进行个人防护，并听从指挥、有秩序地转移或进行隔绝防护工作，切不可产生混乱。

（8）空袭警报解除前，待蔽人员不得开门离开工程，防止周围受污染空气和放射性物质被带入工程。警报解除后，要防止人员突然拥出人防工程，造成混乱和拥挤。

三、消除空袭后果

消除空袭后果，是指对敌人空袭所造成的直接危害和产生的次生灾害等进行消除和控制，以保障城市功能的恢复。消除空袭后果的主要手段有消防灭火、抢险抢修、救生医疗、防化洗消、治安保卫。

（1）消防灭火，即预防和扑灭火灾。被敌空袭造成的火灾，主要由广大民兵和人防消防专业队伍在广大人民群众的积极配合下完成消防灭火工作。

（2）抢险抢修，是迅速恢复生产、工作、生活秩序的主要手段。其主要包括：抢修被敌空袭破坏的道路、桥梁、渡口、交通和通信枢纽、堤坝、水电气设施、人防工事和其他公用设施，疏通被阻塞的交通干道，排除爆炸物等，主要由对口专业技术分队在人民群众的配合下完成。

（3）救生医疗，是指对在空袭中受伤的人员的救生和医护行动，是减少人员死亡的有效办法。其工作包括运用医疗救护分队救护伤员和组织群众自救互救。

（4）防化洗消，是指对遭敌战术核武器、化学武器、生物武器袭击后消除受染人员和物体表面毒剂、生物战剂、放射性物质的行动。洗消工作由防化分队和医疗救护分队配合完成。

（5）治安保卫，是指为安定社会秩序而进行的管理、管制和保卫工作。治安保卫工作由治安分队和社会治安力量负责，主要是对破坏区边界实施控制，对被空袭地区及其附近的道路、桥梁实施交通管制，维护被空袭地区的社会治安，加强被空袭地区内的重要目标的警卫和安全区内的治安巡逻等。

延伸阅读

重庆大轰炸惨案

1937年7月"七七"事变后，中国展开对日抗战。11月，国民党军人在淞沪抗战中失利，南京陷入危机，国民党政府1937年11月20日起迁往作为战时首都的重庆。

重庆大轰炸惨案遗址

1938年10月4日，日本正式轰炸重庆市区。"重庆大轰炸"被认为是与南京大屠杀同等性质的事件。"重庆大轰炸"持续了整整6年零10个月。其中1939年至1941年是重庆遭遇"大轰炸"损失最惨重的3年，期间，重庆曾发生防空警报连响7日、大火连烧3天的情景。据不完全统计，日机空袭重庆共达218次，出动飞机9513架次，投弹21593枚，炸死市民11889人，炸伤14100人，炸毁房屋3万多幢，30所大中学校曾被轰炸。

自1998年以来，重庆每年6月5日，都会以鸣响防空警报等形式悼念"大轰炸"遇难同胞。对此相关负责人强调称，重庆悼念大轰炸死难同胞，不是为了咀嚼苦难、延续仇恨，而是为了牢记历史、珍爱和平，从而使悲剧不再重演。

第四讲　突发危机　科学防护——核生化武器防护

> 核武器使战争手段发展到极致，也导致爆发世界性核大战不会有赢家。即使有少量幸存者，人类几千年创造的物质精神文明成果也将毁灭殆尽，还要回到石器时代再进化一遍。
>
> ——爱因斯坦

核化生武器具有巨大的杀伤破坏威力，但也有可防护的一面。只要我们了解其特性，掌握必要防护知识，学会一些基本的防护动作，就能减轻或避免其伤害。

一、核武器及防护

核武器试验场

核武器是利用核反应瞬间释放出巨大的能量，起杀伤作用的武器。原子弹、氢弹、中子弹等统称核武器。核武器可制成弹头，装在火箭上射向目标，可以从陆上发射或从水面舰艇发射，也可以由潜艇在水下发射。核武器还可以制成炸弹由飞机空投，制成炮弹由火炮发射，或者制成地雷、鱼雷等。

核弹爆炸后的蘑菇云

核武器的爆炸方式有空中爆炸、地面爆炸等几种。不同的爆炸方式，其杀伤破坏效果是不同的。其共同特点是依次出现闪光、火球、尘柱、蘑菇状烟云。空爆的杀伤破坏特点是：杀伤地面人员，破坏地面目标及工矿、交通枢纽和城市建筑等，并形成一定的放射性沾染。地爆的杀伤破坏特点：破坏地面或地下的坚固目标，杀伤工事内人员，造成严重的放射性沾染。

（一）核武器的杀伤破坏因素

核辐射防护服

核武器的杀伤破坏因素有光辐射、冲击波、早期核辐射、核电磁脉冲、核放射性沾染等 5 种。前 4 种是在核爆炸最初的几十秒产生的瞬时杀伤破坏因素。放射性沾染可以持续几个月、几年或更长的时间。

1. 光辐射

光辐射（又称热辐射），是爆炸时的闪光及高温火球辐射出来的强光和热。具有大量热能，直接照射无隐蔽人员会造成烧伤。

如果用眼睛看核爆炸的火球，会造成眼底烧伤。爆炸中心附近人员吸入被光辐射加热的空气，会造成呼吸道烧伤。光辐射能引起大面积火灾，烧坏物体，同时造成人员的间接烧伤。

2. 冲击波

冲击波是核爆炸时产生的高速高压气浪。它对人员、物体能够造成挤压、抛掷作用。挤压作用造成严重内伤，如肺、胃、肝、脾出血破裂和骨折。冲击波可造成建筑物倒塌，人员间接伤害及交通堵塞。

3. 早期核辐射

早期核辐射（又称贯穿辐射），是核武器所特有的一种杀伤破坏因素。形成早期核辐射是爆炸最初十几秒钟内放射出来的人眼看不见的射线。作用于人体时无特殊感觉，能破坏人的组织细胞，使人罹患急性放射病。早期核辐射能使光学玻璃变暗、胶卷曝光、化学药品失效，并能影响电子仪器性能。早期核辐射一方面能穿透各种物质，另一方面又会被各种物质削弱吸收。例如 1 米厚的土层或 0.7 米厚的钢筋混凝土能使早期核辐射削弱到原来的 1%。

4. 核电磁脉冲

核电磁脉冲是爆炸瞬间产生的一种强电磁波。其作用半径可达几千米，对人员没有直接的杀伤作用，但能消除计算机上储存的信息，使自动控制系统失灵，家用电器受到干扰和破坏。

5. 放射性沾染

核爆炸后，蘑菇状烟云中含有大量放射性灰尘，当烟云随风扩散时，放射性烟尘因重力作用，逐渐降落到地面或其他物体上，形成一个很大的放射性沾染区。放射性沾染程度，不仅受气象条件的影响，同时也与爆炸方式有关，地爆时放射性沾染严重，沾染范围广，持续时间长。放射性灰尘能释放出对人体有害的射线。处于沾染区的人员，或在沾染区外接触了从沾染区撤出的受染人员和各种物品，会受到射线的体外照射，使皮肤灼伤。若受沾染的物质进入体内，其体内的照射对人员的伤害要比体外照射严重得多。因此应尽量防止由于呼吸和饮食，导致受沾染物质进入体内。

（二）核武器的防护

1. 人防工程

人防工程能防护各种杀伤因素。人防工程深入地下，具有抗力高、防核、化学、生物武器性能全面、可长期使用等特点。只要核武器不直接命中，人员在工程内是安全的。因此，对核袭击的最好防护措施是进入人防工程。在战时，利用人防工程，能坚持生活、工作。在平时，城市发生地震、漏毒等突发性事故时，人员也能利用人防工程做应急防护之用。

2. 室内防护

室内人员发现核爆炸闪光后，应立即在墙的内拐角或墙根处卧倒，最好在靠近墙角的桌下或床下跪趴，也可以在较小的房间或门框处躲避。掩蔽位置应避开玻璃片击伤，待瞬时杀伤因素过后，可采用个人防护办法防止放射性灰尘沾染或迅速进入人防工程。当地震发生时，这样做也能减少伤亡。

防毒面具

3. 室外防护

对于来不及进入人防工程和其他掩蔽场所的室外人员，发现核闪光后应立即就近利用地形地物进行防护。暴露人员防护动作要领：立即背向爆心卧倒，双手交叉垫胸前，脸部尽量夹于两臂之间，两肘前伸，双腿伸直并拢，闭眼、闭口、停止呼吸 15~20 秒钟。就近利用地形地物，如土丘、矮墙、花坛等防护，可横向爆心卧倒，也可利用沟、坑、渠等

广岛原子弹爆炸

地形防护，方法是立即跃入坑内，跪、坐或卧于坑内，双手掩耳，闭眼、闭口暂停呼吸。在防护时应避开高大建筑物、高压电线及易燃易爆物。待瞬时杀伤因素过后，应立即进行人员呼吸道和皮肤的简易防护，戴上防毒面具或口罩，披上防毒斗篷或雨衣、塑料布，按人防指示转移出沾染地域或就近进入人防工程掩蔽。

二、化学武器及防护

化学武器也是一种大规模杀伤破坏性武器。它自问世以来，由于其灭绝人寰的杀伤效应，立即遭到世人的强烈谴责和反对，国际上虽早就签订了禁止在战争中使用化学武器的公约和协议，但未被真正完全履行。化学武器的扩散局面日益加剧，且有愈来愈常规化的趋势。

（一）化学武器概述

1. 军用毒剂及化学武器的概念

军用毒剂是指在战争中以毒害作用杀伤人、畜，毁坏植物的有毒化学物质，简称毒剂。

化学武器是指在战争中用毒剂的毒害作用杀伤敌方有生力量、牵制和困扰敌人的军事行动的各种武器、器材的总称。如装填有毒剂的手榴弹、地雷、炮弹、炸弹、火箭弹、导弹及飞机布洒器、毒烟施放器材等。

化学武器标志

2.化学武器的发展概况

历史上首次大规模使用化学武器是在第一次世界大战中比利时的伊泊尔地区。1915 年 4 月 22 日下午 6 点零 5 分，德军用突然袭击的方式，向英、法联军阵地释放 180 吨储存在约 6 300 只吹气钢瓶中的氯气，造成英、法联军 1.5 万多人中毒，5 000 多人死亡，5 000 多人被俘，使德军一举突破联军阵地，成为历史上著名的"伊泊尔毒气战"。

全面解析臭名昭著的毒气战

自伊泊尔毒气战之后，许多交战国，如英、法、美等国为了在战场上制胜对方，都先后研制和使用了各种化学武器。仅第一次世界大战期间，各交战国使用的毒剂总量达 125 万吨，毒剂品种除氯气外，还有芥子气、光气、路易氏气、亚当氏气、氢氰酸等多达数十种，因毒剂中毒伤亡 130 多万人，占整个战争人员伤亡总数的 46%。在第二次世界大战（特别是日本侵华战争）、美军侵朝和侵越战争、两伊战争等战争中都曾多次大量使用或策划使用过化学武器。70 年代以来，化学武器出现一些新的趋势，一是局部地区化学武器使用频繁；二是化学武器以惊人的速度向世界扩散。目前掌握化学武器生产技术的国家已有 20 多个，拥有化学战能力的国家也在不断增加。从发展方向看，一些化学武器大国主要在以下几个方面加强研制：一是发明新型毒剂，增强其杀伤作用；二是不断改进化学武器的使用手段，提高其实用性能；三是逐步将化学武器纳入常规武器系统；四是解决化学武器在生产、储存、运输、使用过程中的各类问题，如实现二元化、弹药子母化、集束化，做到一弹多药或多弹一药等。

（二）化学武器的防护

对化学武器的防护是为了避免和减少遭受化学武器袭击的人员伤害，因此，在人防部门领导下，加强平时的防护准备，做好防护、消毒、急救等工作，对保护人民、提高城市的整体防护能力有着重要作用。

恐怖的"毒气之王"芥子气　　日军 731 细菌部队用中国百姓做实验

1.观察与侦察

及时发现敌人使用化学武器，迅速采取防护措施就能避免受毒剂伤害。除使用专业装备、器材进行侦察报知外，还可从下述种种迹象来判断化学袭击。

用飞机布洒毒剂的特征是：飞机低飞，机翼下方喷出烟雾，就像飞机布洒农药一样，在飞机经过的地面或植物上可发现液滴或粉末；若用毒剂弹，爆炸时声音低沉、弹坑浅而小，弹坑附近可能有液滴斑点或粉末，有时有异味。

动植物同时大范围出现异常现象，如鸟、鸡、兔、狗等出现站立不稳、呼吸困难、瞳孔缩小或散大、抽筋等中毒反应症状；蜂、蝶、蝇等抖动翅膀、飞行困难；植物叶子、花朵卷缩、枯萎，出现异常变色斑点等。若上述现象在一定地域内同时发生，可作为发现染毒的一种特征。

人员有异常感觉。当空气中出现某种气味或有刺激感觉时、或人员出现视力模糊、流泪、呼吸困难、胸闷、皮肤有灼烧感觉时，可能是空气或地面染毒，应立即采取防护措施，并进一步观察、侦察。

此外，敌方施放毒剂还会考虑气象条件和时间因素，如风向、风速适合，拂晓、黄昏时间适宜等。

2. 防护

对化学武器的防护

在判明敌人可能进行化学袭击后，要积极做好防护准备，不失时机地采取防护措施。

（1）敌化学袭击时的防护。人员对化学武器的防护的基本方法，一是利用有密闭、滤毒通风等防护设施的工事进行集体防护，一是利用个人防护器材进行个人防护。利用防护工事进行防护时，应根据指挥人员的命令有组织地进入，不得随意进出，以防带入毒剂，降低防护效能。为了减少工事内氧气的消耗，工事内人员要尽可能减少各种活动，各就各位。

当接到化学袭击警报时，个人应迅速戴上防毒面具或其他简易防护器材进行防护，尤其是做好对呼吸道和眼睛的防护。当敌人使用持久性毒剂时，还应进行全身防护，披上防毒斗篷或雨衣、塑料布等，穿好防毒靴套或用就便材料包裹腿脚，戴好防毒手套。

（2）通过染毒地域的防护。通过染毒地域前要做好各项防护准备，按规定要求穿戴好个人防护器材，如防毒面具、防毒衣、防毒斗篷、靴套、手套、雨衣或自制器材、就便材料等。通过染毒区时，应选择地质坚硬、植物层低矮且少的道路，尽量避开弹坑和有明显液滴的地方，人员之间拉开距离快速通过。通过染毒区后，应背向爆心而立，将器材物品放置下风方向2~4步处，先脱去防毒衣、斗篷或雨衣，将染毒面向内折叠放好在器材物品一侧，然后脱去一只手套，取出消毒液，再戴好手套，对被染毒服装、器材物品、手套进行消毒，接着脱去防毒靴套，解除包裹腿脚的材料及防毒手套，最后取下防毒面具。但应注意将已消毒物品放在上风位置。

（3）在染毒地域内的防护。当需要在染毒地域内停留时，必须严格按规定戴好防护器材，尽量避免与染毒物品接触。条件允许时，应对人员经常活动区域进行消毒。在染毒区域内，个人不得随意行动，不得随便坐、卧，不准在毒气容易滞留的房屋背风处、绿化地带、低洼处停留。严禁在染毒地域内进食、饮水和吸烟，有条件时，可在有防护设施的工事内进行，但进食、饮水前必须对双手进行消毒和清洗。

3. 消毒

对毒剂的消毒就是采用某种方法使毒剂失去毒性或从染毒的人或物上除去毒剂而使其免受伤害的措施。由于毒剂性质和施放方法不同，染毒程度和持续时间也不一样，因而采用的消毒方法也不相同。

（1）消毒基本方法和常用消毒剂

常用消毒方法有自然消毒法、物理消毒法和化学消毒法三种。

自然消毒法：将暂时性毒剂染毒的物资、服装等放在通风处，利用风吹日晒雨淋等自然因素，使毒剂自然蒸发、随风散去或让雨水将毒剂冲去等。

物理消毒法：包括吸附、清洗、掩盖、铲除等方法去除或隔离毒剂。

化学消毒法：利用化学物质与毒剂作用，使毒剂转变为无毒物质或毒性很小的物质。此种方法与自然消毒法和物理消毒法有本质上的不同，它是彻底的消毒方法。

化学消毒剂就是利用化学反应破坏毒剂毒性的物质。主要有以下几类：

含有效氯化合物：它们具有很强的氧化、氯化能力，可用来对糜烂性毒剂和 V 类毒剂消毒。其中次氯酸盐类有：次氯酸钙、漂白粉、三合二（3 份次氯酸钙和 2 份氢氧化钙的混合物）等；氯胺类有：氯胺、二氯胺等。

碱性化合物：主要用于对沙林、梭曼类毒剂消毒。强碱还能破坏路易氏气。强碱类有：氢氧化钠、氢氧化钙等；弱碱类有：氨水等；碱性盐类有：碳酸钠、碳酸氢钠等；有机碱类有：乙醇胺等。

氧化剂：重铬酸钾、高锰酸钾、过氧化氢等。

（2）对人员和染毒物品的消毒方法

人员的消毒：迅速用纱布、棉花、纸片等吸去可见毒剂液滴，再用消毒剂或肥皂、洗衣粉等碱性溶液洗涤局部，然后用净水冲洗。当皮肤染毒面积较大时，经局部消毒后应再进行全身洗消，一般要在离开毒区后进行。

对服装的消毒：服装染毒后，将衣服脱下进行消毒或把染毒服装自然消毒后，用弱碱性溶液浸泡、煮沸，再用水清洗。

对染毒食品的消毒：食品染毒后，一般不能食用，若被毒剂液滴染毒，一般应销毁。中毒死亡的动物绝对不能食用。

对染毒水的消毒：染毒水一般不能饮用，确实需要时采用煮沸法和过滤法消毒。

对地面、工事、建筑物的消毒：地面、工事、建筑物的消毒通常用化学法，即利用专门装置均匀喷洒消毒液，也可用铲除、掩盖、火烧等方法。

4. 急救

当遭到化学武器袭击并发现有人员中毒时，一方面要给中毒人员戴好防护器材，另一方面，按先重后轻的原则快速准确地进行急救，并移出毒区。

（1）神经性毒剂中毒的急救。神经性毒剂中毒人员应立即肌肉注射神经性急救针（解磷针），迅速清洗染毒部位。眼睛中毒可用 2% 碳酸氢钠溶液或 1：2 000 高锰酸钾溶液冲洗半分钟。皮肤染毒可用个人防护包内的消毒液进行清洗，也可用 10%~15% 氨水、5%~10% 苏打水溶液。若误服染毒水或食物应洗胃。

（2）糜烂性毒剂中毒的急救。对糜烂性毒剂中毒的急救主要是消毒，具体方法同对人员消毒。

（3）全身中毒性毒剂中毒的急救。对全身中毒性毒剂中毒者应迅速鼻吸亚硝酸异戊酯安瓿（戴面具者，则将捏破的安瓿塞入面罩内），如症状不见消失，可每隔4~5分钟再次使用，但连续使用不得超过5支。对呼吸困难者还应进行人工呼吸。

（4）对窒息性毒剂中毒的急救。窒息性毒剂中毒人员将引起肺水肿而窒息致死，一般无特殊治疗方法。但要注意保持安静、保温，呼吸困难时，严禁压胸式人工呼吸，及早送医院治疗。

（5）对失能性毒剂中毒的急救。中毒者一般不需要急救，只要离开毒区或采取了防护措施，不再吸入毒剂，过一定时间后症状会自行消失。

（6）对刺激剂和植物杀伤剂中毒的急救。中毒轻者一般不需要急救。中毒严重时，可用2%小苏打水或净水洗眼、漱口、洗鼻；吸入抗烟混合剂解除呼吸道刺激症状；皮肤用肥皂水和净水冲洗。

震惊世界的切尔诺贝利核事故

专题九

聚焦实战　共谋打赢
——战备基础与应用训练

内容提要

　　战备是武装力量为及时应对可能发生的战争或突发事件而在平时进行准备和戒备的活动。士兵作为部队的主体，担负着作战和应付突发事件的各项任务，必须牢固树立战备观念，了解战备常识，搞好战备的各项训练，掌握识图用图和电磁频谱管控，以保证一旦遇有紧急情况能在最短的时间内准备好，能以最快的速度投入战斗，并能圆满地完成任务。

教学目标

　　通过本专题的学习，有助于学生充分了解战备规定的基本内容、紧急集合的要求和内容，了解行军拉练的组织准备、管理与指挥，掌握越野行军的基本要求，了解地形和电磁信号对军事行动的影响，熟悉识图用图和电磁频谱管控的基本知识，掌握识图用图和电磁频谱管控的基本方法，进一步增强综合国防素质。本专题内容旨在磨砺学生的意志品质，增强青年大学生的国防观念和综合国防素质。

导 言

2014 年 4 月 28 日，习近平总书记来到喀什市公安局乃则尔巴格派出所，察看视频监控、警用装备，观看反恐防暴演练。他说，训练一定要按实战化坚持下去。平时多流汗，战时才能少流血。虽然现代信息化条件下的战争，武器装备的作用越来越大，但是决定战争胜负的根本因素是人而不是物的真理没有变。在和平年代，通过战备基础训练和行军拉练，可以磨砺同学们的意志品质，在精神上为同学们补补"钙"。同时在信息化时代，识图用图和电磁频谱管控也是同学们需要掌握的基本技能。

第一讲　枕戈待旦　闻令即动——战备规定与紧急集合

> 用兵之法，无恃其不来，恃吾有以待也，无恃其不攻，恃吾有所不可攻也。
> ——《孙子兵法》

战备是武装力量为及时应对可能发生的战争或突发事件而在平时进行准备和戒备的活动。士兵作为部队的主体，担负着作战和应付突发事件的各项任务，必须牢固树立战备观念，了解战备常识，搞好战备的各项训练，以保证一旦遇有紧急情况能在最短的时间内准备好，能以最快的速度投入战斗，并能圆满地完成任务。

一、战备规定

战备工作是军队全局性、综合性、经常性的工作。做好战备工作，提高战备水平，是有效应对多种安全威胁、完成多样化军事任务的重要保证。战备规定的内容主要有日常战备、等级战备、战场建设等。

士兵要重点掌握日常战备和等级战备中的相关内容。

（一）日常战备

日常战备的内容较多，重点是战备教育、节日战备和"三分四项"三项内容。

1.战备教育

各部队通常要结合形势和任务对所属人员进行经常性的战备教育。战备教育由政治机关组织，通常每季度进行一次。节日、特殊时期和部队执行任务前一般也要进行针对性战备教育。战备教育通常包括以下三项内容。

（1）进行马克思主义战争观、军队根本职能和新世纪新阶段军队历史使命教育。大力培育当代革命军人核心价值观，使全体人员牢固树立时刻准备打仗、时刻准备执行非战争军事行动任务的思想。

（2）进行形势、任务教育和反渗透、反心战、反策反、反窃密教育，以及战备工作法规制度教育。克服麻痹思想，增强战备意识，保持常备不懈。

部队进行战备拉动

（3）进行爱国主义、革命英雄主义教育。强化战斗精神，培养英勇顽强的战斗意志和战斗作风，坚定敢打必胜的信心。

2. 节日战备

各部队在元旦、春节、国庆节等节日时要组织节日战备。

节日战备前，通常组织战备教育和战备检查，制订战备计划，调整加强值班兵力，完善应急行动方案，及时上报战备安排。

节日战备期间，要按规定保持人员在位率和装备完好率，加强战备值班、执勤、巡逻警戒和对重要目标的防护。当士兵担负战备值班任务时，要做好随时出动执行任务的准备。

节日战备结束后，要及时向上级上报节日战备情况。

3. "三分四定"

"三分四定"是陆军地面部队、海军陆战队、空降兵部队对战术储备物资存放与管理的基本要求。其他部队的战术储备物资要根据自身特点，按照便于储备和使用的要求进行存放与管理。

"三分"指战备物资按规定分为携行、运行和后留三类。携行物资就是紧急情况时自己随身带的必备物资；运行物资就是有些物资个人很需要，但自己携带不了，需要上级单位帮助运走的物资；后留物资就是不需要带走的个人物资（自己买的，不是部队配发的东西），留在营房里，由上级统一保管。

"四定"指战备物资在存放、保管和运输中做到定人、定物、定车、定位。定人，就是将携行、运行和后留物资明确到具体的个人并以标签进行标识；定物，就是将个人储备物资按照携行、运行和后留进行区分，明确各自的种类和数量；定车，就是明确个人携行和运行物资放置的具体车辆（几号车）；定位，就是明确个人携行和运行物资设置在车辆上，后留物资放置在库室内的具体位置。

"三分四定"是战备工作的重要内容，每一个士兵平时要严格按规定做好各项工作，保证一旦有紧急情况就可立即出动。

（二）等级战备

等级战备是部队为准备执行作战任务，或者情况需要时，根据上级命令进入的高度戒备状态。等级战备按照戒备程度由低级到高级分为三级战备、二级战备、一级战备。

1. 三级战备

三级战备是部队现有人员、装备、物资等完成行动准备的戒备状态。此时，停止所属人员探亲、休假、疗养、退役，召回在外人员；检修装备和器材；组织战备教育和训练；加强战备值班；展开阵地准备和有关保障等。

2. 二级战备

二级战备是部队按照编制达到齐装、满员，完成行动准备的戒备状态。此时，要收拢部队，补齐人员、装备；发放战略物资，落实后勤、装备等各项保障；进行战备动员和临战训练；加强战备值班；完善行动方案；做好进入预定疏散地域或者战时位置的准备。

3. 一级战备

一级战备是部队完成一切临战准备的最高戒备状态。此时，要按命令进行应急扩编和临战动员，严密掌握敌情和有关情况，部队进入疏散地域或者战时位置，做好遂行各项作战任务的部队进入等级战备，通常逐级进入三级战备、二级战备、一级战备；必要时，可以越级直接进入二级战备、一级战备，或者由三级战备越级进入一级战备。

士兵按命令进入等级战备后，应按照规定保持装备完好和人员在位，保证随时遂行各种任务。部队一旦进入战备等级状态，要求每一名士兵必须做到：

严格遵守保密规定，不泄露部队行动的秘密；

外出探亲人员接到上级的通知后要迅速归队；

服从命令，听从指挥，按上级的命令完成各项工作；

提高警惕，坚持在岗在位，保持良好的战备状态；

进一步落实战备计划，随时做好出动准备。

二、紧急集合

紧急集合，就是部队或分队在紧急情况下，迅速聚集人员并按规定携带装备物资的应急行动。如：发现和遭到敌人的突然袭击时；受到火灾、水灾、地震、台风等自然灾害威胁时；上级赋予紧急任务或发生重大意外情况时等。

士兵一般是根据上级的紧急战备号令实施紧急集合。士兵一旦接到紧急集合的信号或命令时，应立即按规定着装，携带齐武器装备和器材，迅速到规定地点集合。

紧急集合分为全副武装紧急集合和轻装紧急集合两种。全副武装紧急集合是根据当地的部队所处的战备等级状态而确定。此时，人员的负荷量、携行的装备和器材均按战备方案和上级的规定执行。轻装紧急集合是在执行临时性的紧急任务时所采取的一种方式。着装时，为减轻士兵的负荷量，通常不背背包（或携带单兵生活携行具），以提高部队的快速机动能力。紧急集合的程序分四步：着装、整理携行生活器材、装具携带和集合。

（一）着装

通常着作训服。昼间进行紧急集合时，一般按当时的训练着装进行。如果上级重新规定着装，士兵应立即换装。夜间实施紧急集合时，士兵应迅速起床，按照帽子、上衣、裤子、袜子、鞋子（双层床上层的士兵打完背包再穿鞋子）的顺序进行穿戴。

（二）整理携行生活器材

没有装备生活携行具时，应打背包。背包宽30~35厘米，竖捆两道，横压三道。米袋捆于背包上端或两侧；雨衣、大衣通常捆于背包上端，大衣袖子捆于背包两侧；鞋子横插在背包背面中央或竖插两侧；锹（镐）竖插在背包背面中央，头朝上。

全副武装

装备有生活携行具时，应按以下顺序进行：

（1）迅速结合背架。

（2）按规定将物品分别装入主囊、侧囊和睡袋携行袋。

（3）组合背架和军需装备携行具。

（三）步兵装具携带

全副武装：背挎包，右肩左胁；背水壶，右肩左胁；背防毒面具，左肩右胁；扎腰带（机枪手先背弹鼓）；披弹袋；背背囊（背包，火箭筒副射手背背具）；取枪（筒）和爆破器材。

着轻装

轻装：只是不背背囊（背包），将锹（镐）头朝下背于右肩，系绳绕腰间与背绳系紧；米袋，右肩左胁；雨衣（冬季带大衣时，将大衣袖子留在外面卷紧捆好，再将袖口对接扎紧）左肩右胁，其他装具携带同全副武装。

（四）集合

士兵披装完毕后，迅速跑步到班集合地点，向班长报告。全班到齐后，班长带领全班迅速赶到排集合场，并向排长报告。士兵在紧急集合时要做到：迅速、肃静、确实、完整、安全、便于行动。这就要求每名士兵在平时应按规定放置武器、弹药、装具和衣物，这样在紧急集合时就便于拿取和穿着，行动才不会慌乱。

延伸阅读

王继才守卫孤岛 32 年的故事

第二讲　剑指沙场　淬炼精兵——行军拉练与野外生存

> 天将降大任于是人也，必先苦其心志，劳其筋骨，饿其体肤，空乏其身，行拂乱其所为也，所以动心忍性，增益其所不能。
>
> ——《孟子》

行军拉练是军队沿指定路线进行的有组织的移动。行军时，必须保持充分的战斗准备，迅速、隐蔽地按时到达指定地域。行军分为常行军和强行军。常行军，按正常的每日行程和时速实施，徒步行军，每日行程 30~40 公里、时速 4~5 公里。强行军以加快行进速度和延长行军时间的方法实施，通常徒步每小时 7 公里左右。

一、行军拉练的组织准备

（一）研究情况，拟订计划

行军拉练途中

指挥员应根据受领的行军命令，在地图上研究敌情、任务和行军路线，确定行军序列，指定观察员和值班火器，制定防护措施和各种情况的处置方案。

（二）做好思想动员

行军前，指挥员应根据本分队所担负的任务，结合分队的思想情况，进行深入的思想动员。要教育战士遵守行军纪律、服从命令听指挥、不得擅自离队、不得丢失装备和食物、不喝生水、不违反群众纪律等，保障分队顺利完成行军任务。

（三）下达行军命令

下达行军命令时，应着重明确本部队的任务、敌情、行军路线、里程、着装规定以及起床、开饭、完成行军准备的时间与集合的时间，到达指定地区的时间以及行军序列，休息的地点等。

滇缅公路

（四）组织战斗保障

一是指定观察员，负责对地、对空观察；指定值班分队及火器负责对空防御。二是规定遭敌核、化、生武器袭击时各分队行动方法。三是规定在敌人航空兵或炮火袭击时的行军方法。四是规定伪装方法及伪装纪律。

（五）做好物资装具准备

为了顺利完成行军任务，保持分队的战斗力，行军前，指挥员必须检查携带的给养和饮水、武器和弹药等情况；检查着装情况；妥善安置伤病员；并根据季节，进行防暑、防冻教育和物品的准备。

二、行军的管理与指挥

出发时，应按上级的命令，准时加入上级行军序列。在有可能发生遭遇战斗的情况下行军时，各排长应随连长在先头行进，以便及时受领任务。在公路或乡村路行军时，应沿道路的一侧或两侧行进；乘车时，沿道路的右侧行进。

行进中听从指挥，应注意保持行进速度和规定的距离，未经上级允许，不得超越前面的分队。通过交叉路口时，要看清路标，防止走错路。经过渡口、桥梁、监路等难以通行的地段时，应严密组织迅速通过，不准停留。徒步行军的分队应主动给车辆、执行特别任务的分队。人员让路。机械化行军时，应保持规定的车速、车距，不得随意超车和停车，主动给指挥车和特种车让路。如车辆发生故障，应靠道路右侧停车抢修，修好后，根据上级指示归队。夜间行军，要严格灯火管制。

按上级的指示组织休息。小休息应靠路边，保持原来队形，并督促战士整理鞋袜、物备等。大休息应离开道路，进入指定地区，并派出警戒；必要时，可占领附近有利地空观察，保持战斗准备。夜间休息时，人员不准随意离队，武器、装备要随身携带。出发前，应清点人数，检查装备，补充饮用水。在严寒地带行军时的小休息时间不要太长，并禁止躺卧，以免冻伤。在炎热季节行军时，应尽量利用早、晚时间实施。

行军中，各连应指定一名军官，带领卫生员和若干体力较好的战士组成收容组，在连队的后尾跟进，负责收容伤病员，组织掉队的人员跟进。

遇敌空袭时，应指挥分队迅速向道路的一侧或两侧疏散隐蔽（乘车时要下车），并指定火器射击低飞敌机。如空袭情况不严重或行军任务紧迫时，分队则应采用散开队形，增大距离，加快速度前进。

三、越野行进

越野行进路线尽可能选择在方位物较多的地形上，特别是转折点及其附近应有明显方位物，以利于对照，保持正确的行进方向。

（一）山林地行进

山林地行进的特点是地形起伏大，山脊重叠，纵横交错，林木丛生；道路少，障碍多，通视不良，缺少明显方位物，通行极为困难。行进时应注意下列几点：

（1）图上选择行进路线时，应按照"有路不越野，走脊不走沟"的原则选定，特别要认真选择转弯点和方位物，并尽可能选择有明显特征的地形和点与点之间的距离，一般1公里左右，复杂地形可缩短到几百米。

（2）量测方位角和准确计算行进时间。一般须预先量出各段磁方位角，特别是越野地段，同时要判明出发点到目的地的总方向，以便行进中对要去的方向心中有数。因山林地行进困难，计算行进时间时要考虑影响行进速度的各种因素，通常要比一般地形上行进慢1~3倍。

山林地行军拉练

（3）行进中，要随时掌握好行进方向。这是山林地行进的关键。每段行进前，在确定站立点后，要认真明确下段路线行进方向，并在行进方向上及其翼侧选择几个方位物。行进中边走边观察。并记忆现地路线的方向变化，利用远方方位物结合地形特征保持行进方向。行进中尽可能沿山背、山脊、鞍部等明显地形行进，不要横越山背（谷），并尽可能避开悬崖、峭壁和陡石山地段。

（4）发现走错路或迷路时，应冷静回忆走过的地形，细致观察对照，远近结合，判定出站立点；若站立点一时判别不出来，应按原路返回到开始发生错误的地方再走，一般不要取捷径斜插，以免造成大错。如错迷路较大，经过多种方法判定还是找不出站立点，又不能返回原路应尽力判定现地方位，按原定总方向插向目的地。

（二）热带丛林地行进

部队在热带丛林地中行进，为防止蚊虫、扁虱、蚂蟥、毒蛇的叮咬，应穿靴子，并要扎紧裤腿和袖口，最好将裤腿塞进靴子里面，有条件还应戴手套。在鞋面上涂驱避剂或肥皂，可防止蚂蟥爬。为了防止毒蛇的袭击，行进中可用木棍"打草惊蛇"，同时亦应注意树上有无毒蛇。休息时，要仔细看后再坐。

（三）沼泽地行进

遇到沼泽地，最好避开，因为通过沼泽地不仅困难，而且危险。如果沼泽地无法绕行，应手持一根木杖探寻坚实的地面或泥水较浅的地点通过。通过沼泽地，不要踏着别人的脚印走，因为漂浮层强度有限，若重复踩一个地方，就有可能陷落。如果必须走一条线路时，应彼此间保持一定距离，避免重力过于集中。如遇到有鲜绿色植物的地方，应避开绕行，这种地方不是湿度大，就是漂浮层很薄，下面很可能是泥潭。

（四）河流的涉渡

遇到河流不要草率入水，要仔细地观察之后再定渡河的地点和方法。山区河流通常水流湍急，水温低，河床坎坷不平。涉渡时，为了保持身体的平衡，应当用一根竿子支撑在水的上游方向。在集体涉渡急流时，应当三人或四人一排，彼此环抱肩部，身体最强壮的应处在上游方向。在涉渡石底河时，应当穿鞋，以免尖石划破脚，同时也可以更好地保持平衡。倘若山间急流水深过腰，则绝不可冒险涉渡。涉渡冰源河时，最好早上通过，因为那时河水最浅。遇到较大的河流，可就地取材制作浮渡工具。用雨衣包裹稻草或芦苇的浮包负重量较大，1 公斤稻草或芦苇在水中有3 公斤的负重量。若有较多的武器装具，可用竹子、芭蕉杆、束柴或圆木等，结扎成三角形或长方形的浮渡筏，人伏其上，用蛙泳泅渡前进。

（五）沙漠戈壁行进

在沙漠、戈壁地越野时，地形虽平坦开阔，但人烟稀少，行进时要集中精力、注意用地图与现地对照，抓那些明显而特殊的地形，如小块灌木丛，芦苇地，沙垄和沙丘，龟裂地以及独立石土堆、干床等作为对照的目标。在沙漠戈壁中行进，最好是保持体力，夜行晓宿。白天要防止身体在太阳下暴晒，尽可能利用阴影遮蔽。衣服颜色最好是白色或浅色（白衣服可反射 50% 的太阳辐射）。头部应避免太阳暴晒，除了戴帽外，可用毛巾、衬衫、伞布遮盖头部。

（六）高寒地区行进

攀登冰川和雪坡要特别谨慎。冰川上裂隙很多，对人威胁最大的是冰瀑区的边缘裂隙，特别是被积雪掩盖的隐裂隙最危险。通过裂隙时，应数人结组行动，彼此用绳子连接，相邻两人之间距离 10~20 米。在前面开路的人，要经常探测虚实。后

雪地行军拉练

面的人一定要踩着前面人的脚印走，这样比较安全。通过裂隙的冰桥或雪桥时，要匍匐前进。攀登坡度很大的雪坡时，一定要两脚站稳后再移动。向前跨步，要用脚前掌踏雪，踩成台阶再移动后脚。如果不慎滑倒，要立即俯卧，防止下滑。在山谷行走，应靠近山谷中心线，以避免山坡滚石。不要接近雪檐，更不要在雪檐下行走，以免触发雪崩。

四、野外生存常识

（一）判定方向

军人在没有地形图和指北针等指示器材的情况下，要掌握一些利用自然特征判定方向的方法。

1. 利用太阳判定方位

可以用一根标杆（直杆），使其与地面垂直，把一块石子放在标杆影子的顶点 A 处；约 10 分钟后，当标杆影子的顶点移动到 B 处时，再放一块石子。将 A、B 两点连成一条直线，这条直线的指向就是东西方向。与 A、B 连线垂直的方向则是南北方向，向太阳的一端是南方。

2. 利用指针式手表对太阳的方法判定方向

将手表水平放置、时针指示的（24 小时制）时间数减半后的位置朝向太阳，表盘上 12 点时刻度所指示的方向就是概略北方。假如现在时间是 16 时，则手表 8 时的刻度指向太阳，12 时刻度所指的就是北方。

3. 利用北极星判定方向

夜间天气晴朗的情况下，可以利用北极星判定方向。寻找北极星首先要找到大熊星座（即我们所称的北斗七星）。该星座由七颗恒星组成，就像一把勺子。当找到北斗星后，沿着勺边两颗星的连线，向勺口方向延伸约为两星间隔的 5 倍处有一颗较明亮的星，这就是北极星。北极星指示的方向就是北方。还可以利用与北斗星相对的仙后星座寻找北极星。仙后星座由 5 颗与北斗星亮度差不多的星组成，形状像 W 字。在 W 字缺口中间的前方，约为整个缺口宽度的两倍处，即可找到北极星。

4. 利用地物特征判定

利用地物特征判定方位是一种补助方法。使用时，应根据不同情况灵活运用。独立树通常南面枝叶茂盛，树皮光滑。树桩上的年轮线通常是南面稀、北面密。农村的房屋门窗和庙宇的正门通常朝南开。建筑物、土堆、田埂、高地的积雪通常是南面融化得快，北面融化得慢。大岩石、土堆、大树南面草木茂密，而北则易生青苔。

在野外迷失方向时，切勿惊慌失措，而是要立即停下来，冷静地回忆一下所走过的道路，想办法根据一切可能利用的标志重新制定方向，然后再寻找道路。最可靠的方法是"迷途知返"，退回原出发地。

在山地迷失方向后，应先登高远望，判断应该向什么方向走。通常应朝地势低的方向走，这样容易碰到水源，顺河而行最为保险，这一点在森林中尤为重要。因为道路、居民点常常是临水而筑的。

如果遇到岔路口，道路多而令人无所适从时，首先要明确要去的方向，然后选择正确的道路。若几条道路的方向大致相同，无法判定，则应先走中间那条路，这样可以左右逢源，即便走错了路，也不会偏差太远。

（二）复杂地形行进方法

在山地行进，为避免迷失方向，节省体力，提高行进速度，应力求有道路不穿林翻山，有大路不走小路；如没有道路，可选择在纵向的山梁、山脊、山腰、河流小溪边缘行进，以及树高林稀、空隙大、草丛低疏的地形上行进。

行进时，能大步走就不小步走。疲劳时，应放慢脚步来休息，而不停下来。攀登岩石时，应对岩石进行细致的观察，慎重地识别岩石的质量和风化程度，确定攀登的方向和路线。

攀登岩石的基本方法是"三点固定"法，即两手一脚或两脚一手固定后再移动剩余的一手或一脚，使身体重心上移。手脚要很好地配合，避免两点同时移动，一定要稳、轻、快，根据自己的情况选择最合适的距离和最稳固的支点，不要跨大步和抓、蹬过远的点。

攀登30度以下的山坡可沿直线上升。攀登时，身体稍向前倾，全脚掌着地，两膝弯曲，两脚呈外"八字形"，迈步不要过大过快。坡度大于30度时，一般采取"之"字形攀登路线。攀登时，腿微曲，上体前倾，内侧脚尖向前，全脚掌着地，外侧脚尖稍向外撇。在行进中不小心滑倒时，应立即面向山坡，张开两臂伸直两腿，脚尖翘起，使身体尽量上移，以减低滑行的速度，并设法在滑行中寻找攀引和支撑物。千万不要面朝外坐，这样不但会滑得更快，而且在较陡的斜坡上容易翻滚。

河流是山区和平原地区经常遇到的障碍。遇到河流不要轻率入水，要仔细观察之后再确定渡河的地点和方法。山区河流通常水流湍急，水温低，河床坎坷不平。涉渡时，为了保持身体平衡，应当用一根竹子支撑在水的上游方向，或者手执15~20千克石头。集体涉渡时，可三四人组成一排，彼此环抱肩部，身体最强壮的队员位于上游方向。

（三）采捕食物的方法

野外生存获取食物的途径主要有两种：一种是猎捕野生动物；另一种是采集野生植物。

猎捕野生动物首先要知道动物的栖息地，掌握动物的生活规律，然后再采取压捕、套猎、设捕兽卡以及射杀等方法进行猎捕。这需要在专家指导下经过较长时间的训练和实践后才能真正掌握。下面仅简单介绍一下可食昆虫和可食野生植物的种类、食用方法。

目前，世界上人们在食用的昆虫有蜗牛、蚯蚓、蚂蚁、蝉、蟑螂、蟋蟀、蝴蝶、蝗虫、蚱蜢、湖蝇、蜘蛛、螳螂等。人们对吃昆虫虽然不习惯，甚至感到厌恶，但在万不得已的情况下，为维持生命，保持战斗力，继而完成任务，不妨一试。但是应注意，一定要煮熟或烤透，以免昆虫体内的寄生虫进入人体，导致中毒或得病。

常见可食用昆虫的食用方法有：

蝗虫：浸酱油烤着吃，煮或炒也可以；

螳螂：去翅后烤或炒，煮也可以；

蜻蜓：干炸后可食；

蝉：生吃或干炸，幼虫也可食；

蜈蚣：干炸，但味道不佳；

天牛：幼虫可生食或烤；

蚂蚁：炒食，味道好；

蜘蛛：除去脚烤食；

白蚁：可生食或炒食；

松毛虫：烤食。

可食野生植物包括可食的野果、野菜、藻类、地衣、蘑菇等。对可食野生植物的识别是野外生存知识的主要内容。我国地域广大，适合各种植物生长，其中能食用的就有 2000 种左右。常见的可食野果有：山葡萄、笃斯、黑瞎子果、茅莓、沙棘、火把果、桃金娘、胡颓子、乌饭树、余甘子等，特别是野栗子、椰子和木瓜更容易识别，是应急求生的上好食物。常见的野菜有苦菜、蒲公英、鱼腥草、马齿苋、刺儿草、荠菜、野苋菜、扫帚菜、菱、莲、芦苇、青苔等。野菜可生食、炒食、煮食或通过煮浸食用。

但是，一般人需要在专家指导下经过一定时间的训练才能掌握这些知识，这里介绍一种最简单的鉴别野生植物有毒无毒的方法，供紧急情况下使用：通常将采集到的植物割开一个小口子，放进一小撮盐，然后仔细观察是否变色，通常变色的植物不能食用。

（四）寻水与取火

1. 寻水

水对人的生存至关重要。没有水，人支撑不了 72 小时，人一天需要至少两升的水来维持正常生理需要。野战条件下，作战人员要对饮水计划使用。同时，组织人员寻找水源或采集、处理用水，以弥补消耗的饮水。

野外找水

获取饮用水的途径通常有两条：一条是挖掘地下水；另一种是净化地面水。此处只简单介绍一下从地表水获取饮用水的方法。

通常雨水可以直接饮用。下雨时，可用雨布、塑料布大量收集雨水，也可用空罐头盒、杯子、钢盔等容器收接雨水。

当没有可靠的饮用水又无检验设备时，可以根据水的色、味、温度、水迹，概略鉴别水质的好坏。纯净的水在水层浅时无色透明，深时呈浅蓝色。可以用玻璃杯或白瓷碗盛水观察。通常水越清水质越好，水越浑则说明杂质多。一般清洁的水是无味的，而被污染的水则时常带有一些异味。地面水的水温，因气温变化而变化，浅层地下水受气温影响较小，深层地下水水温低而恒定。如果所取样的水不符合这些规律，则水质一般都有问题。此外还可以用一张白纸，将水滴在上面晾干后观察水迹。清洁的水无斑迹，如有斑迹则说明水中有杂质，水质差。

在野外最好不要饮用从杂草中流出的水，而以从断崖或岩石中流出的清水为佳。饮用河流或湖泊中的水时，可在离水边 1~2 米的沙地上挖个小坑，坑里渗出的水较之直接从河湖中提取的水清洁。

在野外，可以用饮水消毒片、漂白粉精片以及明矾等药品净化水。在专家的指导下，还可用一些黏液质野生植物净化水。切记，不论多么口渴，都不要饮用不洁净的水，万不得已时，也要把水煮开再喝。

2. 取火

火在野战生存中具有重要的作用，它可以用来热熟食物、烧水、烘烤衣物、取暖御寒、驱除猛兽和有害昆虫，必要时还可以作为信号使用。在没有火柴的情况下，可采取的取火方法有摩擦取火、弓钻取火、藤条取火、击石取火、凸透镜利用太阳能取火。

五、野外急救守则

行军、宿营及野外生存难免会有一些受伤的情况出现，尤其在比较恶劣的环境下，所以，我们必须掌握一些野外急救的守则。

首先，应确定救援者及伤患者均无进一步的危险，并尽可能在不移动伤患者的情形下施以急救。迅速检查伤患，评估并决定急救的优先顺序。如有大量出血，应立刻止血。若呼吸停止时，应施行人工呼吸。若发生心跳停止的情形，应立即展开心肺复苏术。处理休克时，应垫高下肢与保暖。应妥善处理其他伤害，如创伤、骨折、中毒、烧烫伤等。

其次，尽快将患者移到避风处，如帐篷内或天然的避风处，以防止伤害加重。在安置病患时，应采取正确的姿势。头及胸部受伤，若为横伤，可采取仰卧屈膝的姿势，若为直伤，则应采取仰卧平躺的姿势。对于意识不清，但呼吸正常者，可采取复更姿势。休克患者，应令其平躺，并垫高下肢20~30厘米。

对于意识不清、疑有内伤、头部严重受损、腹部贯穿等可能需要全身麻醉的伤者，不可给予食物或饮料，并须在最短的时间内，以最安全的方法送医处理。由于山区送医较困难，因此在途中应严密观察伤者的变化，随时安慰、鼓励伤者，以减轻其恐惧及焦虑。若下山的路途较远或不方便移动伤者，可派两人先行下山求援，或以无线通信设备向外求救。求援时应详细说明求援的地点（最好有明显的目标）、伤患的状况及已做的急救处理，使救援工作能发挥积极的效果。

六、野外常见伤病的救护与防治

（一）昆虫叮咬

在野外为了防止昆虫的叮咬，应穿长袖衣裤，扎紧袖口、领口和裤脚，皮肤暴露部位涂防蚊药。不要在潮湿的树荫和草地上坐卧。宿营时，燃烧些艾叶、青蒿、柏树叶、野菊花等驱赶昆虫。被昆虫叮咬后，可用氨水、肥皂水、盐水、小苏打水、氧化锌软膏涂抹患处止痒消毒。

蚂蟥是危害很大的虫类。遇到蚂蟥叮咬时，不要硬拔，可用手拍或用肥皂液、盐水、烟油、酒精滴在其前吸盘处，让其自行脱落，然后压迫伤口止血，并用碘酒涂搽伤口以防感染。部队行进中，应经常查看有无蚂蟥爬到脚上。如在鞋面上涂些肥皂、防蚊油，可以防止蚂蟥上爬。涂一次的有效时间为4~8小时。此外，将大蒜汁涂抹于鞋袜和裤脚，也能起到驱避蚂蟥的作用。

（二）昏厥

野外昏厥多是由于摔伤、疲劳过度、饥饿过度等原因造成的，主要表现为脸色突然苍白，脉搏微弱而缓慢，失去知觉。遇到这种情况，不必惊慌，休息一会儿便会苏醒。醒来后，应喝些热水，并注意休息。

（三）中毒

中毒症状有恶心、呕吐、腹泻、胃疼、心脏衰弱等。遇到这种情况，首先要洗胃，快速喝大量的水，用手指触咽部引起呕吐，然后吃蓖麻油等泻药清肠，再吃解毒药及其他镇静药，多喝水，以加速排泄。为保证心脏正常跳动，应喝些糖水、浓茶，有条件时应立即送医院救治。

（四）中暑

1. 中暑的原因

由于气温增高，人体产生的热量散不出去，产热与散热失去平衡，体温调节和其他生理机能产生障碍，就会引起中暑。此外，劳动量过大，缺少适当休息，水盐补充不足，衣服不透气等也会导致中暑。

2. 中暑的症状

中暑的症状有突然头晕、恶心、昏迷、无汗或湿冷、瞳孔放大、发高烧。发病前，常感到口渴头晕，浑身无力，眼前发黑。

3. 中暑的救护

遇到中暑，应立即在阴凉通风处平躺，解开衣裤带，便于全身放松，再服十滴水、仁丹等药。发烧时，可用凉水浇头，或冷敷散热。如昏迷不醒，可掐人中穴、合谷穴使其苏醒。

（五）蜇伤

被蝎子、蜈蚣、黄蜂等蜇伤，伤口红肿、疼痒，并伴有恶心、呕吐、头晕等症状。要先挤出毒液，然后用肥皂水、氨水、烟油、醋等涂擦伤口，或用马齿苋捣碎后，汁冲服，渣外敷，也可用蜗牛洗净后捣碎涂在伤口上。此外，蒜汁对蜈蚣咬伤也很有疗效。

（六）毒蛇咬伤

毒蛇咬伤时的急救方法：

1. 患者应保持镇静

被毒蛇咬伤后，切勿惊慌、奔跑，以免加速毒液吸收和扩散。在安静的状态下，将病人迅速护送至医院。

2. 绑扎伤肢

被毒蛇咬伤后，立即用止血带、橡胶带、随身所带之绳和带等在肢体被咬伤的上方扎紧，结扎紧度以阻断淋巴和静脉回流为准（成人一般将止血带压力保持在 13.3 千帕左右）；结扎时应留一较长的活结头，便于解开，每 15~30 分钟放松 1~2 分钟，避免肢体因缺血坏死，急救处理结束后，可以解除绑扎。绑扎时间一般不要超过 2 小时。

3. 扩创排毒

绑扎止血带后，可用手指直接在咬伤处挤出毒液，在紧急情况时可用口吸吮（口应无破损或龋齿，以免吸吮者中毒），边吸边吐，再以清水、盐水或酒漱口。首先吸毒至少 0.5~1 小时，若重症或肿胀未消退，对咬伤处作十字形切开后再吸吮，以后可将患肢浸在 2% 冷盐水中，自上而下用手指不断挤压 20~30 分钟。咬伤后超过 24 小时，一般不再排毒，如伤口周围肿胀明显，可在肿胀处下端每隔 3~6 厘米处，用消毒钝头粗针平刺直入 2 厘米，如手足部肿胀时，上肢者穿刺入邪穴（四个手指指缝之间），下肢者穿刺入风穴（四个足趾趾缝之间），以排除毒液，加速退肿。

4. 蛇药

蛇药为中草药制成的成药，可供口服和外敷，亦有针剂。其中蛇药、蛇伤解毒片及注射液、蛇药酒等，对多种毒蛇的咬伤有显著的解毒作用。这些药物在旅行前应选购备用。

有毒蛇和无毒蛇的区别和预防。

区别：毒蛇一般头大颈细，头呈三角形，尾短而突然变细，体表花纹比较鲜艳；无毒蛇一般头呈钝圆形，颈不细，尾部细长，体表花纹不明显；毒蛇与无毒蛇最根本的区别是：毒蛇的牙痕为单排，无毒蛇的牙痕为双排。

预防：打草惊蛇，把蛇赶走；在山林地带宿营时，睡前和起床后应检查有无蛇潜入；不要随便在草丛和蛇可能栖息的场所坐卧，禁止用手伸入鼠洞和树洞内；进入山区、树林、草丛地带应穿好鞋袜，扎紧裤腿；遇见毒蛇，应远道绕过；若被蛇追逐时，应向上坡跑，或忽左忽右地转弯跑，切勿直跑或直向下坡跑。

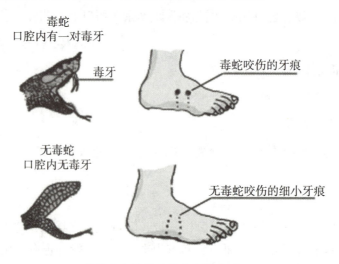

毒蛇和无毒蛇咬伤的牙痕区别

延伸阅读

长征精神代代传

第三讲　知行合一　活学活用——识图用图

> 夫地形者，兵之助也。料敌制胜，计险阨远近，上将之道也。知此而用战者必胜，不知此而用战者必败。
>
> ——孙武

识图用图是借助地图和指北针按规定方向运动的一项军事体育活动。参加这项活动，不仅可以锻炼身体，培养积极上进、坚忍不拔的顽强精神，还可以增长（地理、地图、自然）知识，启发智力，培养独立思考、快速反应、果断处世的能力。这里主要介绍识图用图的基本技能。

识图用图技能是指参赛者在出发区领取地图后，到跑完整个参赛全程的过程中所必须掌握的基本技术。它分为出发点动作、运动中动作、检查点上的动作和终点动作四个部分。

为什么指南针能指南

一、出发点动作

（一）浏览全图明走向

得到比赛地图后，首先要浏览全图，根据图上标绘的比赛路线，弄清其基本走向；同时还要明确出发点与终点的关系。两点在同一地域相距很近时，应在实地观察一下终点设置以及终点与附近地形的相互关系，便于终点冲刺。

（二）图上分析选准线

根据赛图上标明的出发点和第1号检查点的位置，进行图上分析，选择从出发点到第1号检查点的具体运动路线，即选出最佳运动路线。选择的基本原则（同样适用于其他各段）有以下几点。

（1）利用道路，坚持"有路不越野"的原则。比赛地图现势性强，道路标识较详细。利用道路有利于运动中图地对照，有利于运动中随时明确站立点的图上位置，不易迷失方向，同时还可以省力节时。当然，利用道路要考虑运动距离的远近，综合选择最佳路线。

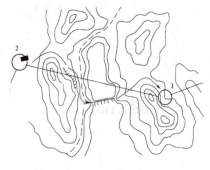

坚持"统观全局提前绕"的原则

（2）起伏不大、树林稀疏可跑的地段，坚持"选近不选远"的原则。

（3）起伏较大、树林密集、障碍大的地段，坚持"统观全局提前绕"的原则。

如左图所示，从第2号检查点到第3号检查点，既无道路可利用，又因途中有陡坎、大水塘以及难攀登的高地，也不能采用直线越野运动，要分析整个地形，在避开这些不能通过地段的基础上，选择适当的运动路线。

最佳路线为图中标示的路线。

以上原则要综合利用。选好最佳运动路线后，要在地图上熟悉路线两侧的主要地形，并要记牢。

（三）标定地图定好向

为准确、迅速起见，在出发区一般利用指北针标定地图；地图标定后，通过地图上出发点与第1号检查点的延伸方向就是实地运动的方向。

（四）对照地形选准路

根据确定的运动方向，迅速进行地图与实地对照；依据实地的地形条件，在能通视的地段内，选择好具体的运动路线，与此同时，在通视地段的尽头适当位置选择好辅助目标，并确定该目标的图上位置。

通过上述四个步骤，力争做到图上明、方向明、路线明。如还有剩余时间，可在地图上分析，确定其后各检查点之间的最佳运动路线；也可活动身体，准备出发，当听到出发口令或哨音后，立即出发。

二、运动中的动作

运动中，因参赛者的水平不一，可采用的方法也不尽相同，但都必须注意两个基本动作：一是随时标定地图。为了节约时间，在奔跑过程中标定地图，最理想的方法是依明显的地物地貌标定。二是随时明确站立点在地图上的位置，做到"人在实地走，心在图中移"。

（一）基本方法

1. 分段运动法

分段运动法是比赛中最理想的运动方法。如下图所示，参赛者在第 3 号检查点上，根据图上标明的第 3 号与第 4 号检查点的位置，在图上选择最佳运动路线后，通过对照地形，首先在能通视的地段，选择鞍部作为第一个辅助目标。在向鞍部运动前，由于通过对照地形，对鞍部的图上位置以及向鞍部运动的实地路线都已明确，因此，向鞍部运动的途中就不必再对照地形了。当运动到鞍部后，再通过对照地形，选择山背西北侧独立房作为第二个辅助目标，同时向独立房运动。到达独立房后，继续选择小高地作为第三个辅助目标，直到找到第 4 号检查点。这种方法对于初学者来说，有助于正确把握运动方向，能随时明确站立点的图上位置，并能减少看图时间，提高运动速度。

2. 连续运动法

有一定基础的参赛者可以采用"连续运动法"。采用分段运动必须在各点作短暂停留。而采用连续运动时，可以把在各辅助目标要做的工作提前，即从第 3 号检查点出发，未到达第一个辅助目标（鞍部）之前，在奔跑过程中边跑边进行图上分析，分析下一段能通视地域内的地形，并在图上选择好下一个辅助目标（独立房）以及向独立房运动的具体路线。到达鞍部后，如果观察到的地形同地图上地形一致，即可不在鞍部停留而作连续运动，如此类推直到检查点。

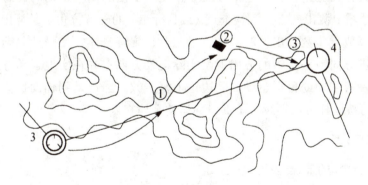

分段运动法

3. 一次记忆运动法

技术全面、经验丰富的参赛者，可以采用"一次记忆运动法"。这种方法是：在出发点，把在地图上选择的从出发点到第 1 号检查点的最佳运动路线一次性记在脑子里，运动中按记忆的路线进行。未到达第 1 号检查点之前，在地图上选择从第 1 号检查点到第 2 号检查点的最佳运动路线，再一次性地记在脑子里，这样在检查点"作记"后，可立即离开检查点连续运动。

4. 依线运动法

"线"是指道路、沟渠、高压线、通信线等。如下图所示，从第 4 号检查点出发，先沿小径运动，看到高压线向右再沿高压线越野（地形条件允许时）运动。依线运动是用"线"控制运动方向。

5. 依点运动法

"点"是指明显的地物、地貌点。具体方法同"分段运动法"和"连续运动法"，即用"点"来控制运动方向。

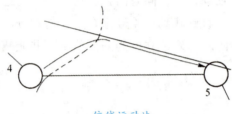

依线运动法

6. 提前绕行法

这种方法是在检查点之间有大的障碍时采用的。遇到这种情况，要结合检查点的位置，提前选择好最佳迂回运动路线，不要等抵近障碍再作折线绕行。

7. 指北针定向法

在起伏不大、无道路、有一定植被覆盖、观察不便的地域运动时，需要采用这种方法。首先在地图上测出站立点到检查点（或目标点）的磁方位角，量算出两点之间的实地距离并换算成复步数。出发时，平持指北针，旋转身体，使磁针北端和定向箭头重合，此时前进方向箭头所指的方向就是实际运动方向；并在实地运动方向线前方选好辅助目标，一边朝辅助目标运动，一边记下复步数。当运动到辅助目标还需要继续向前运动时，可按同样方法继续选辅助目标运动至检查点。

（二）注意事项

（1）尽量按选择的最佳运动路线运动。

（2）有路不越野。

（3）宁慢少停。

（4）迷失方向时，要冷静分析，尽快确立站立点。

三、检查点上的动作

（一）检查点的"捕捉"

参赛者快接近检查点时，要对检查点的实地准确位置做到心中明确，力争一次"捕捉"成功，然后迅速利用点签打孔（或用印章盖印）作记，以证明到达该点。为了提高"捕捉"检查点的准确度与速度，在方法上可采用以下几种。

1. 定点攻击法

当检查点设在较明显的高大的地物、地貌点上或一侧时，可采用这种方法。选择最佳运动路线时，以这些明显地物、地貌点为攻击点（目标点）。运动时，先找到这些明显点的实地位置，然后根据检查点与明显地物、地貌点的相应方位、距离寻找检查点。

2. 有意偏激法

当检查点设在线状地物上或一侧，并且运动方向与线状地物的交角较适宜时，可采用这种方法寻找检查点。即根据地形条件，选择最佳的运动路线，有意向左（或向右）偏离检查点，运动时以该线状地物为攻击目标，当运动到该地物时，再向右（或向左）沿线状地物寻找检查点。

3. 地貌分析法

在地貌有一定起伏的地域内，检查点设在低小地物附近时，采用"地貌分析法"寻找检查点比较理想。采用这种方法时，主要是根据地图上检查点与地貌的关系位置，分析出实地两者相对应的关系位置，并根据这种关系位置来寻找检查点。

4. 距离定点法

在地势较平坦、无道路、植被较多、观察不便的地域内寻找检查点，一般采用"距离定点法"。具体方法同"指北针定向法"。

（二）注意事项

（1）接近检查点之前，要在地图上分析，确定下一段最佳运动路线两侧的主要地形。目的是减少在检查点的停留时间，保证自己能做连续运动。

（2）当发现一个检查点后，不要盲目作记，而要看清该点标上的代号是否与检查点说明卡上注明的代号相符。

（3）一次"捕捉"检查点不成功时，应选择合适的位置确定站立点，分析自己是否偏离了运动方向。当确认偏离时，应按运动迷失方向的方法处理；应在明确站立点之后，再次"捕捉"成功；找到检查点之后，做标记要快，离开要快，避免为他人指示目标。

四、终点的动作

当找到最后一个检查点后，应依据已选择的最佳路线并结合自己的体力，加快速度向终点运动，接近终点时要做最后冲刺。

到达终点后，立即将检查卡交给收卡员；如果规定要收缴地图和检查点说明卡，应连同检查卡一同交给收卡员，并迅速离开终点区。

延伸阅读

平型关战役中三次侦察地形

第四讲 网电奇兵 决胜无形——电磁频谱管控

> 如果你想知道宇宙的秘密，就用能量、频率与振动来思考。
>
> ——[美]尼古拉·特斯拉

电磁频谱，是指按电磁波波长（或频率）连续排列的电磁波族。在军事上，电磁频谱既是传递信息的一种载体，又是侦察敌情的重要手段，因此成为交战双方争夺的制高点之一。电磁频谱管控是无线电通信的基础，是电子系统发挥最大效能的关键，是信息畅通的重要保证。当今世界处于信息大爆炸的时代，电磁频谱管控则是信息高速公路上的"交通警察"，随着频谱在各个领域的广泛应用，频谱的管控已越来越引起各国的高度重视。它正在从传统的保障"配角"，变成为现代信息化作战的"主角"，并已从战争舞台的后台大步走向前台。这里主要介绍无线电测向。

一、无线电测向的概念

无线电测向是人们根据无线电波在均匀介质（如空气）中沿直线传播的特点，利用特制无线电接收设备（测向机或测向仪）测定远方隐蔽电台（无线电发射机或信号源）的方向、距离、坐标和具体位置的一项先进的科学技术，也是现代物理学的一个专业学科。地面无线电测向、雷达探测、卫星定位都属于无线电测向的技术领域。

无线电测向也是现代信息战的重要组成部分。20世纪初，无线电测向开始应用于航海。大海中的轮船根据收测到的无线电波确定轮船自身在大海中精确的位置，决定正确的航线和 SOS 紧急救援。从古代的冷兵器战争到后来的火兵器战争，发展到现代

的立体化战争，无线电测向被成功应用于现代的军事信息战。许多国家的军队中都设有专门的无线电测向部队。德国在第二次世界大战中研制成功小型测向仪装上飞机，利用伦敦广播电台的广播做目标导航，完成了对伦敦的轰炸。第二次世界大战末期，美国也开始组织一个大范围的无线电测向网，监测德军的潜艇，指引反潜机对其轰炸，取得了较大的战果。无线电测向部队不但在作战上可完成对敌方单兵、间谍、小股部队的歼灭，还可以根据无线电测向确定的敌方重大目标，完成对敌方的战略打击。例如对敌方太空间谍卫星测定予以捕获或者摧毁，就等于挖掉了敌方的眼睛；提前测定敌方军事指挥中心、重要军事基地、核目标予以斩首打击，就会使己方掌握战略主动权。因此无线电测向在军事上有非常重要的地位。

二、无线电测向的基本原理

　　无线电测向机或无线电测向仪基本由测向天线、无线电信号放大器和指示器三部分组成。我国 80 米波段无线电测向机采用了 2 种天线，一种是磁性天线，另一种是直立拉杆天线。

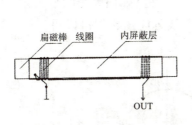

磁性天线外形

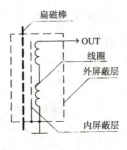

磁性天线结构示意

　　磁性天线具有很强大的聚集磁力线的物理能力，通过绕在磁棒上的线圈感应出电信号，经过放大器和耳机听到电台发射来的电波声音信号。但是磁性天线对来自不同方向的电磁波感应电势的变化却非常大。当磁性天线水平放置，磁性天线的垂直正面或负面对着电台时接收能力最强，测向机发出的声音最响，即收到信号的正值幅度和负值幅度是相同的，叫作两个大音面，但是相位则相反。当磁性天线的轴线两端对准电台时，耳机声音最小，甚至完全没有声音，叫作哑

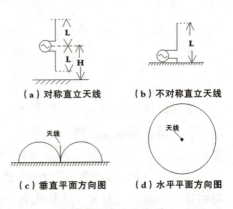

直立天线及方向图

点。由于测向时哑点的指向精度很高，我们通常采用哑点的指向判定方向线，这就是哑点测向。利用磁性天线可以确定电台所在的直线，可见磁性天线转动一周得到了一

个"8"字形方向图，但是不能确定电台在直线的那一边，这叫作测"双向"，说明磁性天线具有双值性（两个大音面和两个哑点）。仅有双值性的接收机是不能用来测向的。

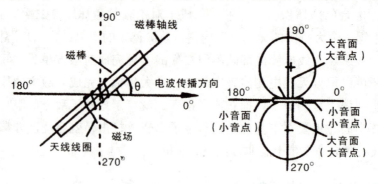

磁性天线与电波传播方向的关系　　　磁性天线方向图

　　直立天线则完全没有方向性。当使用与地面垂直的直立天线做接收天线时，无论如何转动天线，它从四面八方接收无线电信号的能力都是一样的。因此，单独使用直立天线也是不能测定接收方向的。

　　当磁性天线和直立天线组成复合天线，并且磁性天线的最大方向感应电势为正值1、直立天线感应电势也为1时，将两天线方向图叠加可以得到一个复合天线合成电势，获得一个心脏型方向图。

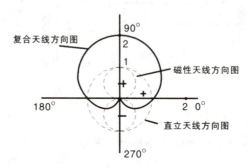

复合天线心脏形方向图

　　这时磁性天线一边的"两"电势极性相同，振幅则为两电势之和，理论上音量是原来的2倍。而磁性天线另一面的电势是负值，与直立天线的电势极性相反，两个电势相互抵消，理论上音量输出为0。结论是磁性天线转动一周只有一个方向信号最强，克服了磁天线的双值性，获得了单值性的单方向性能。我们把信号强的这个面叫作单向大音面，简称大音面。应用大音面就可以确定出电台在直线哪一边了，这叫作定边。不过在测向中，大音面角度范围很宽，方向指示不明显，只作为单向识别用。因此确定电台的单向后，必须去掉直立天线电势（松开单向开关按钮），再用磁性天线的哑点来测定隐蔽电台的方向线。

无线电波在空间传播的能量是有限的，传播距离越远扩散面积越大、损耗也越大，信号强度也越弱。无线电测向机对于电磁波的接收能力同样有局限性。距离电台越近收到的无线电信号越强，离电台越远接收到的无线电信号越弱。距离与反映在测向机耳机中的声音大小有很重要的关系。

学习和掌握无线电测向原理不但可以测出准确的电台方向线，还可以判断电台的远、近距离和具体坐标位置，完成无线电测向的考核任务。

三、80 米波段无线电测向设备的操作和使用方法

无线电测向是一项技术性较强的活动，对器材的熟练操作在训练和考核中具有至关重要的地位。我们对 80 米波段无线电测向中的主要设备和器材的性能参数及操作使用技术进行重点讲解。

（一）80 米波段无线电测向机

用于军事体育比赛中的 80 米波段无线电测向机品种主要有简易直放式 PJ-80 和改进型的 PJ80-A，超外差式长方块型的 RF80-E 和立式的 RF80-C、RF80-G，手枪型的 RF80-F 和频率合成数字显示的 RF80-H 等。但目前具有代表性、适合军训的机型是 RF80-C，该机体积很小，重量不足 200 克。RF80-H 测向仪性能最好，但是价格昂贵。

（二）RF80-C 型 80 米波段无线电测向机

RF80-C 经国内和美国、俄罗斯、德国、保加利亚、蒙古等无线电测向技术发达国家和国内外大型比赛测试应用，在灵敏度、方向性、选择性、单向大音面、增益控制、坚固抗摔、音质、外观、手感、体积重量等各方面指标都超过了老牌的环形天线测向机，性能卓著。得到了多方面的肯定和赞扬。

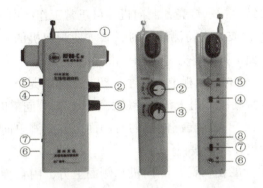

①拉杆天线　②频率调谐旋钮　③音量控制旋钮
④远近开关　⑤单、双向按钮　⑥耳机插孔
⑦电源开关　⑧电源指示灯

RF80-C 型测向机整机示意图

1. 技术指标

RF80-C 型测向机主要技术指标如下。

（1）频率范围：不窄于 3.500~3.600MHz。天线回路和高放级采用双调谐回路进行参差调谐，高放增益均匀；频率范围内无辐射。

（2）灵敏度：不劣于 1μV；可收测距离：使用 TX80-D 短距离信号源，收测距离不小于 4 公里；标准距离大于 6 公里；频段内无辐射；有衰减开关，动态范围非常宽广。

（3）信噪比：> 3。

（4）中频频率：455KHz。

（5）方向性：磁性天线为 5×12×100 毫米扁形磁棒，线圈为双段对称绕制，采用大面积内屏蔽层和紧贴型外屏蔽，指向精确度高；直立天线为直径 6 毫米，6 节，长 51 厘米的不锈钢拉杆天线；距离信号源天线 0.3 米能明显、准确分辨双向，单向可听辩距离 <2 米。

（6）电压：7.4V，使用 2 节 14500 型 3.7V 可充锂电池，一次充电可连续工作大于 10 小时；可反复拆卸充电，能量大、节能环保。

（7）整机耗电：静态≤ 20mA，动态≥ 65mA。

（8）输出功率：负载阻抗为 8Ω，最大输出功率 ≥150mW，音质清晰、优美，声音洪亮。

2. 使用方法和注意事项

RF80-C 型测向机使用方法和注意事项如下。

（1）本机电池仓在测向机的下部，打开后盖装上 2 节 14500 型 3.7V 可充锂电池。严禁使用其他类型的电池，以确保测向机的正常工作。

（2）打开电源开关红色指示灯亮，测向机即可正常工作。由于 3.5MHz 无线电测向信号源发射的是垂直极化波，手持测向机时，必须使测向机的直立天线与地面保持垂直，同时磁性天线与地面保持水平，才能测出准确的方向线。

（3）RF80-C 型测向机的侧面板上有两个旋钮，上边的是频率旋钮。用于收测隐蔽电台信号；下面的是音量旋钮，用于调节音量大小和控制测向机的增益。

（4）本机的单、双向开关设在测向机的右侧面上方。测单向时按下红色按钮开关即可，测双向时则必须松开红色按钮。

（5）本机衰减开关为二挡，设在测向机左侧面上方，由食指操作。开关置于下边"远"位置时，测向机灵敏度最高；开关打向上边"近"位置时，衰减很重，在近台区使用。学员可根据感知和需要合理操作衰减开关和音量旋钮的位置，大致判断测向机与隐蔽电台之间的距离。

（6）本机型灵敏度、动态范围非常强大。经测定，在近台区最高声响可达 119 分贝。请务必以适当音量进行测向，以免损伤听觉。

（三）80 米波段无线电测向信号源（隐蔽电台）

80 米波段无线电测向信号源有短距离、快速测向和标准距离三种型号，学生军训通常采用单频道 TX80-D 和全 11 频道的 TX80-B 型连续发信信号源。

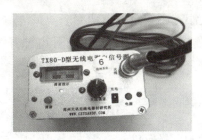
TX80-D 型单频道信号源

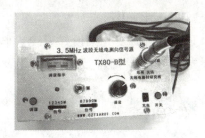
TX80-B 型全频道信号源

下面主要介绍全频道 80 米波段信号源 TX80-B。

TX80-B 有 11 个电台频道和相应呼号。内置 3 块锂电池做电源，面板上设有充电插座，功能齐全、工作可靠、操作简便。该机附有照明电路，有利于在夜间和光线暗弱的环境下保证将机器调谐在最佳工作状态。信号源附件配有 3 米软天线和全自动充电器，性能优良，使用方便，符合学生军训考核的要求。

1. 主要技术指标

（1）发射频率：3.500MHz~3.600MHz 之间共 11 个频道由晶体确定。可以连续拍发相应 11 种单台呼号。频道和相应的呼号可以由面板上的组合台号开关预先设定。

（2）频率稳定度：优于 10^{-7}。

（3）输出功率：0.5~1W。

（4）工作方式：自动连续拍发 A1A 等幅电报。

（5）电源：内置 3 节大容量 3.7V 锂电池，标称电压 12V，保护电压 11.1V。

各台呼号说明

2. 使用方法

TX80-B 使用应首先按规则要求架设好天线，并将天线插头与信号源插座牢固连接。使用前务必充足电能，充电器为全自动型，红灯亮时表示电已充满。充足电后，信号源可连续工作 12 小时以上。

3. 注意事项

天线电路处于谐振状态（调谐指示最大处），对于保证输出功率、减小电池耗电是非常重要的。因此要特别注意以下几点：

（1）开机后应尽快调谐，减少信号源在失谐状态下工作的时间。

台号设置

严禁用失谐方法减小发射功率。

（2）调谐时人体不要接触机壳、天线、面板等部位。若人手离开机器时调谐指示变小，需要重新调谐，确保天线处于谐振状态。

（3）信号源应在实际隐蔽工作状态下调谐，当信号源位置变动或天线移动时应重新调谐。

（4）调谐指示仅表示相对发射信号值的大小，不表示输出功率。

（5）开设电台时要先架设好天线，牢固插接好天线插口方可打开电源开关；撤收电台时要先关闭电源再撤收天线。

 延伸阅读

贝卡谷地上空的电磁较量

参 考 文 献

[1] 徐焰. 中国国防导论 [M]. 北京：国防大学出版社，2006.

[2] 张兴业. 国防精神 [M]. 北京：军事科学出版社，2003.

[3] 谢国良，袁德金. 中国古代军事思想概论 [M]. 北京：解放军出版社，1994.

[4] 宋效军. 核生化武器 [M]. 北京：军事谊文出版社，2000.

[5] 黄宏. 世界新军事变革报告 [M]. 北京：人民出版社，2004.

[6] 王中兴. 国防历史 [M]. 北京：军事科学出版社，2002.

[7] 高俊敏. 野外生存与防身自救 [M]. 北京：军事谊文出版社，2000.

[8] 张正明. 军事理论教程 [M]. 西安：西安交通大学出版社，2017.

[9] 金一南. 一南军事论坛：国际安全形势大透析 [M]. 北京：解放军出版社，2006.

[10] 张洁. 构建新型大国关系与塑造和平的周边环境 [M]. 北京：社会科学文献出版社，2014.

[11] 孔见. 毛泽东兵法十三篇 [M]. 桂林：漓江出版社，2003.

[12] 于泽民. 2000 年军事思想沟通 [M]. 北京：解放军出版社，2006.

[13] 程永生. 军事高技术与信息化武器装备 [M]. 北京：国防工业出版社，2009.

[14] 蔺玄晋. 军事科技进步与战争形态演变 [M]. 北京：兵器工业出版社，2017.

[15] 王洪光. 经典战例评析（上卷）[M]. 北京：军事科学出版社，2009.

[16] 况腊生. 叙利亚战争沉思录 [M]. 北京：人民出版社，2018.